"志"在白沙

"把大变化写进新村志"的白沙探索与实践

王　艳　著

ZHEJIANG UNIVERSITY PRESS

浙江大学出版社

·杭州·

图书在版编目（CIP）数据

"志"在白沙："把大变化写进新村志"的白沙探
索与实践 / 王艳著. -- 杭州：浙江大学出版社，2024.
9. -- ISBN 978-7-308-25471-7

Ⅰ. F327.553

中国国家版本馆 CIP 数据核字第 2024HE4306 号

"志"在白沙——"把大变化写进新村志"的白沙探索与实践
王　艳　著

责任编辑	傅百荣	
责任校对	梁　兵	
封面设计	周　灵	
出版发行	浙江大学出版社	
	（杭州市天目山路 148 号　邮政编码 310007）	
	（网址：http://www.zjupress.com）	
排　　版	杭州隆盛图文制作有限公司	
印　　刷	广东虎彩云印刷有限公司绍兴分公司	
开　　本	710mm×1000mm　1/16	
印　　张	15.5	
字　　数	278 千	
版 印 次	2024 年 9 月第 1 版　2024 年 9 月第 1 次印刷	
书　　号	ISBN 978-7-308-25471-7	
定　　价	68.00 元	

2004年10月10日，时任浙江省委书记习近平同志到衢州市江山市凤林镇白沙村视察时，嘱托他们说：

　　"你们白沙人做得不错嘛，你还要努力啊，把村里搬迁的大变化写进新村志里去！"*

　　* 本书编写组.干在实处 勇立潮头：习近平浙江足迹[M].杭州：浙江人民出版社；北京：人民出版社，2022：372.

序

　　村志，乃一村之史，亦一村之魂。承载着乡村的历史记忆与文化精髓。在江山市文化兴村的实践中，村志的编纂与推广不仅是对地域历史文化的传承与弘扬，更是对未来发展的引领与启迪。白沙村，作为中国方志文化建设试点村，是江山市村志文化兴村的典范，其在村志编纂方面的探索与实践，为全市乃至更广范围的乡村文化建设提供了宝贵的经验与启示。"志者，记也。"一个乡村，编写村志并不是一件稀罕事，但在仓廪并不丰实的 20 世纪 80 年代，一个农村老会计能够潜心编写村志，并不是一件寻常事；在修史立典日趋规范的今天，编写村志并不是一件困难事，但在农村里读书识字人都凤毛麟角的年代，一个高小程度（小学毕业）的农民自发编写一本村志并非易事；一个村编好一本村志或许不算难事，但能接续更新几十载，体现的是对乡土文化的传承和民族根魂的守护；移民村在全国并不少见，但能真正做到"村移心不散、移出新面貌"的实属少见；移民下山并不鲜见，但能在下山后白手起家，一路聚沙成塔，让"千万工程"落地开花的村庄，一定能使我们在学习和研究中汲取智慧和力量。

　　20 年前，时任浙江省委书记习近平到衢州市江山市凤林镇白沙村考察时，在村会计毛兆丰家里偶然翻阅到第一版的《白沙村志》。他高度评价了村志在传承乡村传统文化、促进乡村文化振兴方面的示范意义，并鼓励毛兆丰继续努力："你们白沙人做得不错嘛，你还要努力啊，把村里搬迁的大变化写进新村志里去！"[①]殷切嘱托，如同春风化雨，滋润着白沙村的心田，引领着这个村庄走上了产业带富、军民共建、文化兴村的康庄大道，走上了逐步共富、共建共

---

　　① 本书编写组.干在实处　勇立潮头：习近平浙江足迹：[M].杭州：浙江人民出版社；北京：人民出版社，2022：372.

富、全面共富、全民共富的追梦之路,实现了"儿童不留守、夫妻不分居、老人不空巢"的和美乡村新愿景。

近年来,浙江省社科联推动社科赋能山区(海岛)县高质量发展行动走深走实,组织智库专家和广大社科学者深入一线,以破解县域发展难题为牵引,以深耕实践为基础,探索山区(海岛)县高质量发展新路子,努力以社科力量推进我省共同富裕示范区建设。同时,按照"瞄准县域实践、顺应发展大势,呈现最新成果、夯实理论根基"的目标,着力将"八八战略"在县域的生动实践和理论研究,总结提炼为全省乃至全国的新思路新方案,充分挖掘好利用好"八八战略"的理论宝库,助力打造我省社科赋能中心大局的新名片。

在这一目标体系的指引下,杭州电子科技大学信息工程学院党委书记王艳领衔的社科赋能团队与辛金国教授领衔的浙江省信息化发展研究院社科赋能团队,先后多次赴江山市凤林镇白沙村进行深入调研,围绕白沙村村志文化赋能党建强村、产业富村、生态美村、文化兴村、数字乡村等一批重大发展议题,开展了对策报告撰写、规划方案设计、典型经验总结、理论创新研究等工作,为地方党委政府积极建言献策。

该团队的新作《"志"在白沙——"把大变化写进新村志"的白沙探索与实践》,以习近平同志到江山市凤林镇白沙村考察调研的重要讲话精神为引领,结合浙江省域发展的总纲领总方略,系统梳理了白沙村志文化兴村的实践经验,集中展示了白沙村在共同富裕道路上的探索与成就。该书精准刻画了在村志引领下白沙村的蜕变、对周边的辐射效应以及江山市文化兴村的现实路径,为山区(海岛)县高质量发展提供了有力的理论支撑和智力支持。

相信该书的出版,将进一步丰富浙江高质量发展建设共同富裕示范区的理论内涵,让我们在"循迹溯源学思想促践行"中,更加深刻体悟"修史立典,存史启智,以文化人"在浙西乡村共同富裕道路上的深刻指导意义,并为我们坚定中国文化自信、传承地域文脉、走好中国式现代化道路,奋力谱写中国式现代化浙江新篇章提供有益借鉴和启示。

是为序。

郭华巍

浙江省社会科学界联合会党组书记、副主席

2024 年 8 月 8 日

前 言 ·························· >>> >

白沙村全景（戴永芬提供）

在奋力谱写中国式现代化浙江新篇章的新征程上，如何在推进共同富裕中先行示范，如何在深化改革、扩大开放上续写新篇，如何在建设中华民族现代文明上积极探索，这些都是浙江作为先行者必须解答的时代课题。从"千村示范、万村整治"的初步探索，到"千村精品、万村美丽"的全面提升，再到"千村引领、万村振兴"的战略深化，浙江的乡村共富画卷正徐徐展开，展现出一幅城乡和美、全域共富的壮美图景。

在这一波澜壮阔的进程中，村志作为乡村发展的重要历史记录，不仅谱写着乡民艰苦创业、奋发图强的历程,更在传承乡村文明、启迪乡村治理、弘扬传统文化方面发挥着举足轻重的作用。江山市凤林镇白沙村作为其中的先行探索者,以实际行动生动诠释了"干在实处、走在前列、勇立潮头"的浙江精神内涵,正奋力谱写中国式现代化的浙西乡村共富新篇章。白沙有"志",志向美好生活。"志"在白沙,引领乡村共富之路。

课题组选取的衢州市江山市凤林镇白沙村,作为浙西山区乃至中国万千普通农村地区的缩影,一个曾经默默无闻的小村落,如今却以村志文化为引领,走出了一条独具特色的共同富裕之路。在这里,村志不仅仅是一本书,更是一种精神的象征,是一种实践的引领,它让白沙村的历史和文化得以传承,也让白沙村的未来更加光明。它激励着乡民不忘初心,砥砺前行,共同书写着和美乡村、全域共富的美好未来。

在白沙村,流传着一条深入人心的乡村生活哲学:做好事,成大事,留名村志。这种朴素的价值观,与传统的乡俗民约相得益彰,共同构筑了白沙村独特的德治体系。对于白沙村民们来说,村志不仅是一本珍贵的历史读物,更是一种至高无上的荣誉象征。在这里,你要问一个村民最渴望的奖励是什么? 他们会毫不犹豫地告诉你:是村志。因为在他们眼中,只有那些品行端正、行为示范的人,才有机会获得这样一份殊荣,而能够在村志中看见自己,更是一种至高无上的荣耀。这种根植于内心的行为规则和激励机制,在每一个白沙人心中播下了向上向善的种子,激励他们成为有担当、有情怀的一代又一代白沙人。

2004 年 10 月 10 日,时任浙江省委书记习近平同志到衢州市江山市凤林镇白沙村视察时,嘱咐毛兆丰和村民说:"你们白沙人做得不错嘛,你还要努力啊,把村里搬迁的大变化写进新村志里去!"[①]这一嘱托,既是对白沙村实践的肯定,也是对浙江乃至全国乡村共同富裕工作的殷切期望。殷殷嘱托,催人奋进。20 年来,白沙人牢记嘱托,不断创新深化,实现了从贫穷落后到村美民富的华丽转身。这一转身,不仅是"八八战略"在浙西乡村的生动实践,更为浙江省乃至全国的乡村振兴和共同富裕提供有益的借鉴和启示。

本书在编写过程中,坚持理论与实践相结合、历史与逻辑相统一的原则,

---

① 本书编写组. 干在实处 勇立潮头:习近平浙江足迹[M]. 杭州:浙江人民出版社;北京:人民出版社,2022:372.

力求通过生动的案例和翔实的数据,展现白沙村在共同富裕道路上,通过村志文化兴村富民的发展轨迹和成就,同时注重挖掘白沙村文化兴村的内在逻辑和深层次原因,探索村志文化兴村的具体做法,展现在村志文化引领下白沙村的蜕变,探讨对周边的辐射效应及江山市文化兴村的具体举措和未来展望。并从实践维度探索"八八战略"在浙西乡村共同富裕历程中的引领作用,以及其与习近平新时代中国特色社会主义思想的内在一致性。

本书由导语、正文和附录三部分组成。编写组由杭州电子科技大学信息工程学院、浙江省重点专业智库(浙江省信息化发展研究院)辛金国团队抽调力量组成,王艳负责统筹,辛金国、郑军南专业赋能,张朝霞、黄静、马紫玉、马丹共同协作完成正文和附录。

在此,要特别感谢浙江省社科联、江山市委、市政府、宣传部、社科联、档案馆(市委史志研究室)以及凤林镇党委、政府对本书编写工作的大力支持和帮助。同时,也要感谢白沙村广大干部群众的积极参与和配合,他们的亲身经历和感人故事为本书增色添彩许多。本书的完成,也离不开众多专家和学者的支持与帮助。在此,向所有为本书提供宝贵意见和建议的专家学者表示衷心的感谢。同时,衷心感谢浙江大学出版社的编辑和校对人员,他们的辛勤付出使得本书得以顺利出版。由于时间和篇幅的限制,本书难免存在不足之处,敬请各位读者批评指正。

谨以此书,献给所有关心和支持共同富裕事业的朋友们!

杭州电子科技大学信息工程学院社科赋能编写组
2024 年 4 月

CONTENTS
目 录 ·················· >>> >

导　语

人民群众对美好生活的向往，就是我们的奋斗目标。①

——习近平

白沙村通过下山移民发生了很大变化，所接触到的群众很朴实，又很向上，这既有对党和政府的信任，也有对创造美好生活的自信。现在一部分老百姓的生活富起来了，但还有相当一部分老百姓生活仍然比较艰苦，我们要一门心思改善群众的生活条件，推动更多这样的新农村崛起，这是我们义不容辞的职责。②

——摘自《习近平在浙江》

一、循迹溯源

"务农重本，国之大纲。"此理自古未变，而今更显重要。乡村振兴是推动高质量发展，实现中国式现代化和中华民族伟大复兴的必由之路。民族要复兴，乡村必振兴。在这伟大征程中，乡村既是根基也是目的地。《中共中央国务院关于做好2023年全面推进乡村振兴重点工作的意见》提出，要"举全党全社会之力全面推进乡村振兴"。国之强大，离不开每一片土地的繁荣；民族复兴，需要每一个村庄的振兴；共同富裕，离不开每一个民众的幸福和富足。

---

① 习近平.在基层代表座谈会上的讲话[EB/OL].(2020-09-17)[2024-04-10].https://www.12371.cn/2020/09/19/ARTI1600525867623878.shtml.

② 中央党校采访实录编辑室.习近平在浙江(上)[M].北京：中共中央党校出版社，2021：230-232.

(一)循白沙之迹

白沙村原是位于浙江省西南部仙霞山脉深处的江山市定村乡的一个山村,海拔平均700多米,山地面积7800多亩,占全村面积的88%以上。2002年因白水坑水库建设需要,728位大山儿女搬迁至40公里之外的浙江省江山市凤林镇境内盛山岗地。

盛山之地,繁盛之域。现在的白沙行政村由白沙自然村和水碓淤自然村联合组成,东邻江山市凤林镇凤里村和凤溪村,南枕峡口镇地山岗村,西依凤林镇卅二都村,距江西省广丰县后阳、沙坑弄8公里,北靠凤林镇大悲村,与凤林镇政府所在地相望。全境东西宽2公里,最窄处不到1公里,南北长3公里,呈不规则哑铃型,面积1.7505平方公里,截至2009年12月,共400户人口1381人,有农田500亩。①

村庄巧遇吉祥地,村民喜迎指路人。2004年10月10日,时任浙江省委书记习近平同志来到白沙村视察移民成果,称赞白沙群众"白沙村通过下山移民发生了很大变化,所接触到的群众很朴实,又很向上,这既有对党和政府的信任,也有对创造美好生活的自信"②。自此,"美好生活"宛如一束阳光,为白沙人追梦引航。

二十载励精图治,二十载栉风沐雨。有担当的村两委,勤劳的白沙人,记嘱托而立宏愿,化自豪而付笃行,在这片寄托着无限憧憬的热土上四季勤耕,收获丰美的劳动果实,将"白手起家,沙聚成塔"的精神镌刻在《白沙村志》中,将"白沙有志,美好生活"的愿景化为实际图景,让这片土地绽放出愈加绚丽的光彩。

如今的白沙村,民心聚,产业兴,村庄锦绣,百姓安居。人们不禁要问:白沙从哪里来?白沙人回答:从习近平同志的殷殷嘱托中来,从党员干部的初心使命中来,从村民创造美好生活的妙手中来!

行稳且致远,白沙在实践。

(二)溯"嘱托"之源

2004年10月10日,时任浙江省委书记习近平同志走进江山市凤林镇白沙村,看到了白沙村搬迁到新址后的大变化,拿起《白沙村志》一边翻阅一边问村志副主编、白沙村老会计毛兆丰关于编写村志的意义,毛兆丰回答说:"几千

---

① 毛东武.白沙村志[M].北京:方志出版社:2012:19,49.

② 中央党校采访实录编辑室.习近平在浙江(上)[M].北京:中共中央党校出版社,2021:230.

年来,国有史,家有谱。不过,家谱毕竟是一家一族的文化,而村志则不同,它能反映全村政治、经济、文化的历史面貌,又有与全体村民休戚相关的人和事的记载,最起码的存史作用是很大的啊!"[1]

听着毛兆丰的回答,习近平同志频频点头,鼓励他说:"你们白沙人做得不错嘛,你还要努力啊,把村里搬迁的大变化写进新村志里去!""希望你继续努力,发挥一切力量,把白沙村新志写出来!"[2]

2010年11月30日,时任中共浙江省委书记、省人大常委会主任赵洪祝到白沙村视察,当赵书记翻看了第一部《白沙村志》和第二部《白沙村志》的初稿时,语重心长地叮嘱说:要精心编纂新的《白沙村志》,把白沙农业的发展、农村的变革和农民的变化,忠实地记载下来,给村里的百姓留下珍贵的文化财富。

殷殷嘱托在心,江山市和白沙村干部群众凝心聚力:一方面,以产业兴村,通过大力发展振兴乡村产业,提高村民收入,改善村容村貌,不断提高乡村社会治理水平;另一方面,以文化润村,以村志文化为切入口,不断振兴乡村文化。通过接续编纂更新《白沙村志》,记录白沙村乡村发展和全面振兴的全历程。

2016年10月,白沙村被誉为中国村志名村,《白沙村志》成为浙江唯一一部成功入选"中国名村志"丛书的村志。

殷殷嘱托有回响,乡村共富谱新章。

(三)筑"有志"之基

白沙村民虽世代居住在深山里,但却对乡村文化情有独钟。由农民自发组织搜集材料进行编写,历经10年时间于1991年完成了村史《白沙村志》并公开出版,成为新中国第一部以乡村为单位单独出版发行的乡村志。自此,白沙村有"志"。

时光回溯到2003年,习近平同志在浙江工作期间,亲自谋划、亲自部署、亲自推动了旨在发展现代农业、振兴农村、造福亿万农民的"千村示范、万村整治"工程。江山市凤林镇白沙村便是这一战略思想的实践热土。20年来,在习近平总书记"把大变化写进新村志"的激励下,江山市和白沙村干部群众上下一心,牢记总书记嘱托,一张蓝图绘到底,一任接着一任干,用村志记录了乡

---

[1]　本书编写组.干在实处　勇立潮头:习近平浙江足迹[M].杭州:浙江人民出版社;北京:人民出版社,2022:372.

[2]　本书编写组.干在实处　勇立潮头:习近平浙江足迹[M].杭州:浙江人民出版社;北京:人民出版社,2022:372.

村振兴和实现共富的全部奋斗历程,体现了浙江人民干在实处、走在前列,敢为天下先的精神,走出了一条具有江山特色的乡村全面振兴之路,在实施乡村全面振兴战略、实现"物质文明与精神文明协调发展"、传承中华优秀传统文化等方面发挥了典型带动和示范引领作用。

奋进新时代,白沙人有志气!

今天的白沙村已经成为远近闻名的幸福村,有三个基地——木材加工基地、白菇种植基地、来料加工基地,村里各类体育娱乐设施齐全。近年来,白沙村相继获得"全国乡镇体育健身示范工程""全国民主法治村""浙江省军民共建文化示范村""浙江省国防教育基地""AAA景区旅游村""省级社会主义新农村建设示范村""省级全面小康建设示范村""浙江省文明村""浙江省绿化示范村""浙江省村级体育俱乐部""浙江省群众体育先进单位""衢州市文化特色村"等100多项市级以上荣誉称号。2019年,白沙村入选"第一批国家森林乡村"名单;2020年,被评为"全国民主法治示范村""全国绿化示范村",并被中央文明委授予"全国文明村"称号;2022年,被确定为"浙江省高标准农村生活垃圾分类示范村";2023年,入选浙江省第三批未来乡村建设村。白沙村是一个有着爱国拥军优良传统的模范村,也是一个社会主义新农村建设的样板村,更是全省军民文化共建的先行示范村。

白沙有"志",志在美好生活。

白沙有"志"(王俊提供)

二、经验总结

"每一种文明都延续着一个国家和民族的精神血脉，既需要薪火相传、代代守护，更需要与时俱进、勇于创新。"[①]国家主席习近平2014年在联合国教科文组织总部的演讲中这么说。村落是中国传统文化的根基所在，积淀着人类发展演变的历史与文明。改革开放以来，党中央、国务院高度重视社会主义新农村建设，中国农村取得跨越式发展。留住乡音、乡风、乡思，继承传统文化精华，挖掘历史智慧，厚植文化根基，成为极其重要的工作。2015年8月，国务院印发《全国地方志事业发展规划纲要（2015—2020年）》，正式把中国名镇志文化工程、中国名村志文化工程列为主要任务之一，使之成为国家级文化工程。2017年5月，《国家"十三五"时期文化发展改革规划纲要》指出："开展旧志整理和部分有条件的镇志、村志编纂。"中共中央、国务院印发的《乡村振兴战略规划（2018—2022年）》明确"鼓励乡村史志修编"。2022年8月，《"十四五"文化发展规划》更是明确指出："加强农耕文化保护传承，支持建设村史馆，修编村史、村志，开展村情教育。"这些政策导向和引领，为乡镇志、村志编纂提供了根本遵循。

党的二十大报告中说："全面推进乡村振兴。全面建设社会主义现代化国家，最艰巨最繁重的任务仍然在农村。"要坚持农业农村优先发展，坚持城乡融合发展，畅通城乡要素流动。加快建设农业强国，扎实推动乡村产业、人才、文化、生态、组织振兴。近年来，乡村振兴战略的大力实施，为传统文化、乡土文化在当代的保护与发展提供了契机，村志编修渐成热潮。编修村志是落实国家"十四五"规划纲要，助力乡村文化振兴的重要内容之一。在我国向第二个百年奋斗目标进军和浙江奋进"两个先行"的新征程中，传承创新"把大变化写进新村志"，有助于推进乡村物质文明与精神文明协调发展，为新时代践行乡村振兴打造浙江样板。

（一）"把大变化写进新村志"是推进乡村全面振兴的鲜活实践

1. "把大变化写进新村志"为"千万工程"提供切入点。2003年6月，时任浙江省委书记习近平同志以农村生产、生活、生态的"三生"环境改善为重点，

---

① 习近平.在联合国教科文组织总部的演讲［R/OL］.（2014-03-28）［2024-01-26］.https://www.gov.cn/xinwen/2014-03/28/content_2648480.htm.

亲自调研、亲自部署、亲自推动,启动实施"千村示范、万村整治"工程(简称"千万工程"),拉开了乡村环境整治和美丽乡村建设的序幕①。白沙村深入实施"千万工程",相继被评为"社会主义新农村建设示范村""省级全面小康建设示范村"、首批"浙江省绿化示范村"等荣誉称号。

党的二十大报告提出,"发展乡村特色产业,拓宽农民增收致富渠道",这是基于当前农村经济社会现状,为全面推进乡村振兴和共同富裕作出的重要决策。白沙村村民牢记习近平总书记的殷殷嘱托,自强不息努力奋进,聚焦产业模式创新和体制创新,以"强村公司"为抓手,不断壮大集体经济,促进农民增收,实现了白沙村发展的"大变化",为乡村共同富裕带来示范效应。

2. "把大变化写进新村志"为地方志传承地域文化创建实操模板。村志是传承乡土文化、宣传时代精神的主要阵地,记录传承了可能被湮没在历史长河中的乡村历史沿革、经济发展、社会进步、民俗风情、寓外人士和名人贤士等独特的区域文化和历史。村志和其他地方志一样,承担着志书"存史、育人、资政"的基本功能,让老一辈奋斗者获得存在感和归属感,教育新一代青年人持续传承优秀文化。

《白沙村志》记载了全体村民齐心协力、创业创新的丰硕成果。对白沙村村民来说,修志不仅仅是存史需要,更是一种激励,激励大家以志为鉴、踔厉奋发、勇毅前行、共创美好未来。白沙村农民修村志,不仅为乡村保存历史、赓续文脉教化育人,还起到了淳化民风、教化育人的作用,更为历届村两委提供决策辅助,起到资政辅治的作用。把"大变化写进新村志",以记录乡村振兴的大变化为内容,用产业和经济发展为村志塑形,推动乡村文化发展和振兴。同时,深入挖掘发挥乡村志"存史、育人、资政"的功能,以乡村文化振兴推动乡村文化产业建设和产业升级,形成良性互动,为传承发展地域文化创建了实操模板。

3. "把大变化写进新村志"为实现乡村文化振兴、打造浙江省文化高地和文化"金名片"提供参考范本。"太平撰史,盛世修志",2022 年 8 月,中共中央办公厅和国务院办公厅《"十四五"文化发展规划》明确指出:"充分发挥文化传承功能,全面推进乡村文化振兴,推动乡村成为文明和谐、物心俱丰、美丽宜居的空间。加强农耕文化保护传承,支持建设村史馆,修编村史、村志,开展村情

① 中共浙江省委主题教育领导小组,中共浙江省委党校.寻迹溯源学思想——实践例证集[M].北京:中共中央党校出版社,2023:192-193.

教育。把乡土特色文化融入乡村建设，留住乡情乡愁。创新支持和激励方式，将优秀文化资源转化为乡村永续发展的优质资产。"①

浙江省人民政府同年颁发的《浙江省人民政府办公厅关于加快推进新时代地方志事业发展的意见》也提出浙江省要努力打造"中国方志之乡"金名片。志书编纂者担负着记录传承历史、保存乡邦文献，挖掘历史智慧、引领时代风尚的职责使命。白沙村全体村民牢记习近平总书记嘱托，坚持编修乡村志书，"把大变化写进新村志"，久久为功，成功入选中国村志名村，成为浙江省打造"中国方志之乡"的一张金名片，是实现乡村文化振兴的典范，为打造浙江省文化高地提供范本。

（二）"把大变化写进新村志"是实现乡村全面振兴的有效路径

1. 修史立典，"把大变化写进新村志"是传承中华优秀传统文化的民间实践。2022 年，习近平总书记为《复兴文库》作序时说："修史立典，存史启智，以文化人，这是中华民族延续几千年的一个传统。"②志书是中国特有的文化现象，将一定地域内的自然和社会、政治和经济、历史和现状的兴衰起伏和发展变化，用文字记述下来、保存下去，供今人和后人查阅参考。地方志是对国家历史的有益补充，从感性和细节层面增加历史的丰富性和鲜活性。《白沙村志》由白沙村民自发修成，记录真实的村情民情，书写白沙村历史，保存地方历史文化，是民间传承中华优秀传统文化的实践典范。

2. 存史启智，"把大变化写进新村志"为乡村治理提供实践路径。"居今而知古，鉴往以察来。"地方志是"一方之全史"，因其综合性、区域性、连续性、资料性等独特魅力，在资政辅治、助力地方经济社会发展等方面发挥着巨大作用。地方志编修者坚守"秉笔直书"的原则，从内容上尽可能覆盖广泛，讲究"纵不断线、横不缺项"，从而客观、准确地记载一地经济发展的历史轨迹，昭示经济运行的内在规律，为政策制定者扬长避短、因地制宜发展地方经济提供可供借鉴的资料，"为当代提供资政辅治之参考，为后世留下堪存堪鉴之记述"。从 1981 年开始撰写第一部《白沙村志》，到 2024 年第三部《白沙村志》问世，四十余年间完成三次修订，正是习近平总书记"把大变化写进新村志"殷殷嘱托的回

---

① 新华社.中共中央办公厅 国务院办公厅印发《"十四五"文化发展规划》[EB/OL].(2022-08-16)[2024-01-28].https://www.gov.cn/zhengce/2022-08/16/content_5705612.htm。

② 新华通讯社.学习贯彻习近平总书记在文化传承发展座谈会上的重要讲话精神述评[M].北京：新华出版社，2023：31.

响。管理者借助村志中记载的地方治理经验,发掘地方优势,推动乡村文化建设与经济社会发展良性互促,为新时代乡村治理提供具有操作性的实践路径。

3.以文化人,"把大变化写进新村志"为促进乡村文明风尚提供实践样本。不断提高社会文明程度是人类文明发展的前进规律和实践方向,是以满足人对现代化的精神文明需求为价值取向。村志教化育人,对塑造村民的政治思想,以及道德品质教育发挥作用。村志对提高村民文明素养,促进移风易俗,倡导文明生活方式,把文明意识融入人民群众日常生活,提升社会文明程度具有积极的意义。《白沙村志》记载白沙村的人和事,是白沙村全体村民的精神家园,为促进白沙村地方文明新风尚发挥了重要作用,是培育乡村文明新风尚的实践样本。

(三)"把大变化写进新村志"是中华优秀传统文化的创新发展

1."把大变化写进新村志"是社会主义农村和农业现代化进程的见证和记录。农村农业在中国是国民经济与社会发展的重要支柱。习近平总书记指出:"我们要建设的农业强国、实现的农业现代化,既有国外一般现代化农业强国的共同特征,更有基于自己国情的中国特色。""所谓中国特色,就是立足我国国情,立足人多地少的资源禀赋、农耕文明的历史底蕴、人与自然和谐共生的时代要求,走自己的路,不简单照搬国外现代化农业强国模式。"[1]新中国成立以来,我国农业和农村经历了深刻的制度变革,取得了巨大的发展成就,也由此发生了翻天覆地的变化。第一,"民以食为天",中国的农业综合生产能力巩固提升,粮食和重要农产品供给保障有力。从新中国成立初期不能满足温饱问题,到2023年全国粮食总产量为13908.2亿斤,能满足人民群众多元化、个性化的农产品消费需求[2]。第二,乡村富民产业发展壮大,农民就业增收渠道持续拓宽。第三,乡村建设有序推进,农村面貌持续改善。第四,乡村治理稳步提升,农村社会稳定安宁。

盛世书华章,方志载伟业。当代编修乡村志书旨在记录全国人民在党中央的领导下,为实现社会主义农业和农村现代化的奋斗历程和不朽功绩是为

---

① 习近平.加快建设农业强国 推进农业农村现代化[J/OL].(2023-03-15)[2024-02-01]. https://www.ccps.gov.cn/xxskx/zyls/202303/t20230315_157263.shtml.

② 2023年全国粮食总产量13908.2亿斤,比上年增长1.3%——中国粮食生产再获丰收[N/OL].(2023-12-12)[2024-03-10]. https://www.gov.cn/yaowen/liebiao/202312/content_6919648.htm.

后代"存史"的珍贵材料,其本身也是乡村文化振兴的标志性成果。《白沙村志》以单个村庄为单位,记述单个村庄从小农经济,到社会主义单一计划经济,再到逐步迈向农业现代化、成长为现代化城镇示范村的全过程,是对整个时代的记录和见证。

2."把大变化写进新村志"是中国式现代化的见证和记录。从世界文明史看,实现现代化是近代以来世界各国特别是发展中国家孜孜以求的目标。新中国打破了对其他路径的依赖,坚持自己的路自己走,用几十年时间走完了发达国家几百年走过的工业化历程,走出了一条独具特色的现代化道路。中国的巨大成功,拓展了发展中国家走向现代化的途径,给世界上那些既希望加快发展又希望保持自身独立性的国家和民族提供了全新参考,为解决人类问题贡献了中国方案。现代化的历程是所有国家或经历过,或正在经历,或将要经历的必要过程。《白沙村志》以"把大变化写进新村志"为指引,将中国社会"由封建的小农经济向社会主义单一的计划经济过渡,而后又由这种单一的计划经济体制,向社会主义市场经济体制的转变都记录了下来。不单记载了体制方面的变化,而且记述了在不同体制时期里活动着的人群的变化、村貌的变化"[1]。这样完整真实地记录现代化历程,为人类文明进程保存历史,是对中华民族的贡献,也是对世界文化建设的重大贡献。

3."把大变化写进新村志"是中华优秀传统文化的传承和创新。隔代修史、当代编志,自古以来就是中华民族的优秀文化传统。中国当代历史成就证明,中国特色社会主义道路、理论、制度和文化是成功的。今日中国的文化自信,正是深植于中国特色社会主义的伟大实践。文化是民族复兴的先导,也是国家的核心竞争力。独特的文化传统、独特的历史命运、独特的基本国情,注定了中国必然要走适合自己特点的文化发展道路。"把大变化写进新村志",在新的时代书写民族复兴的新史诗,是对传统文化的传承和创新,更是奋勇担当新时代的文化自觉,在物质文明发展的进程和实践创造中进行文化创造,在历史的发展进步中实现文化进步。

三、实践启示

江山市凤林镇白沙村通过二十年来不懈的努力,在新时代乡村振兴重要

---

[1]　毛东武.白沙村志[M].北京:方志出版社,2012:序13.

论述指引下,从一个深山山区村,经过下山搬迁,如今变成了远近闻名的幸福村和率先实现乡村振兴的示范村,创出了产业塑形、文化铸魂的乡村振兴之路,成为习近平新时代乡村振兴的独特实践样本。

(一)走好产业塑形、文化铸魂的乡村振兴之路,必须坚持党建引领

办好农村的事情,实现乡村振兴和共同富裕,关键在党建。围绕习近平同志提出的"农业强、农村美、农民富"的新要求,白沙村党总支始终贯彻党建促发展、促改革、促和谐的核心理念,努力将党建工作抓具体、抓深入。村党组织发挥战斗堡垒作用,踏实带领农民科学致富,密切关心群众生活,牢牢维护农村稳定。一方面,推行"干部带党员、党员带村民、一级做给一级看"的制度理念,走出了一条"党建引领、德行立村、网格治理"的新路子,蕴育出"文明乡风和谐家风、淳朴民风"的硕果;另一方面,白沙村党组织敢于担当、不畏矛盾、直面问题,推行"德行立村",全面提升农民精神面貌,坚持物质文明和精神文明一起抓,遵循村级重大事项决策"五议两公开一监督"的要求探索实施村级事务民主协商机制,通过"议什么、谁来议、怎么议、议得怎么样"四个步骤,形成了"村民的事情由自己当家作主"的良好局面,培养村民的"主人翁"意识,调动了他们的积极性。实行村级重大事务决议内容公开和实施结果公开,决议实施全过程要自觉接受党员、村民的监督,做到村内管理公开、公正,将党员和普通村民紧密团结在党组织周围,充分发挥党组织的核心带头作用,全村上下凝心聚力专注发展。

白沙村强化基层党组织的领导核心作用,以党建引领赋能乡村全面振兴。《中国共产党章程》明确要求:"党必须按照总揽全局、协调各方的原则,在同级各种组织中发挥领导核心作用。"乡村党支部是党在农村最基层的组织,是本村各种组织和各项工作的领导核心,是党联系群众的桥梁和纽带,是团结带领广大党员和群众建设有中国特色社会主义新农村的战斗堡垒。第一,白沙村党支部注重班子建设,特别是一把手综合素质高,既有业务能力,也有人格魅力,能够把村民聚拢在一起。同时,白沙村班子全体成员同心协力,共同的目标是积极为群众办实事,让村民得到实惠。大家精诚合作力所能及地为群众服务,帮助村民解决困难。第二,村两委党员干部坚持做乡村产业发展的带头人,在致富路上身先士卒带头示范,带领村民学习致富本领,先村民之忧而忧,后村民之乐而乐。第三,党员干部是乡村新风示范者。带头移风易俗,倡导健康文明的生活方式,引领农村新风尚。带头执行村规民约,切实为群众树立榜

样,在建立社会主义农村新风尚中体现先进性。第四,做乡村社会和谐的引领人。党员干部注意搜集社情民意,化解村民之间的矛盾纠纷,维护乡村和谐稳定。第五,做群众的贴心人。白沙村两委和全体无职务党员积极为村民办实事、做好事,心系村民"急难愁盼"问题,是村民信赖的贴心人。

(二)走好产业塑形、文化铸魂的乡村振兴之路,必须秉持干在实处

浙江是一个人多地少,资源匮乏的省份,自古有"七山二水一分田"的说法。习近平同志到浙江后,通过一系列调研,基于浙江省情提出了"干在实处、走在前列"的新的工作坐标。走在前列是目标,干在实处是关键。改革开放以来,白沙村正是秉持着这种"干在实处、走在前列"的奋进精神,在土地十分有限的情况下,结合自身实际情况,充分发掘并整合村民和村子的资源,大力发展乡村产业,实现产业水平现代化、多元化,努力做到"人无我有、人有我优、人优我精",走出了一条前所未有的产业振兴之路,为乡村塑形。同时,"干在实处、走在前列"的精神也体现在《白沙村志》的编写过程中,村民自发编纂乡村志,保存乡村发展历程,传承乡村文化,提升乡村文化振兴水平,为乡村铸魂。这件事举国罕见,没有先例可循,没有经验可以借鉴,遇到的困难都是难以事先预见的,但白沙村民竟然能几十年如一日,踏踏实实躬耕于此,走在前列敢为人先。

产业振兴是乡村振兴的重中之重,白沙村聚焦产业促进乡村发展,以特色产业支撑乡村全面振兴。第一,明确乡村发展定位,通过制定发展规划完成产业振兴的统筹谋划。在村庄发展的关键节点,白沙村委会制定成文的发展规划,用文字明确表述行动指南和规划目标,组建领导小组,分析本村资源和人力优势,进而提出具体的实施措施。第二,立足特色资源,坚持因地制宜精准发力,大力发展特色产业群。基于本村传统的木材加工和经营经验,把木业加工列为本村产业振兴的重点项目,建设相应工业园区。第三,以平台建设、基金筹集、创业领头雁为抓手进行多元产业联动,发展食用菌菇养殖和来料加工等产业群,解决村民增收和就业问题,实现农民产业致富和增收。第四,与时俱进,优化产业结构,培育长久的市场竞争力。变粗放式生产为集约式生产,从粗加工向深加工和精细加工发展,从而节约能源保护环境,并且大幅度提升产品的附加值,提升乡村企业的竞争力。第五,积极拓展新业态,把乡村资源优势、生态优势和文化优势转化为产业优势。白沙村近年来积极发展生态旅游和民俗文化项目,提高产业质量效益和竞争力。目前白沙村整合各方资源,

通过"军旅＋产业"项目，建成我省首个以村为单位的国防教育基地"军扬凤林"国防体育实训基地和军旅文化民俗园。目前白沙村是浙江省军区共建单位和军民共建文化示范村，也是省政府授予的省级国防教育基地。

（三）走好产业塑形、文化铸魂的乡村振兴之路，必须建设乡村文化

文化自信是更基本、更深沉、更持久的力量。努力建设中华民族现代文明，乡村是热土、是基石、是底气。白沙村民自发编写村志是乡村文化建设的直接体现，不仅能够传承文化、保存历史、为乡村治理提供决策参考，更重要的是能够教化人心培育民风。世界上所有的事情，说到底是人的事情，文化育人的作用是功在当代利在千秋的大事。另外，白沙村的乡村文化建设还体现在对文化的引领和导向。白沙村两委曾以村为单位面向社会公开发起"博善杯——可爱的白沙"征文活动，共收获 68 篇文稿，择优结集成册，由江苏文艺出版社出版，名为《可爱的白沙》。这是一部由农民主创、主办、主持的文学作品选集，体裁包括散文、小说、诗歌等，体现了乡村文化建设的水平，展示了社会主义新农村的文化内涵。白沙村还拍摄了全国第一张全体村民合影，用全村 700 多人的全家福物化村民的友善、团结和凝聚力。另外，经村两委集体讨论，白沙村还组建了春节文体运动会领导小组，并于 2006 年制定了《白沙村第一届农民学生文体运动会章程》，通过定期举办乡村农民运动会营造农村春节的欢乐气氛，充实建设社会主义新农村精神文明新内容。搬迁到凤林镇不久，就由 74 位寓外人士、村民众筹在村口修建了聚贤亭，并请本地老者撰写碑文，记录白沙人杰地灵，绵延 600 多年的历史，旨在让公心美德世代传承。白沙村人用自己的辛勤和智慧，在家乡描绘出一幅农村新图景，建设成为名副其实的美丽新农村。

白沙村高水平实施乡村文化振兴行动，编写村志记录乡村全面振兴。习近平总书记强调："要继承和弘扬中华优秀传统文化，努力用中华民族创造的一切精神财富来以文化人、以文育人。"[①]乡村文化是中国传统文化的重要组成部分，乡村是传统文化的根基所在。全面推进乡村振兴战略的背景下，乡村文化自信为乡村振兴提供持久的精神力量。第一，发扬敢为人先、勇立潮头的浙江精神，农民自发编纂村志，记录农耕文明发展的历程，传承乡村文化，发挥

---

① 中共中央文献研究室.习近平关于社会主义文化建设论述摘编[M].北京：中央文献出版社，2017：140.

地方志存史的作用。白沙村村民历经十年时间,编写并公开出版了第一部《白沙村志》,记录了白沙村一千余年以来的人群居住史和六百多年村庄史。第二,一张蓝图绘到底,一任接着一任干,牢记习近平总书记殷殷嘱托,把乡村全面振兴的"大变化"写进新村志。在习近平总书记的激励下,20 年来,白沙村发生了翻天覆地的变化,从一个一穷二白的小山村,成为远近闻名的"幸福村""明星村";从村集体经济收入为零,人均年收入不到 2000 元,到村集体年收入超百万元,人均年收入达 4 万元。白沙村民不负习近平总书记的殷殷嘱托,完成了四版村志的编纂工作,全面翔实地记录了村庄的发展变化。第三,以文化人,塑形铸魂,以村志培育乡村文明新风尚。2023 年浙江省委一号文件聚焦高水平乡村全面振兴,高水平推进乡村产业、人才、文化、生态、组织振兴,实施乡村文化振兴行动。《白沙村志》详细记载了白沙村数百年的发展与变化,承担了乡土文化续血脉传文脉的作用,是建设乡村文化的典范,对于促进乡村物质文明和精神文明相协调的全面振兴起到了重要作用。

(四)走好产业塑形、文化铸魂的乡村振兴之路,必须坚持久久为功

世界上没有什么事情是一蹴而就的,伟大的事业需要决心和恒心,需要有在困难面前保持初心、勇往直前的勇气。

一方面,白沙村两委党员干部始终围绕着带领村民发家致富过上幸福生活的目标,一任接着一任干,党员干部可以变化,但带领乡民走上致富路的初心永远不变。比如,白沙村的木材加工产业起步较早,在白沙村从深山搬迁出来之前已经开始。那时候的白沙村位于浙西仙霞山脉深处的江山市定村乡,四周群山环绕,林业资源丰富,木材加工也因此成为白沙村的传统产业。搬迁到凤林镇后,白沙村民在村两委的带领下,结合地理位置和交通的新优势,持续推进木材产业的发展,不断提升木业精深加工能力,大幅度提高产业效益,如今木材加工已经成为白沙村最大的支柱产业。

另一方面,白沙村两委注重集体的力量和荣誉,每每遇到困难,通过集体决策,依靠集体智慧寻求解决办法。他们心怀全体村民的幸福和未来,并以此为事业目标,坚定"功成必定有我"以及"功成不必在我"的胸怀和担当,在推动实现物质文明与精神文明协调发展的乡村全面振兴道路上,锚定目标、永葆初心,久久为功,一张蓝图绘到底。

第一章 村以"志"为鉴:把"大变化" 写进新村志的内涵及意义

治国之道,富民为始。党的二十大报告提出,要全面建设社会主义现代化国家,最艰巨最繁重的任务仍然在农村。坚持农业农村优先发展,坚持城乡融合发展,畅通城乡要素流动。加快建设农业强国,扎实推动乡村产业、人才、文化、生态、组织振兴。乡村振兴,文化为魂。包括村志在内的地方志书是我国特有的文化瑰宝,连接着中华民族的历史、现在与未来,是传承中华文明、发掘历史智慧的重要载体。对于促进乡村文化振兴,激发农村发展动力,留住乡愁记忆,服务乡村全面振兴战略,具有十分重要的现实意义。在乡村全面振兴过程中,乡村志书发挥着独特的功能和作用,是乡村共富的文化命脉,是中华民族伟大复兴不可或缺的精神财富。

第一节 乡村史志编修的价值与意义

乡村史志是乡镇志和村志的简称,属于地方志体系的重要组成部分,和地方志一样是中华优秀传统文化的典型代表和重要载体,忠实地记载一地的自然、地理、经济、军事、文化和人物等诸多方面的历史和现状,对于保存地方历史、传承地方文化,服务地方经济发展、推动社会治理具有重要的作用。新时代编修乡村史志的意义,首先在于记录当今社会农村发展变革,留存乡村历史,增强乡村文化自信,淳化民风民俗。同时,编修乡村史志还能够为完善现存基层治理制度提供历史经验和智慧,提升乡村治理效能,助推乡村全面振兴。

一、村志的演变

(一)中国地方志:乡村史志的历史起点

"惟殷先人,有册有典。"地方志简称"方志",也称地志、地记、图经、图志等。"志"即"记",就是记录、记载、记述的意思。地方志是一个地方各个方面情况的记录,是全面、系统记述某一地方自然、政治、经济、文化、社会的历史和现状的资料性文献,汇聚了一个地区从古代到现在,从自然到社会的所有方面的资料,分门别类地记录下来。因此,地方志可谓"一方的古今总览",或"地方百科全书"。

地方志是中国文化的结晶,是中华民族文化宝库中十分珍贵的财富。中华民族一贯注重记述、传承和借鉴历史,具有高度的历史自觉和文化自觉,赓续不断地编修地方志,是中华民族的优秀传统,也是中华民族特有的文化现象,在世界文化之林中独树一帜。英国著名学者李约瑟曾说:"希腊的古代文化乃至近代英国,都没有留下与中国地方志相似的文献。要了解中国文化,就必须了解中国的地方志。"[①]

关于地方志的起源众说不一。有学者认为地方志的渊源最早可以追溯到商代,商代史官所记而产生的甲骨卜辞,带有后世志书的某些特点,如"资料翔实,述而不论""补史之缺""详史之略"等,因此"方志的源头则应当从商代史官找起"[②]。也有学者赞同中国方志首次出现在春秋战国时期,以《周礼》中的"四方之志"为标志。北宋司马光所作《河南志序》称:"周官有职方、士训、诵训之职,掌道四方九州之事务,以诏王知其厉害。后世学者,为书以述地理,亦其遗法也。"[③]

此外,历代提出方志起源于《禹贡》的学者也很多。清纪昀在《四库全书目录提要》史部地理类小序中感叹说:"古之地志,载方域、山川、风俗、物产而已,其书今不可见。然《禹贡》《周礼·职方氏》,其大较矣。"来新夏认为:"地方志的起源很早。如果从战国时所写的《禹贡》这一记载江河流域的人文地理志算

---

① 高京斋.中国地方志与中华优秀传统文化[EB/OL].(2022-04-22)[2024-02-28].https://www.difangzhi.cn/ky/xslz/202204/t20220422_5404755.shtml.

② 王俊.中国地方志[M].北京:中国商业出版社,2017:5.

③ 司马光.河南志序,转引自张国淦:中国古方志考·河南志[M].北京:中华书局,1962:457.

起,已有两千多年的历史。"①《尚书·禹贡》全书共 1193 个字,由"九州""导山""导水""五服"四部分组成。此书是我国最早分地域记载各方地理、物产、贡赋等情况的专篇,被视为我国现存最早的一部全国性区域志。后世方志,特别是全国性的区域志,在体例和内容方面都不同程度受到《禹贡》的影响。"《禹贡》假托夏禹治水以后,将全国分为冀、兖、青、徐、扬、荆、豫、梁、雍九州,作为全国的行政区划,并在这一基础上,按州所在地区的山岭、河流、薮泽、土壤、物产、贡赋、交通以及少数民族居住地等作了简明而又系统的叙述,是我国最早分地域记载各方地理、物产、贡赋等情况的专篇,因此也历来为修志家和论志家所重视,每被奉为后世方志渊源所在。"②

中国历代贤明的当政者都高度重视修志工作。据不完全统计,现存旧志 9000 余种、10 万多卷,约占我国现存古籍的十分之一③。历史上有名的地方志还包括秦代的《秦地图》、汉代的《越绝书》、魏晋隋唐时期的《华阳国志》《元和郡县图志》、两宋的《太平寰宇记》和《吴郡志》等④。

中国历史几千年源远流长,由于疆域地名和社会制度等的变革,产生了不同的地方志种类。大体说来,中国地方志可以分为四大类,包括全国总志、地方志、专志和杂志。第一类全国总志是记载全国范围的自然与社会,包括政治、经济、文化等方面历史与现状的志书。第二类地方志不同于全国总志,"顾名思义,是记载一个地方的事情的"。"方"是对全国而言的,"方"是"总"的对立体,以全国为记载对象的,不能叫地方志。"把各省的通志、府、州、县志叫做方志,这是很正常的,也是很科学的"⑤。第三类专志指的是记载某个地域、某个系统、某项专业内容的志书,如部门志、工程志、山水志、气象志、特产志等等。最后一类杂志,多为私人所撰,内容庞杂,体例不一,有浓厚的地方色彩。如宋代孟元老的《东京梦华录》就属于这类志书。四类志书从内容、形式、体例方面各有特点,但因为都有明显的地方属性,采用记述形式,因此都属于地方志。

中国地方志之所以能源远流长,官修制度起了重要作用。中国地方志官修制度最早的记录见于隋代。《隋书·经籍志》载:"隋大业中,普诏天下诸郡,

① 来新夏.略论地方志的研究状况与趋势//中国地方史志论丛[C].北京:中华书局,1984:357.
② 黄苇.方志论集[M].杭州:浙江人民出版社,1983:6.
③ 高京斋.中国地方志与中华优秀传统文化[J].史志学刊,2022(2):4-11.
④ 毛东武.方志资料学[M]。杭州:浙江古籍出版社,2020:5.
⑤ 谭其骧.地方志与总志历代行政区划[J].中国地方志,1984(4):210-217.

条其风俗物产地图上于尚书。"①也就是说，当时政府令各地修编志书和图志等，是由尚书负责的。此后各朝代官修延续官修制度，并制定了各种凡例、规定和概要等，用于指导并规范各地的志书编修工作。新中国的地方志编修，一般为三级志书，即省级地方志、市级地方志和县级地方志。通常在县级地方志中会有关于本行政区域内乡镇和村落的自然、历史和社会情况的概括性介绍。

乡镇志包括乡志（新编的包括公社志）、镇志、村志等，是县以下以一乡一镇或以村为记述范围的志书，乡村史志包括乡镇志和村志，虽然未列入国家地方志三级志书的规划编修范围，但乡村志书与国家地方志一样，都是"记载一地自然与社会、历史与现状的资料性著述"，也"是地方志的一种，而且是最接近基层、最接近地气的志书"②，被称为是地方志家族中小而美的一员③。

（二）南朝至民国：乡村史志的历史沿革

村志又称乡村志，和镇志、县志同属地方志。村志以某一个行政村或自然村为记述对象的志书，全面盘点乡村的地理、历史、经济、风俗、文化、教育、物产和人物等方面的状况，是十分珍贵的历史遗产。著名社会学家费孝通先生曾说，中国社会是乡土性的，构成乡土社区的单位是村落④。乡村志反映广大农村自然、文化、教育、社会风俗、村庄人物等各方面历史和现状，属于地方志书类资料性文献，是地方志体系的组成部分。

中国乡村史志编纂具有悠久历史，浙江被誉为"方志之乡"，修志早、存志多。中国早期两本著名的乡村志，均为浙江省境内的地志。魏晋南北朝时期梁代吴均编纂的《入东记》，是一本以乡名为志书命名的乡村志，以当时浙江省湖州市长兴县由于政权更迭导致的行政区域重新划分为背景。梁代原故鄣的东北境地划归长兴，改名入东。《入东记》是记录入东区域内地理地貌和风物的地志，被认为是"乡村志书之始"⑤。到了宋代，浙江省海盐人宋常棠撰写澉浦镇镇志，以流经镇子的澉水名为地志命名，名曰《澉水志》，是我国现存最早的镇志，《四库全书总目》称其"叙述简核，纲目该备""体例精严、藻不妄抒"。

---

①　吴玉贵，孟彦弘.《隋书》的修撰流传与整理［EB/OL］.（2020-08-28）［2024-01-22］.http://lishsuo.cssn.cn/xsyj/stwdsgs/202008/t20200828-5175937.shtml.

②　毛东武.方志资料学［M］.杭州：浙江古籍出版社，2020：32.

③　汤敏，吕克军.村志的乡村价值和文化意义［N］.光明日报，2023-8-19，第11版.

④　费孝通.乡土中国［M］.北京：外语教学与研究出版社，2012：3,9.

⑤　（梁）吴钧纂，（清）范锴辑佚.吴兴入东记一卷清刊《范声山杂著》本（上海图书馆藏）.

　　明清时期,乡镇志数量大增,比较知名的如清董士宁《乌青镇志》、徐达源《黎里志》(属苏州吴江县)、叶先澄、冯文显《颜神镇志》(今山东淄博博山)、焦循《北湖小志》、董恂《甘棠小志》等。《四库全书》中收录的《杏花村志》编纂于清朝康熙二十四年(1685),是编著者郎遂为安徽池州境内一个村落编修的志书。《四库全书》的收录,代表了官方和学界的正式认可。《杏花村志》是唯一一本入选《四库全书》的村志,被誉为"开编纂村志之先河"。民国时期,由于战乱频仍、村庄衰败,尽管也出现了官办或鸿儒大家编撰的乡土志和村公所志,以及部分专列小志,但时有上无继承、下无发展的状况,村志编写整体发展缓慢。

(三)盛世修史志:乡村史志的当代发展

　　编修地方志是我国几千年来形成的历史文化传统。新中国成立以后,党和国家领导人积极倡导修志。早在 1954 年第一届全国人民代表大会第一次会议期间,就有学者提出"早早编修地方志"的建议;1958 年周恩来总理要求档案工作者要"充分利用档案资料编修新的地方志,盛世修志"①,同年国务院科学规划委员会地方志小组制定了新中国第一个有关地方志事业发展的纲领性文件——《关于新修方志的几点意见》,规定:"方志可分为省、市、县、社四种",提出在全国范围部署编撰"四史";1963 年得到毛泽东主席的批示,加上了村史、家史。这是新中国成立以后掀起的第一次修志热。一些地区的村志也在这个时候开始编纂。由于种种原因,这轮修志工作于 60 年代中期被迫中辍。但在修志实践中,学术界、理论界的学者和方志工作者做了积极的探索,努力用马克思主义的基本观点和立场,创编与社会主义社会相适应的新方志,其探索实践的宝贵成果,对后来于 80 年代初开始的新一轮修志产生了积极的影响。②

　　改革开放以来,党和政府继承并弘扬了修志优良传统。1983 年,中国地方志小组恢复组建并改名为中国地方志指导小组,全国普遍建立地方志工作机构。同时也逐渐形成每 20 年左右编修一次方志的惯例。截至 2016 年 8 月,共编纂出版省、市、县三级志书 8000 多部,行业志、部门志、专题志、乡镇村志等 20 多万部,地方综合年鉴 17000 多部,构筑了一座以国情地情为主要内

---

① 诸葛计. 中国方志五十年史事录[M]. 北京:方志出版社,2002.
② 许卫平. 略论中国社会主义时期第一轮修志的时间[J]. 中国地方志,2007(1).

容并不断丰富的文化资源宝库①。20 世纪 80 年代，物质文明和精神文明的发展促进村志编纂兴起。《山城子村志》《大路村志》等多部村志得以编纂、出版；90 年代，村志编纂持续发展，数量大幅增长，质量跨越提升。这一时期内，浙江省衢州市江山市凤林镇白沙村自发编修了本村村志，记录了白沙村 600 多年来的自然、历史、物产、经济、教育和文化等方面的资料。1991 年《白沙村志》由上海学林出版社出版，是新中国成立以来第一本以村落为单位单独编修并公开出版的村志。至 1992 年，全国共计出版乡镇志 1234 种，村志 9 种②。

21 世纪尤其是新时代以来，村志编纂发展迅猛，中国地方志指导小组办公室要求各地地方志工作部门要积极"指导具备条件的乡镇（街道）和村庄（社区）编修地方志"，将村志编修正式列入顶层规划。2017 年，中央办公厅、国务院办公厅印发《关于实施中华优秀传统文化传承发展工程的意见》，要求"做好地方史志编纂工作"。2018 年，中共中央、国务院印发《乡村振兴战略规划（2018—2022 年）》，提出"鼓励乡村史志修编"，又一次从国家层面明确了村志在传承弘扬中华优秀传统文化、助力乡村全面振兴过程中的重大作用。

时至今日，村志编纂覆盖面日益扩大，质量、体例日趋成熟，从个体的自发编纂发展到地方志工作部门领导、学者参与、村民编纂相结合，乡村文化传承意义愈发明显，村志编纂已成为当今一个显著的文化现象，体现了广泛的文化自觉。乡村志的编修是一项涉及区域经济、社会、政治、文化、生态等诸多内容的浩繁文化工程，在全面推进乡村振兴的大背景下，乡村志的编纂，对于传承和抢救乡土历史文化、促进乡村文化建设、促进区域经济社会发展、探索乡村振兴发展路径有着重要意义。

二、村志的要素

（一）事件记述：重大事件与历史变迁

"志乘为一县之书，即古者一国之史也"③，村志作为地方志的一种形式，又称为"一方之全史"，其首要任务就是记录村子里的重大事件和历史变迁。每个村庄都是一部历史，都有着自己的独特文化和品格，每一个村庄的变迁，

---

① 户华为.修志问道，以启将来——《全国地方志事业发展规划纲要（2015—2020 年）》发布一年来[N].光明日报，2016-08-29(1).

② 黄苇.中国地方志词典[W].合肥：黄山书社，1986.

③ （清）章学诚.文史通义[M].上海：上海古籍出版社，2015：796.

都印证着一个时代社会、历史发展的轨迹。村志要记录的是一个村子里的重大事件和历史变迁,记载一个地方在一定时期的社会活动,反映历史发展的规律。由于乡村为人们生活的最基本的群体单元,村志所记又多源于本乡本土,也多由乡镇人士撰写,故而翔确可靠、富有地方特色。乡村志和其他类型的地方志书一样,一个重要的特点就是"信",即资料的真实可靠性。"人事有代谢,往来成古今。历史研究是一切社会科学的基础,承担着'究天人之际,通古今之变'的使命"。清代方志学家章学诚认为方志起源于《周礼·春官》所载的"外史掌四方之志",强调"志乃史体"。也就是说,方志是作为历史资料存在的,要忠实地记录一个地方的重大事件和历史变迁。

"纵不断线"是村志编写记录重大事件要遵循的重要原则,意思就是乡村志记述乡村的历史变迁和重大事件,在时间上不能出现断线,要以编年体的形式为乡村保存历史记忆。编年体是按照事件顺序记述乡村发生的各类重大事件,包括村落最早作为人口聚集地的时间和事件、村子的搬迁和改造或其他对整个村子影响比较大的事件,以便勾勒出乡村发展的整体历史脉络和重要时间节点。比如村子地理区域的变化沿革、古迹的修建拆移、社会治理的主要变革方法、社会变革带来的影响,以及自然灾害或者祥瑞之兆等等,都会在村志中留下明晰的时间线。

"善志者述而不作,序事者实而不华"①,秉笔直书是中国方志编修的一个优良传统。这要求执笔者秉持客观公允之心,不徇私情,不容有私意。志书对于事件如实记录,寓褒贬于事实之中,但志书行文不允许编撰者加以评论。正因如此,志书才成为"信志",其所记录的事件才能够成为可信的历史资料,为地方保留下真实可靠的集体记忆。

(二)人物传记:乡村名人与家族谱系

人类社会的历史说到底是人的历史,乡村志另一个重要内容就是撰写人物传记,记录本地的有名望的贤达之士,或者是对村子做出特别贡献的重要人物。在地方志书"述、记、志、传、图、表、录"等体裁中,人物传叙是不可缺少的体裁形式之一。对人物的记写是地方志书的重要组成部分,是一部书的灵魂和精髓,关系存史意义、社会价值和修志质量,备受读者和社会关注。

一般来说,在村志中编修人物传记需要注意以下几点,第一,"生不立传"。

---

① (东晋)常璩.华阳国志[M].彭华,译注.北京:中华书局,2023:1356.

这既是地方志的传统之一，也是新方志编纂的一条基本原则。人物在世时，志书不以人物传记收录；人物去世后，方能为其立传。其原因主要是因为生人无法"盖棺论定"，这样可以避免由于个人情感而造成的殉情现象，导致志书失信。第二，以贡献和成绩为导向。村志要把对社会有突出贡献、有重大社会影响的各条战线先进典型人物作为入志人物重点，予以记述、介绍和宣传，而不是简单以职务级别、职称等级、学历状况作为人物是否能够入志的唯一条件。第三，地方志书作为"存史、资政、育人"的地方资料性文献，入志人物应坚持社会主流导向，以记述正面人物为主。第四，本着"不越境而书"的原则，村志的入志人物一般应以本籍人物为主，收录本籍做出重大贡献的人物及其事迹。入志人物的撰写要用简洁、朴实、生动的语言，直陈其事，不虚构渲染、不作评论。突出人物记述的内容要点。主要包括入志人物的生平和主要事迹。用事实说话，不作任何主观上的评论，通过事件反映人物，通过人物反映历史。记述要准确、客观、公允，不能有任何形式的虚构与夸张，确保志书的严肃性和权威性。

由于乡村人口呈现出来的家族集聚性，家族的传承流转以及家风家训等，也是村志要记录的重要内容。通常一个村落由一个或者几个家族组成，那么村志就需要分别记录这些家族从何时开始搬迁落户到此地，家族在历史上的传承延续，家族中出现的重要人物和寓外人士，有文字记载的家风家训等，都属于村志要记录的内容。通过对家族传承的记录，强化族人和村民之间的血脉联系，激发村民的自豪感和责任感，有助于乡村凝心聚力，为乡村全面振兴贡献力量。

（三）民俗风情：传统节日与乡土文化

梁漱溟先生认为："中国社会是以乡村为基础的，并以乡村为主体的，所有文化，多半是从乡村而来，又为乡村而设——法制、礼俗、工商业等莫不如是。"①乡村是中国人世代繁衍生息地、文化生长发展地及中华民族精神的涵养传承地，村志编纂与中华农耕文化内在贯通并具有当代适用性。村志在推动乡风文明、教化人心、文化传承等都有着不可替代的作用。

民间风俗是传统的民间文化和社会历史文化，是人民大众生活的重要组成部分，记述民风民俗是村志不可或缺的内容。社会风俗是历代相沿积习，约

---

① 梁漱溟.乡村建设理论[M].上海：上海人民出版社，2011：24.

定俗成的风尚、礼仪、习惯的总和,是人们在衣食住行、婚丧嫁娶、生老病死、岁时节庆、文化娱乐、宗教信仰等方面的总和。它在一定程度反映了当时的社会状况,显现社会一个阶段的历史。它是地域政治、经济、文化等社会现象的缩影,是乡愁,是根脉,是社会历史回避不了的过往。村志中适当追溯部分旧志风俗,并理清各地民俗演化之脉络,使地方对民风民俗得以传承。人们常说:"十里不同风,百里不同俗",但凡节日喜庆、衣食住行、宗教信仰、民间工艺、游戏娱乐等都是特定区域背景下,对社会生活的真实反映。传统节日是最有代表性的民俗风情之一,不同地方不同村落,对于传统岁时节庆的庆祝常有独特的地方色彩,也是村志的重要内容。

乡土文化是一种传统的地域性文化,是乡土最真实的表达。一方土地孕育一方人,所产生的文化都有各自最独特的符号与烙印。乡土文化包含了民俗风情、传说故事、古村落、古遗存、名人传记、村规民约、家族家谱、传统技艺、古树木等。村志是对一个村落发展历史的总结,它记载着一个乡村的地理环境、历史发展、风俗习惯、文化教育、物产状况、人物传记等方面内容,能让村民全方位了解村史村情、民俗乡风,能倡导村民"诚信、务实、崇学、向善"的价值观,弘扬和传承优秀的传统文化,繁荣农村文化,提高村民素质,促进农村社会和谐。因此,乡村文化振兴是乡村振兴关键的一环。它既能凝聚共识,也能改变思路,移风易俗,改变乡民观念,并为之注入时代基因。

(四)经济发展:产业变迁与乡村建设

经济建设和发展始终是村志的最重要内容。新时代坚持"以经济建设为中心"是党在社会主义初级阶段基本路线的重要组成部分,坚持"以人民为中心"是坚持和发展中国特色社会主义的根本立场。两个"中心"一脉相承、缺一不可,具有内在的统一性。以人民为中心的发展思想,不是一个抽象的、玄奥的概念,不能只停留在口头上、止步于思想环节,而要体现在经济社会发展各个环节。要忠实记录时代的特点,就要记录乡村的经济建设和发展。

乡村经济发展首先表现在产业振兴。产业振兴是乡村振兴的重中之重,也是实际工作的切入点,全面推进乡村振兴是新时代建设农业强国的重要任务。乡村振兴,关键是产业要振兴。中国乡村的经济建设历史,就是从自然农业经济到现代农业、现代工业和其他产业的融合发展、变迁的过程,也是村志要认真梳理和记录的重要内容。

除了产业变迁,乡村的经济发展还体现在村庄建设的其他方面,诸如村容村貌、人居环境、交通、水利、生活设施、文化建设等方方面面,无一不是以经济发展为前提,都可以也应当在村志中如实记录。

三、村志的作用

(一)村志存史,传承乡村历史文化

"修史立典,存史启智,以文化人,这是中华民族延续几千年的一个传统",习近平总书记在《复兴文库》序言中这么说①。通过编修《白沙村志》,白沙村人用实际行动阐释了这个传统。白沙村有近千年的农耕文明史,有文字记载的历史也有 600 多年,通过村志,白沙村人实践了保存历史、以古鉴今、以文化人的优良传承,世世代代生生不息。"如果不从源远流长的历史连续性来认识中国,就不可能理解古代中国,也不可能理解现代中国,更不可能理解未来中国"②,习近平总书记在文化传承发展座谈会上说。地方志是最深厚的国家文化软实力之一。在中华传统文化中,地方志自成一脉,独树一帜,具有独特的魅力,成为中华民族特有的文化基因,是最具有民族特征的标志性传统文化形式之一。

中国自古"国有史、地有志、家有谱",尽管中国是世界上存留史书典籍最多的国家,然而国史记载的多是帝王、后妃、王侯将相和高官显贵的事迹,记载王朝更替和国家大政得失,对于普通的社会民众的生活和忧乐着墨甚少。至于地方志,由于中国历史悠久、地域广阔,官方编修的地方志一般分为三级,第一级为省级地方志,第二级为设区的市级地方志,第三级为县级地方志。官修地方志记述范围动辄成百上千平方公里甚至更多,包括数十万甚至上百万的芸芸众生,对具体人物和事件的描述,只能截取个别典型案例入地方志,或者某些人物或者事件的片段。即便是最低一级的县志,面对广袤繁多的记录对象,也必须进行概括和归纳,浮光掠影式地描述记载,就好像远远地欣赏一幅画,大概轮廓和特点能够看得见,但细节却无从得知。

村志则不同,村志能呈现更多的具象,全面、详细、形象地记述一个个最基

---

① 修史立典,存史启智,以文化人——大型历史文献丛书《复兴文库》编纂出版记[EB/OL]. (2022-11-16)[2024-01-15]. http://www.xinhuanet.com.

② 习近平. 在文化传承发展座谈会上的讲话[EB/OL]. (2023-06-02)[2024-01-23]. http://www.xinhuanet.com/politics/2023-08/31/c_1129837816.htm.

层的社会细胞组织,在一定历史时段内全方位的变化,记录其变化的来龙去脉和整个过程。《白沙村志》就是这样一部志书,翔实、全面、细致、深刻地记录了白沙村数百年来,特别是近百年来农村社会的变迁,是以农民为主体的文化行为,是中华民族优秀传统文化的组成部分。

(二)村志育人,推动村民德治自治

"文者,贯道之器也。观乎人文,以化成天下。"一个国家和民族的强盛需要文化的支撑,一个村子全面振兴同样离不开文化的支撑。一部地方志就是记载一方水土之上的人和事,就是一方人的精神家园。地方志通过记载各个历史时期经济社会发展成就、家乡面貌的变化、模范人物事迹等,再现了我国各族人民创造的光辉业绩和精神风貌,以真实资料和生动事实,激发人们热爱祖国、热爱家乡的热情。

作为地方志书,《白沙村志》同样具有"信今传后,彰来昭往"的功能,通过记录的内容彰显以往,为后人留下宝贵的精神财富。简而言之,就是要记述当地人和社会古往今来最值得骄傲和自豪的事件,例如在某个领域有特殊贡献或者特定技能的人,他们取得了什么成就,有什么经验,把这些作为精神财富,去鼓舞和激励后来的人们。在《白沙村志》中记载了我党早期在浙东的苏维埃活动,其中提到丁康兴夫妇家道丰厚,但两人胸怀豁达、乐善好施,为我党早期的革命活动做出了贡献。1932 年 10 月,在中共江山县委遭到破坏停止活动后,赤卫队留下的钢板、油墨和臂章等革命用品,丁康兴夫妇一直小心保存了20 多年。《白沙村志》为白沙村人留下了红色记忆,激励后人。

当然,村志里记录的精神财富,可能是单个人的荣誉或成就,也可能是集体成就。比如,村志中对于历代村集体的描述:"一届届管理干部、一届届具体管理人员,始终坚持清清白白做人,节节俭俭办事,不肯为集体浪费一分钱,不肯为自己腰包多塞一分钱,直到 20 世纪末白沙村干部和经济管理人员,没有一个因经济问题而受到牵连,也没有因涉贪问题而受到处分。"这样的描述,对于未来村干部就是最好的榜样、最有力的激励,激励他们永远以此为标准为村民办实事办好事,做村民信任爱戴的带头人。

(三)村志资政,推动基层社会治理

记录历史最重要的作用之一,就是以古鉴今以资政事,为当代发展和未来提供决策依据。"世界的今天是从世界的昨天发展而来的。今天世界遇到的很多事情可以在历史上找到影子,历史上发生的很多事情也可以作为今天的镜鉴。重视历史、研究历史、借鉴历史,可以为人类带来很多了解昨天、把握今天、开创明天的智慧。所以说,历史是人类最好的老师。"[①]习近平总书记重视地方史志等文献资料,早在地方工作时,就有细读地方志的习惯。习近平同志在福建工作时指出:"我们这样看情况、听报告是不够的,还要看历史。一个县的历史最好的体现就是县志,府志则是更为全面,里面既写正面人物,也写反面人物,我们一看就知道这个地方发生过什么事,可以从中有所借鉴。"[②]

"治天下者以史为鉴,治郡国者以志为鉴。"历史是最好的教科书,是最好的老师,把历史智慧告诉人们,可以启迪后人,不忘历史才能开辟未来,善于继承才能善于创新。历史记述了前人积累的各种科学文化知识,记述了他们治理国家和社会的思想与智慧,记述了他们经历的成败的经验与教训。在中国的史籍书林之中,蕴涵着十分丰富的治国理政的历史经验。2006年,习近平同志在温州市苍南县考察台风"桑美"灾后重建工作时,调阅了《苍南县志》,并在与当地领导座谈时大段朗读了书中关于台风的记载,告诫地方干部要以史为鉴,认清台风活动以及影响浙江的规律,科学决策,不断提高防台风抗台风和处置各类自然灾害的能力[③]。

古往今来,史志都是推进社会治理不可缺少的重要参考资料。就大的方面来说,中国正在经历翻天覆地的历史性变化,社会结构正在从农业社会向工业社会转化,农村社会向城市社会转化,单一同质的社会向多样性社会转化,由封闭、半封闭社会向城市社会转型。这是世界上所有国家已经经历、正在经历或者将要经历的过程。然而,目前没有哪个国家记录下来这段历史,只能依靠文学作品或者少量的历史档案去寻觅与推测。《白沙村志》用十分细致的笔法,从中国社会一个最基层的单位,追述了白沙村从封建小农经济到社会主义

---

① 习近平致第二十二届国际历史科学大会的贺信[EB/OL].(2015-08-23)[2024-02-10].http://news.cntv.cn/2015/08/23/ARTI1440329769096187.shtml.

② 邱然,易飞.增强历史思维:在调查研究中用好地方志.(有的放矢)[N].人民日报,2023-08-08(9).

③ 王伟光.盛世修志助力中国梦[EB/OL].(2015-09-14)[2024-02-10].https://www.gov.cn/zhengce/2015-09/14/content_2931359.htm.

市场经济体制的全过程。从这个意义上讲,小小一部村志,对中国对世界都有贡献,让人们可以了解过去,认识理解现在,更好地面向未来。就小的方面来说,村志乡土气息浓厚,文化意蕴悠长,内容全面翔实,充分发挥史志书籍蕴藏的巨大资源优势,深入挖掘其中宝贵的历史智慧,提供准确的资料信息和有益的历史借鉴,以历史经验与智慧不断为完善乡村治理体系、提高乡村治理能力,以完善乡村治理制度,提升乡村治理效能,助推乡村全面振兴。

《白沙村志》记载了不同时期村子的气候、物产、产业、政务、乡俗、家谱家系、文化遗产以及各种文献、规章制度、村民公约等,这些对白沙村相关重大事务的决策提供直接的帮助。比如,关于木材加工的发展、白菇种植等,都可以在村志里找到明确的记载。又如,村志里还详细记录了白沙村的茶灯表演,这是白沙村的一项省级非遗传承。中共中央在支持乡村振兴的战略中明确提出,"支持农村地区优秀戏曲曲艺、少数民族文化、民间文化等传承发展"①。村志中关于茶灯的记录,也为白沙村下一个文化产业提供了思路和资源。

(四)村志兴村,指引经济发展方向

习近平总书记指出:"历史是最好的老师,它忠实记录下每一个国家走过的足迹,也给每一个国家未来的发展提供启示。"②村志是地方的历史资料,村志中记载了历史经验和智慧,蕴含着前人留下的思想宝库中汲取社会治理和经济发展的珍贵滋养,为未来经济发展和乡村全面振兴指引了方向。

村志不仅反映了村子各个时代、各个地区、各个民族的社会实际情况,还记载了本地的气候、地貌、山川、城镇、矿产、动植物等分布情况,成为我国自然、政治、经济、社会、文化的历史和现实记载的重要资料宝库、文化宝库、知识宝库,记载了前人和当代人的实践活动和智慧经验。新时代编修村志的指导思想在于立足弘扬优秀传统文化、服务经济社会发展,实现中华民族伟大复兴中国梦的目标。

地方志是了解和研究地方历史与现状的重要资料,对于制定社会经济发展策略具有参考价值。第一,村志可以助推传统文化创造性转化和经济创新

---

① 中共中央国务院. 关于实施乡村振兴战略的意见[EB/OL]. (2018-01-05)[2024-02-15]. https://www.gov.cn/gongbao/content/2018/content_5266232.htm.

② 习近平. 历史是最好的老师 给每一个国家和未来的发展提供启示. 在德国科尔伯基金会的演讲[EB/OL]. (2014-03-29)[2024-02-15]. http://www.xinhuanet.com/politics/2014-03/29/c_1110007614.htm.

性发展,指引地方文旅产业经济的发展。通过立足发展需求,结合村志文化和村志内容,规划文旅多元融合发展格局,为文旅经济提供指引;在文旅产业发展中突出村志文化底色,协助激发传统文化经济转化活力;通过深入挖掘村志中记载的红色文化、民俗文化,打造特色文旅,助力文化赋能旅游片区经济联动发展,推进设施场景化、配套旅游化、游览整体化发展,进一步扩大传统文化促进经济发展的影响力。第二,村志还可以作为乡村营商环境和建设成果的外联和宣传平台,服务乡村发展外向型经济,助力乡村全面振兴。村志中全方位介绍乡村地理位置、自然资源、交通设施、基层治理、工业园区建设,以及乡风民俗等自然和人文资源,有利于展示乡村的投资环境,吸引外部资金,引入外部人才,服务乡村建设。第三,村志直接服务乡村产业发展。比如在村志中介绍本地的特色农产品、优质农副产品、地方特色农耕文化、加工业、制造业等,成为地方产品和品牌的宣传媒介。第四,村志还可以为地方农作物的种植,新农产品开发提供可靠的资料。村志中所记载的当地农作物种植历史和经验,对农业的发展也有直接的指导意义。此外,在进行水利、建筑、公路、桥梁等基础工程之前,必须对当地的地形地貌、地质结构、土壤成分、水文雨量等进行调查了解,村志可以起到一定的参考作用。

第二节 "把大变化写进新村志"的时代内涵

盛世书华章,方志载伟业。浙江省是习近平新时代中国特色社会主义思想的重要萌发地,也是中国美丽乡村建设首创地和乡村振兴战略先行地。浙江一直坚持农业农村优先发展,以产业兴旺、生态宜居、乡风文明、治理有效、生活富裕为目标,奋力推进乡村全面振兴,走出了一条具有浙江鲜明特色的"三农"发展道路,以农村产业振兴为基础,为乡村带来了翻天覆地的大变化。新时代编写村志,就是要全面、系统、真实地记录新时代人民艰苦创业、奋发图强的奋斗历程,描绘中国乡村日新月异、沧桑巨变的壮美画卷,完成"记录新时代、书写新时代、讴歌新时代"的历史使命①。"大变化"为乡村振兴塑形,"新村志"为乡村振兴铸魂,相辅相成相得益彰。

① 光明日报评论员.记录新时代 书写新时代 讴歌新时代[N].光明日报,2019-03-05(1).

一、"大变化"的时代解读：乡村发展新篇章

（一）融合多元产业，书写富裕乡村新篇章

乡村振兴，产业兴旺是重点。在"千万工程"的引领下，浙江广大乡村正在经历加快实现由农业大国向农业强国的转变。第一，表现在农业科技创新体系建设，以及深化农业科技成果转化和推广应用改革，现代农作物、畜禽、水产、林木种业得到发展，提升了自主创新能力。第二，随着农业绿色化、优质化、特色化、品牌化的推进，农业生产力布局进一步优化，农业由增产导向转向提质导向。各地建设特色农产品优势区创建，建设现代农业产业园、农业科技园。实施产业兴村行动，推行标准化生产，培育农产品品牌，保护地理标志农产品，打造一村一品、一县一业发展新格局。第三，构建了农村一、二、三产业融合发展体系。开发农业多种功能，推进农产品生产、加工、销售与旅游、健康、文化、信息、体育等产业融合发展，形成产业链条完整、布局合理、功能多样、业态丰富、利益联结紧密的发展新格局。第四，统筹推进高效生态农业、现代乡村产业、村级集体经济等协同发展，梯次创建农业现代化示范区，健全农业价值拓展实现机制。第五，健全村级集体经济收入增长长效机制，实施村级集体经济巩固提升三年行动计划，组建强村公司，增加乡村集体收入。

（二）提升人居环境，绘就美丽乡村新篇章

乡村振兴，生态宜居是关键。"千万工程"实施 20 年来，浙江省推动乡村生态振兴，以绿色发展为引领，按照统筹规划、体现特质、全域推进、提升质量的要求，从 2003 年至 2010 年，"千村示范、万村整治"示范引领，从整治农村人居环境入手，综合整治村庄环境，推动乡村更加整洁有序。从而推动生产生活生态深度融合，全面提升生态宜居的农村环境，打造各具特色的现代版"富春山居图"，让美丽乡村成为大花园的标志、美丽浙江的底色。

2011 年至 2020 年，"千万工程"深化提升，"千村精品、万村美丽"推动乡村更加美丽宜居；2021 年至今，"千万工程"迭代升级，形成"千村向未来、万村奔共富、城乡促融合、全域创和美"的生动局面。浙江人民脚踏实地、久久为功，一张蓝图绘到底，一年接着一年干。这是由点到面、迭代升级的深刻变革。在建设美丽乡村的过程中，浙江省推出了诸如"千村精品，万村景区"工程、"四边三化"行动、"一村万树"倡议，完善乡村生活污水治理长效机制，建立有制

度、有标准、有队伍、有经费、有监督的村庄人居环境管护长效机制,高水平推进"四好农村路"建设,加快万里美丽经济交通走廊建设,完善农村公共交通服务体系等等,这一系列举措,重塑了乡村的整体面貌。2018年9月,"千万工程"荣获联合国最高环保荣誉"地球卫士奖"。颁奖词这样评价:"这一极度成功的生态恢复项目表明,让环境保护与经济发展同行,将产生变革性力量。"[1]建设美丽生态,做强美丽经济,创造美好生活,"三美融合"的浙江乡村焕发出勃勃生机。

(三)改善社会治理,打造和谐乡村新篇章

乡村振兴,治理有效是基础。浙江省按照"抓基层、打基础"的要求,推动乡村组织振兴,建立健全党委领导、政府负责、社会协同、公众参与、法治保障的现代乡村社会治理体制,加快构建自治、法治、德治相结合的乡村治理体系,打造充满活力、安定有序的善治乡村。

第一是创新乡村治理组织形式。切实加强基层党组织对乡村治理的全面领导,完善村民委员会和村经济合作社为执行主体、村务监督委员会为制约机构、社会组织为补充力量的乡村治理组织体系。第二是全面提升乡村治理能力。深化农村"最多跑一次"改革,加强信息化与乡村治理深度融合,完善基层便民服务体系,村庄普遍建立网上服务站点,实现网上办、马上办、全程帮办、少跑快办。推进农村基层档案规范化建设。第三是推动乡村治理重心下移,尽可能把资源、服务、管理下放到基层。加强乡镇政府服务能力建设,优化服务资源配置,支持乡镇政府依法行使职权,全面提升服务能力。第四是加快推进乡村治理"三治结合"。完善自治、法治、德治相结合的联动体系,提升长效管控和服务能力,建设善治示范村10000个,开展无案件、无诉讼、无信访"三无"村建设。坚持自治为基,健全和创新村党组织领导的充满活力的村民自治机制。第五是推进乡村治理机制创新。推行村民说事制度,构建村民说事、村务会商、民事村办、村事民评的闭环体系。

(四)淳化乡风民俗,续写文明乡村新篇章

乡村振兴,乡风文明是保障。坚持物质文明和精神文明一起抓,完善顶层设计,坚持教育引导、实践养成、制度保障三管齐下,着力提升农村文明程度。

---

[1] 人民日报评论员.建设新时代美丽乡村[N].人民日报,2018-12-29(1).

第一是浙江省实现了乡村文化礼堂全覆盖,以文化礼堂为主阵地,培育文明乡风、良好家风、淳朴民风,发挥精神文明建设的引领力、凝聚力和推动力,推动乡村文化振兴,提振农民精气神,建设风清气正的文明乡村。第二是实施了农村文明素质提升工程,深入推进农村文明家庭、最美家庭、绿色家庭、书香家庭、健康家庭建设。开展乡风文明培育行动,深化文明村镇创建活动,县级以上文明村镇创建率达到80%。第三是用好村规民约、乡风评议等载体,推进移风易俗,遏制大操大办、厚葬薄养、人情攀比等陈规陋习,推行乡风文明指数测评体系。推进农村诚信建设,强化农民的社会责任意识、规则意识、集体意识、主人翁意识。深化"最美浙江人"主题宣传实践活动,广泛开展最美邻里、身边好人、美德少年等选树活动。

除此之外,全面繁荣乡村文化,对于乡村优秀传统文化进行传承发展。第一是持续加强基层文化产品供给、文化阵地建设、文化活动开展和文化人才培养,不断增强农村文化生机活力。第二是加大优质文化产品供给,支持农村题材影视、戏曲、歌曲、舞台剧等创作。利用传统节日、民间特色节庆、少数民族文化,广泛开展"我们的节日"等民俗文体活动。第三是培育农业农村文化产业,建设一批创意农业试点和农业文化发展示范基地。第四是实施农村优秀传统文化保护振兴工程,加强非物质文化遗产和农耕文明传承发展,复兴民俗活动,提升民间技艺。保护好优秀农耕文化遗产,发挥农耕文化在凝聚人心、教化群众、淳化民风、培育产业中的重要作用。

二、"新村志"的创新记载:文化传承新载体

(一)盛世新村志,开创地方存史新载体

盛世修志,垂鉴未来;志载盛世,泽惠千秋。俗话说隔代编史,当代修志。为时代记录,突出时代性是志书编写区别于历史的主要特征。如今适逢盛世,政通人和,百业兴旺,党和国家领导人对地方志工作高度重视,习近平总书记强调"要高度重视修史修志",李克强总理提出"修志问道,以启未来",对地方志工作提出了新的更高的要求,地方志要在为党立言、为国存史、为民修志方面作出贡献①。《国家"十四五"文化规划》明确指出,"修编村史、村志"是加强

① 王伟光.盛世修志助力中国梦[N/OL].(2015-09-10)[2024-02-16]. http://opinion. people. com. cn/n/2015/0910/c1003-27564589. html,2015-09-10.

农耕文化保护传承,促进乡村文化振兴的重要举措①。

"一邑之典章文物,皆系于志"。村志是地方志书的重要组成部分,是省、市、县三级志书的延伸和补充,反映时代、聚焦行业、记录本村,是乡村志最凸显的特征。也就是说,村志为地方存史,全面记述乡村经济、生态、社会、文化的发展情况,是乡村多重价值和文化的全方位、多角度的承载者和展示者,是乡村全面振兴历程的见证者和记录者。第一是村志详细记载乡村经济发展的历程,特别是对当今诸多乡村从传统经济向现代经济的转型发展,以及当代经济形态做重点记述,体现了多样化新产业新业态发展,例证了只要农村经济能够持续发展,农民收入能够持续增长,我们就不愁发展空间的论断。第二是村志记录乡村生态文明建设。村志普遍对自然环境、生态做了翔实记述。中国传统文化中有"天人合一"思想,"蕴藏着解决当代人类面临的难题的重要启示"。浙江省江山市《白沙村志》在"天人"篇中,对该村的地形、气候、水源、河流、动植物进行了记述,描绘了一幅幅"天人合一"、人与自然和谐共生的优美画面。第三是村志记载乡村基层社会治理。村志记述改革开放后乡村社会治理的方式方法,总结乡村"良治"经验,包括城镇化转型阶段社会治理的典型事例,为传统乡村治理经验提供宝贵资料。第四是村志记录乡村文化建设。村志本身就是中华优秀传统文化的代表,翻开每一部村志,中华优秀传统文化熠熠生辉,无论是对村落基址、祠堂民居的描绘,还是对民风习俗、乡情乡韵的记录,抑或对村规民约、家风家训的叙述,都令人产生对村落传统文化的眷恋之情与传承之志。如今,乡村振兴持续推进,在这样的时代背景下,村志所蕴含的"乡村价值"日益彰显,它在促进农村多元化产业发展、优美村落景观形成、传统农耕文化和社会主义先进文化融合等方面,具有重要的功能与作用。

(二)信史连古今,建设资政辅治新平台

"志为信史""述而不论"是乡村志书的属性和编写原则,意思是村志是忠实、客观地记录乡村自然、历史、人文、物产、资源、乡风民俗、重大事件等方面的翔实资料,在记述事件的起始、经过和结果时,不议论、不评价、不形容、不比喻、不褒贬,只是记录历史保存记忆,这也是志书被称为"信史"的重要原因。村志所记事物上限起于本村历史之发端,下限迄至编纂之时,涵盖政治、经济、

---

① 中共中央办公厅、国务院."十四五"文化发展规划[EB/OL].(2022-08-16)[2024-02-20]. https://baijiahao.baidu.com/s? id=1741330664865258523&wfr=spider&for=pc.

文化、社会和生态建设等诸多方面,全方位展现了乡村的"前世今生",展现了一代代村民的奋斗历程,可以为各级党委和政府进行科学决策提供可靠的依据。

"治天下者以史为鉴,治郡国者以志为鉴。"志书是资治之书、存史之作、教化之本,是严谨、朴实、科学的资料性文献,以志资政是中华民族的优秀文化传统和独特发展基因。首先,编纂出版一本有地方特点的乡镇、村志,其翔实的资料,可以更好地为各级党政机关研究乡村的历史和现状、制定发展规划、进行科学管理等提供借鉴和现实依据。其次,上级领导通过乡镇、村志掌握乡村实际、探寻规律,总结经验和教训,这无疑有利于本地区的社会和经济发展。做好乡镇、村志编修工作,全面盘点本地地理、历史、经济、风俗、文化、教育、物产、人物等状况,追溯历史渊源,总结发展经验,在上级为当地经济社会文化发展的未来规划进行顶层设计时,村志可以为当地制定经济发展规划提供现实依据。并且,村志可以提供社会基层治理的经验和方法。村志中记载的民风民俗是基层治理的宝贵资料,各级领导可以由此了解一地村民的性格特征、风俗喜好,从而在制定乡规民约时提出针对性方案。同时,村志中记载的历代关于乡村治理和化解村民矛盾的经典案例,也可以直接为基层管理者提供精神动力,乃至可复制性图景。

总的来说,村志所记载的翔实资料,为政策制定机构制定符合当地经济发展规律的政策方针提供可靠依据,使政策能够真正做到因势利导、因地制宜,从而全方位助力乡村振兴,推动乡村可持续发展,激发乡村发展的无限活力,不断壮大乡村产业实力,为乡村的政治、文化、社会和生态文明建设提供物质条件和基础,进而才能够推动乡村振兴的可持续发展。

(三)人人进村志,汇聚以文化人新力量

"道之以政,齐之以刑,民免而无耻。道之以德,齐之以礼,有耻且格。"中国社会历来重视道德修养在构建和谐社会中的重要作用,《论语·为政》中这句话的意思是用政令来治理百姓,用刑罚来制约百姓,只能避免人们犯罪,并不能让他们生出犯罪可耻的心理。也就是说,一个人的荣辱观,光靠政令和刑罚是确立不起来的。但是,若是用道德诱导人们向善,用礼制统一人们的言行,老百姓不仅会有羞耻之心,还能恪守正道,民心归服。这两种方法比较起来,道德教化和以礼治国要比苛政刑罚高明许多。乡村志书记录范围精准,基本可以做到人人进村志。这样以村民为中心,尊重村民的主体地位,鼓励村民

参与文化创造，做到文化发展为了村民、依靠村民、成果由村民共享，促进满足村民文化需求和增强村民精神力量相统一。

首先，村志通过真实客观地记载深厚积淀的文化，让每一个中国人都能找到自己的根，找到自己曾经生活过的地方和家园记忆。通过编修村志，让人民群众找到自己在历史中的坐标，通过记录辉煌历史唤起回忆，唤起人民心底的情怀，用一种"根"的文化，让个体与社会和国家之间的紧密结合，让游子与家乡充分共鸣，让他们对家乡有归属感、对国家有认同感、对民族有自豪感。

其次，通过记载村庄历史，记述正能量的人物和事件，如村志中所记载的忠孝节义、励志奋斗、见义勇为、模范典型等内容蕴含的道德规范、行为价值、文化内涵，经过加工提炼，可以为社会主义核心价值观提供有益补充。这些对于提高广大群众对家乡的认知，向广大群众，特别是青少年进行爱国主义、革命传统教育有着重要价值，是中华民族的精神依归。让人民群众从故事中学到社会主义核心价值观，塑造核心价值体系，弘扬中华优秀传统文化。

还有，作为乡村史书，所有村民都有机会在村志中留下名字及事迹。所谓"雁过留声，人过留名"，从古至今中国人都是非常看重个人声誉的，他们不仅注重生前的名声，更希望在身后能得到永久流传，为自己的子孙后代留下一个好的故事，对一个家族来说是无上的荣耀，正所谓"人生自古谁无死，留取丹心照汗青"。从这个意义上来讲，编修村志可以成为一个激励人们的机会，有助于基层行为规范和道德约束，时刻警醒自己，不仅要对事情负责，也要为家人负责，为子孙后代负责，以实现人文教化。

三、"大变化"与"新村志"的辩证关系

（一）"大变化"为"新村志"塑形

"产业兴旺是乡村振兴的重要基础，是解决农村一切问题的前提。"[1]马克思主义者认为，物质决定意识，经济基础决定上层建筑。物质文明和经济发展是基础，文化属于上层建筑，文化的形态和走向由物质基础和经济发展所决定。白沙村自 2003 年入选浙江省第一批"千万工程"的示范村以来，20 年来发生了翻天覆地的变化，从一个白手起家的深山移民村，成长为今天"产业兴

---

[1]　国务院关于促进乡村产业振兴的指导意见［EB/OL］.（2019-06-28）［2024-02-01］. https://www.gov.cn/zhengce/zhengceku/2019-06/28/content_5404170.htm.

旺、生态宜居、乡风文明、治理有效、生活富裕"的现代化新农村。白沙村这些
在乡村发展振兴过程中表现出来的"大变化"就是物质基础,决定了作为中华
优秀传统文化重要代表的"新村志"的内容和形态。

首先,乡村振兴的"大变化"最直观的是体现在改善人居环境方面。自古
祸福相依,对白沙村的村民来讲,为顾全大局而举村搬迁到山外,不得不白手
起家从零开始,是挑战也是幸运,白沙村的村容村貌因此得以彻底重塑。在政
府的政策帮扶下,白沙村统一规划建设新的家园,整齐划一的街道和房屋设
计、基础设施等,为白沙村的未来打下了良好的基础。在此基础上,白沙村积
极响应政府号召,进行乡村道路修筑、生活垃圾治理以及环境整治和村容村貌
的绿化美化等有力举措。其次,乡村振兴的"大变化"最关键的是体现着经济
发展与产业振兴方面,经济发展增加收入是其他领域发展振兴的物质基础。
白沙村以乡村产业为抓手,不断壮大集体经济,打造一、二、三产业融合发展的
致富平台。现在的白沙村在保持粮食作物生产种植的基础上,发展了食用菌
产业,木材产业和军旅文化产业,呈现出多元化、特色化的特点,为村民提供家
门口的增收途径和就业机会,实现生活富裕。再次,乡村振兴的"大变化"还体
现在有效的社会治理成果,成文的村规民俗对引领和塑造民风起到了重要作
用。经济充分发展基础上的社会治理,带来了基层社会文明程度的提升。白
手起家,聚沙成塔,白沙村在基层党组织的领导下,从一个深山移民村,成长为
了今天村美民富的和美乡村,展示了"千万工程"引领下的乡村振兴"大变化"。

(二)"新村志"为"大变化"铸魂

文化是国家和民族之魂,也是国家治理之魂。中华优秀传统文化是中华
民族的精神命脉,村志是中华民族优秀传统文化的组成部分,体现了中国最基
层百姓的价值体系,是华夏广阔大地上千万村庄的文化载体。一方水土养一
方人,一部地方志就是一方水土之上的人和事的记载,是一方人的精神家园。

首先,乡村志记载当地各个历史时期的典故、文化、名人等,再现了当地发
展过程,是一部真实的历史画卷,激发人们热爱祖国、热爱家乡的热情。乡村
志也是满足人们渴望学习乡土文化,了解自己家乡的历史沿革、风俗人情、物
产资源、山水土地、名胜古迹、文化遗址、历史人物、历史事件以及新中国成立
以来所取得的巨大成就等愿望的资料。通过这些对增进民族自信、民族自豪
感,激发人们爱国爱乡的热情,加深对祖国、故乡的热爱,具有重要的教育意
义。历史和现实证明,乡村志在教化人心、文化传承、民族信仰等方面起着不

可替代的积极作用,是践行社会主义核心价值观的重要推动力量,是推动以爱国主义为核心的民族精神和以改革创新为核心的时代精神的发扬光大,成为实现中国梦的重要精神动力。其次,村志挖掘并传承乡风文明、家风家训等传统道德资源和乡村优秀文化资源,让人们铭记祖辈们筚路蓝缕、排除万难、艰苦创业的奋斗精神,会让人们弘扬无私奉献、报效祖国的高风亮节,会让人们秉承勤劳节俭、尊长敬师、睦邻和亲、自强不息的崇高美德。再次,村志萦牵人们爱乡思乡的缕缕情丝,对提高乡村社会文明程度,培养社会主义核心价值观和爱国主义思想具有重要意义,可教育引导人们把家乡的发展变化与祖国的繁荣昌盛联系起来,通过对家乡历史与国家发展脉络的梳理,由局部到整体、由过往到未来,明晰家乡历史的沿革发展,使人们深入了解家乡、认识家乡、热爱祖国。无论是风云激荡时期涌现出勇于牺牲自我的英雄模范,还是日常生活中始终遵循传统美德的人生楷模,他们的行为和事迹中所深刻蕴含的民族精神和人文精神,都是进行革命传统和爱国主义教育的最好素材。能引领人们营造出家风正、民风淳、政风清、党风优的社会新风尚,从而有效推动乡村振兴战略实施。

总的来说,村志是中华优秀传统文化的重要组成部分,是中国特有的文化形式,是中华民族的重要根脉,是激励村民团结一致、撸起袖子加油干的精神力量,是全体村民共有的精神家园。

(三)"新村志"与"大变化"的融合

"设神理以景俗,敷文化以柔远。"这句话道出了文化在人的精神世界和社会风尚等方面的深远影响和作用。乡村振兴是塑形与铸魂的统一。习近平总书记指出:"要弘扬新风正气,推进移风易俗,培育文明乡风、良好家风、淳朴民风,焕发乡村文明新气象。"[①]经济的发展、物质条件的改善能够为乡村塑形,而铸魂需要文化的发展,优秀乡村文化能够提振农村精气神,增强农民凝聚力,孕育社会好风尚。"新村志"与"大变化"相互支持相互融合,代表了物质文明和精神文明协调发展。白沙村牢记习近平总书记的殷殷嘱托,把"大变化"写进"新村志",是外有形、内有魂的社会主义新农村的典范。

白沙村是容貌俊美的美丽乡村。2003年浙江省全面推进"千万工程",造

---

① 新华社.习近平出席全国宣传思想工作会议并发表重要讲话[R/OL].(2018-08-22)[2024-03-10].https://www.gov.cn/xinwen/2018/08/22/content_5315723.htm.

就万千美丽乡村。走出大山、移居新村的白沙村民,一改过去的生活方式,深入实施"千村示范、万村整治"工程,一户一画、一步一景,村庄成为美丽乡村的样板村。以浙江省"千村示范、万村整治"的八化要求为标准,白沙村实现了道路硬化、四旁绿化、路灯亮化、卫生洁化、水塘净化、布局优化、住宅美化、服务强化。

白沙村是产业兴旺的富裕乡村。习近平同志 2004 年走访白沙村时,曾叮嘱说,下山脱贫关键在找到牢靠的多元化的生产出路,要进行分类指导,因地制宜,群众自愿,尽力而为,量力而行,把好事办好①。为了让群众"移得出、安得下、富得起",白沙村两委带领全体村民白纸描新画,异地勤耕耘。如今的白沙村产业兴旺,2022 年全村木业年产值 4 亿元,提供 1000 多个就业岗位;食用菌种植业年产值达 1000 多万元。此外,白沙村的共富产业园和军民共建国防教育基地等也蓬勃发展,为村民提供了可观的增收和就业机会。

白沙村是以"志"为魂的人文乡村。走出大山、搬迁新村的白沙村民,重视教育,传承文化,续写百年村志、拍摄千人合照、共办百家宴等等,在物质富裕的同时实现文化富足和精神富有。

白沙村是和谐文明的无讼乡村。无讼是社会治理的最高理想,体现的是基层治理的水平和村民的道德水准。党的二十大报告中说:"基层强则国家强,基层安则天下安,必须抓好基层治理现代化这项基础性工作。"关于社会治理,白沙村的干部牢记着这么几句话:建强一个支部,班子接力挑重担;培优一支队伍,党员带头靠前站;建好一份档案,村情民意手中撰;开展一次沟通,大事小事商量办;办好一件实事,用心服务群众赞。2018 年白沙村被江山市委、市政府授予"无信访村"的称号,提供了基层社会治理的理想范本。

孔子曾说:"听讼,吾犹人也,必也使无讼乎。"无讼是孔子追求的理想,孔子希望通过教育和道德教化,提高人们的道德修养和自我约束能力,从而使社会达到和谐,减少甚至避免诉讼。这种思想体现了孔子的社会理想和法律观念,即通过德治和礼治来维护社会秩序,而不是单纯依靠法律惩罚,正如《论语·为政》中说:"道之以政,齐之以刑,民免而无耻。道之以德,齐之以礼,有耻且格。"著名社会学家费孝通先生也认为乡土社会的无讼是人文教化的结果:"长期的教育把外在的规则化成了内在的习惯。维持礼俗的力量不在身外

---

① 毛贺平.习近平在衢州调研时提出:推进转变 扩大开放 坚持统筹 维护稳定 加强党建[N].衢州日报,2024-10-12,第 1 版.

的权力,而是在身内的良心。所以这种秩序注重修身,注重克己。理想的礼治是每个人都自动地守规矩,不必有外在的监督。"[①]这正是"形""魂"兼具的白沙人的写照。白沙村的"形"来自 20 年持续不断的干群一心、奋勇前进,村志是白沙村的"魂",是白沙村民所有奋斗历程的见证和载体,并通过文化传承,进一步推进乡村全面振兴。目前的白沙村是美丽乡村样板村,是全体白沙人"文明和谐、物心俱丰、美丽宜居的空间"。

第三节　"把大变化写进新村志"的深远意义

2004 年 10 月 10 日,时任浙江省委书记的习近平同志在江山市凤林镇白沙村考察时,寄予了"把大变化写进新村志"的殷殷嘱托。"把大变化写进新村志"点明了"千村示范、万村整治"的逻辑起点是农村工作,明确了"千村示范、万村整治"的目标指向是乡村产业振兴和文化振兴,阐明了"千万工程"的实现规律。同时,"把大变化写进新村志"是习近平新时代中国特色社会主义思想中民本思想的深层外延和实践自觉,体现了"坚持人民主体地位"的基本理念。

一、"千万工程"的率先垂范

(一)"把大变化写进新村志"点明了"千万工程"的逻辑起点

中国自古以来就是农业大国,几千年的悠久历史与文化都是奠定在农耕文明的基础之上形成的。习近平总书记强调:"全面建设社会主义现代化国家,实现中华民族伟大复兴,最艰巨最繁重的任务依然在农村,最广泛最深厚的基础依然在农村。"[②]"千万工程"是改善农村生产生活条件、提高农民生活质量的基础性工程,以系统优化农村人居环境为突破口,不断丰富农村环境整治建设内容,持续延伸和发展农村公共服务,推进城乡融合发展。同时把乡土文化作为彰显乡村特色和繁荣乡村文化的抓手,增强农村的吸引力和凝聚力,为农民创新创业提供良好环境,由此巩固环境美化与经济发展互相促进,美丽乡村与农民富裕共同前进的局面。

---

① 费孝通.乡土中国[M].北京:外语教学与研究出版社,2012:109.

② 新华社.习近平出席中央农村工作会议并发表重要讲话[R/OL].(2020-12-29)[2024-02-01].http://www.gov.cn/xinwen/2020-12/29/content-5574955.htm.

江山市凤林镇白沙村在 2003 年入选第一批浙江省"千万工程"示范村,是践行"千村示范、万村整治"的样板村。当年习近平同志在江山市白沙村考察时提出"把大变化写进新村志",这句话描绘了对于新农村面貌的期许,在一定程度上体现了"千万工程"的内在逻辑,是根植中国乡村实际顺应时代要求、旨在乡村振兴的理论主张。

(二)"把大变化写进新村志"明确了"千万工程"的目标指向

党的二十大报告指出:"坚持农业农村优先发展,坚持城乡融合发展,畅通城乡要素流动。加快建设农业强国,扎实推动乡村产业人才、文化、生态和组织振兴。""千万工程"工程实施伊始,时任浙江省委书记习近平就明确指出,统筹城乡发展、推进城乡一体化是解决"三农"问题的根本途径。城乡一体化的实质,就是打破二元结构,形成以城带乡、以乡促城、城乡互促互进的发展机制,不断缩小城乡差别,使城乡居民共享现代文明生活。[①] 千百年来,中国社会城乡二元结构导致城乡差距较大,城乡之间的要素交换不平等不自由。但由于巨大的人口规模,让所有群众全部聚集到城市生活也是不太现实的。

江山市凤林镇白沙村在推进"千万工程"的过程中,不断推动乡村物的现代化向人的现代化迈进,推动乡村环境治理向人与自然和谐共生迈进,推动建设机制从上级政策驱动向全社会联动迈进,健全公共资源合理配置,让村民同步享有优美的人居环境、完善的基础设施、贴心的公共服务和便捷的生活配套,实现农民就地过上现代文明生活的目标。白沙村以"新村志"为引领,持续创造乡村现代化的"大变化",明确了"千万工程"城乡一体化融合式统筹发展的目标,就是实现农业农村现代化,让农民就地过上现代文明的生活。

(三)"把大变化写进新村志"展示了"千万工程"的实现路径

20 年来,浙江省历届党委政府按照习近平同志的指示要求,因地制宜久久为功,"千万工程"不断深化、迭代升级。从改善农村生产、生活、生态"三生"环境的农村人居环境整治到美丽乡村建设,再到率先推进乡村振兴战略建设,宜居宜业、美乡村和共富乡村,"千万工程"持续向纵深迈进,形成了一系列行之有效的做法。首先,重塑环境秀美、产业富美的崭新图景。20 年来,白沙村

---

① 浙江省习近平新时代中国特色社会主义思想研究中心.习近平新时代中国特色社会主义思想在浙江的萌发与实践[M].杭州:浙江人民出版社,2021:72.

把这些重要理念和要求贯穿实施践行"千万工程"的各阶段，形成村民受益、运行机制完善的人居环境建设格局。其次，坚持因地制宜、合理规划的科学方法。白沙村结合本村发展水平、经济承受能力、村民接受程度开展工作，尽力而为、量力而为，遵循乡村自身发展规律，体现乡村特点。再次，秉承由表及里、塑形铸魂的人文风尚。白沙村注重推动农村物质文明和精神文明相协调、硬件与软件相结合，树好乡村文明新风，丰富乡村文化，深化乡村"四治融合"，把村子建设成村民身有所栖、心有所依的美好家园。"把大变化写进新村志"实现了乡村振兴"塑形"与"铸魂"的统一，是这一系列做法的集中概括，也是"千万工程"的实现路径。

（四）"把大变化写进新村志"阐明了"千万工程"的发展理念

"把大变化写进新村志"记录了"千万工程"与时俱进的迭代升级过程。从2003年6月开始，20年来"千万工程"不断与时俱进、迭代升级，经历了示范引领、整体推进、深化提升和转型升级四个阶段，经历了从温饱型生存需求向小康型发展和共富型发展需求的演变，从最初旨在改善人居环境的"千村示范、万村整治"，到"千村精品、万村美丽"的宜居宜业，再到"千村未来、万村共富"的迭代升级。"千万工程"的出发点和落脚点是增进人民福祉、促进人的全面发展，20年的发展过程中，"千万工程"的内涵随着时代发展和群众需求不断得到充实，但最为核心的是满足人民对美好生活的需求不变，从而最终走出一条"千村向未来、万村奔共富"的农业农村现代化之路。"把大变化写进新村志"意味着乡村建设处在不断的变化中，发展不停止，永远在前进；同时，还要不断修编志书，记录与时俱进的大变化，用"新村志"记载实践"千万工程"带来的"大变化"。

"把大变化写进新村志"反映了"千万工程"与时俱进的协调发展思想。江山市凤林镇白沙村在推进"千万工程"过程中，聚焦绿色、协调发展，同步推进乡村物质文明建设和生态文明建设的实践结果，既要"富口袋"也要"富脑袋"；从村庄整治到乡村全面发展；从"只要金山银山"到"绿水青山就是金山银山"，这些发展理念的更新，也体现了"千万工程"立足实际、与时俱进的发展理念。

二、"以民为本"的实践演绎

(一)"把大变化写进新村志"是"坚持人民主体地位"的深层外延

"民为邦本,本固邦宁。"在习近平新时代中国特色社会主义思想的指引下,江山市凤林镇白沙村将"把大变化写进新村志"作为乡村振兴战略的重要实践,这一做法不仅是对乡村发展成果的客观记录,更是人民主体地位的生动体现和深层外延。这一实践深入贯彻了习近平总书记关于"坚持人民主体地位"的重要论述,彰显了新时代中国特色社会主义的本质要求。

白沙村在编纂村志的过程中,实现了"人人进村志,人人修村志",农民群众的主体地位得到了确认和保障,他们的历史贡献和现实作用得到了充分肯定。这种以人民为中心的发展理念,正是对"民为邦本"思想的现代诠释和实践。

"把大变化写进新村志",首先体现了对人民创造历史的深刻认识。习近平总书记指出:"人民是历史的创造者,人民是真正的英雄。"①白沙村在实现乡村振兴过程中,通过新村志的编纂,将乡村的巨大变化记录下来,其中包含了农民群众的辛勤劳动和智慧创造。新村志不仅是历史的见证,更是人民主体地位的彰显。它告诉我们,乡村的变化不是凭空生成的,而是广大农民群众用自己的双手创造出来的。

其次,"把大变化写进新村志"是对人民主体地位的尊重和保障。在新村志的编纂过程中,白沙村坚持以人民为中心的工作导向,广泛听取农民群众的意见和建议,让他们参与到新村志的编写中来,使他们成为乡村振兴的主体力量。通过新村志的记录和传承,农民群众的主体地位得到了确认和保障,他们的历史贡献和现实作用得到了充分肯定。

此外,"把大变化写进新村志"还体现了对人民美好生活向往的回应和满足。习近平总书记强调:"人民对美好生活的向往,就是我们的奋斗目标。"②白沙村在乡村振兴过程中,通过新村志的编纂和传播,让农民群众更加直观地

---

① 习近平.在十三届全国人民代表大会第一次会议上的讲话[R/OL].(2020-05-15)[2024-02-20]. https:www.gov.cn/xinwen/2020-05/15/content.5511909.htm.

② 习近平.在基层代表座谈会上的讲话[EB/OL].(2020-09-17)[2024-01-10].https://www.12371.cn/2020/09/19/ARTI1600525867623878.shml.

感受到了乡村的巨大变化和发展成果。这种变化不仅体现在物质层面上的提升和改善，更体现在精神层面上的丰富和充实。新村志成为农民群众了解乡村历史和文化的重要载体，也成了他们追求美好生活的重要动力。

"把大变化写进新村志"的做法与习近平新时代中国特色社会主义思想中"坚持人民主体地位"的要求高度契合。它不仅是对乡村发展成果的客观记录，更是对人民主体地位的生动体现和深层外延。通过这一实践，白沙村不仅推动了乡村的经济社会发展，更在精神层面激发了农民群众的积极性和创造力，为实现乡村全面振兴和农业农村现代化提供了有力支撑。同时，这也为我们进一步理解和把握习近平新时代中国特色社会主义思想的丰富内涵和实践要求提供了新的视角和启示。

"把大变化写进新村志"作为白沙村乡村振兴战略的重要实践之一，不仅是对乡村发展成果的客观记录和传播途径，更是对人民主体地位的生动体现和深层外延。通过这一实践，不仅能够更加深入地理解和把握习近平新时代中国特色社会主义思想的丰富内涵和实践要求，也能够更加坚定地推动乡村振兴战略的深入实施和农业农村现代化的全面实现。

（二）"把大变化写进新村志"是民本思想在乡村振兴战略中的实践自觉

"民为邦本"是中国传统文化中重要的政治理念，强调国家的根本在于人民，人民的福祉是国家治理的出发点和落脚点。白沙村在乡村振兴的过程中，坚持将这一理念贯穿于新村志的编纂过程中，通过记录乡村的巨大变化，展示人民在乡村振兴中的主体地位和作用，体现了对"民为邦本"思想的深入理解和实践自觉。

"把大变化写进新村志"的做法，首先是对"民为邦本"理念的生动诠释。白沙村通过记录乡村在经济、社会、文化等各个方面的巨大变化，不仅展示了乡村振兴的丰硕成果，更凸显了这些变化背后农民群众的主体作用。新村志中的每一个故事、每一个数据，都是农民群众辛勤劳动和智慧的结晶，是对他们主体地位的肯定和彰显。这种做法将农民群众置于乡村振兴的中心位置，体现了对"民为邦本"理念的生动诠释。

其次，"把大变化写进新村志"的做法是对"民为邦本"理念的实践落实。在新村志的编纂过程中，白沙村广泛听取农民群众的意见和建议，让他们参与到新村志的编写中来。这种做法不仅提高了农民群众的参与感和归属感，更让他们在乡村振兴的过程中实现了自我价值和社会价值的统一。同时,通过新村志的记录和传承,乡村的历史和文化得以延续和发展,为农民群众提供了更加丰富的精神滋养。这种做法将"民为邦本"理念转化为具体的实践行动,确保了乡村振兴的成果惠及广大农民群众。

此外,"把大变化写进新村志"的做法还体现了对"民为邦本"理念的传承和发展。在中国传统文化中,"民为邦本"的思想源远流长。《尚书》有言:"民惟邦本,本固邦宁。"这句话强调了人民在国家治理中的重要地位和作用。白沙村在乡村振兴战略中"把大变化写进新村志"的做法,正是对这一传统文化思想的传承和发展。通过新村志的编纂和传播,农民群众更加深入地了解了乡村的历史和文化传统,增强了他们的文化自信和归属感。这种做法不仅有助于推动乡村文化的传承和发展,更有助于凝聚起乡村振兴的强大合力。

(三)"把大变化写进新村志"是满足人民美好生活需要的文化述说

随着乡村振兴战略的不断推进,白沙村通过"把大变化写进新村志"的实践,不仅是对乡村经济社会发展成果的记录,更是对满足人民对美好生活需要的文化述说。这一做法深刻体现了习近平新时代中国特色社会主义思想中关于满足人民日益增长的美好生活需要的重要论述,同时也是对传统文化中"以文化人"思想的传承和发展。

首先,"把大变化写进新村志"是对乡村文化自信的树立和传播。白沙村通过新村志的编纂,将乡村的历史、文化、风俗、习惯等记录下来,不仅是对乡村文化的传承,更是对乡村文化自信的树立。新村志的出版和传播,让更多的人了解乡村文化,认识乡村价值,从而增强对乡村的认同感和归属感。这种文化自信不仅能够激发农民群众的自豪感和荣誉感,也能够吸引外界更多的关注和投入,为乡村振兴注入强大的文化力量。

其次,"把大变化写进新村志"是对人民精神文化需求的满足和提升。随着物质生活水平的提高,人民对精神文化的需求也越来越高。白沙村在新村志的编纂过程中,不仅注重记录乡村的物质变化,更注重挖掘乡村的精神文化内涵。通过新村志的呈现,人们可以了解到乡村的风土人情、历史传承、价值观念等,从而满足对精神文化的需求。同时,新村志的编纂和传播也促进了乡村文化的创新和发展,为农民群众提供了更多元、更高质量的精神文化产品,提升了他们的精神文化生活水平。

此外,"把大变化写进新村志"是对传统文化中"以文化人"思想的传承和发展。传统文化中强调"以文化人",即通过文化的力量来影响人、塑造人。白沙村在新村志的编纂过程中,深入挖掘乡村的历史文化资源,通过文字、图片等多种形式呈现出来,让人们在了解乡村变化的同时,也感受到传统文化的魅力。这种做法不仅传承了传统文化中的"以文化人"思想,也为新时代乡村文化振兴提供了新的思路和方法。

最后,"把大变化写进新村志"是对习近平新时代中国特色社会主义思想中"满足人民对美好生活需要"的具体实践。习近平总书记强调,发展的出发点和落脚点都是为了让人民过上更美好的生活。白沙村通过新村志的编纂和传播,不仅记录了乡村的巨大变化,更展示了乡村的美好生活图景。这种美好生活不仅体现在物质层面的改善和提升,更体现在精神层面的丰富和充实。新村志成为满足人民对美好生活需要的重要载体和平台,让人们在了解乡村变化的同时,也感受到乡村的美好和魅力。

中国自古以来有"修身齐家治国平天下"的理想,这句话强调了个人修养与社会和谐的重要性。而"把大变化写进新村志"正是在实现个人与社会的和谐共生中发挥了重要作用。通过记录乡村的变化和发展成果,白沙村不仅推动了乡村的经济社会发展和文化振兴,更在精神层面激发了农民群众的积极性和创造力,为实现乡村全面振兴和农业农村现代化提供了有力支撑。同时,这也为进一步理解和把握习近平新时代中国特色社会主义思想的丰富内涵和实践要求提供了新的视角和启示。

三、"和美乡村"的实证案例

(一)"把大变化写进新村志",赋能乡村全面振兴,助推物质文明发展

中国自古以来崇尚"和"的理念,农业生产讲求得时之和、适地之宜,农村生活讲求人心和善、以和为贵,村落民居讲求顺应山水、和于四时。2022年10月,党的二十大报告强调"建设宜居宜业和美乡村"。"和美乡村"是乡村建设内涵和目标的进一步丰富和拓展,宜居宜业和美乡村是基础设施基本完备的乡村,是公共服务普惠可及的乡村,是广大农民富裕富足的乡村,是人与自然

和谐共生的乡村,是治理有序充满活力的乡村,是中华优秀文化繁荣发展的乡村。①

"治国之道,富民为始。"物质文明的发展是人类社会进步的基础。江山市凤林镇白沙村在推进"把大变化写进新村志"的过程中,注重将文化振兴与经济社会发展相结合。一方面提升了乡村的文化软实力,为经济社会发展提供了精神支撑和智力支持;另一方面,经济社会的发展也为文化振兴提供了物质基础和条件保障。这种相互促进的关系,正是"以文塑旅、以旅彰文"的文化旅游融合发展理念的具体体现。江山市凤林镇白沙村在推进"把大变化写进新村志"的过程中,注重将文化振兴与经济社会发展相结合。一方面,通过新村志的编纂和传播,提升了乡村的文化软实力,为经济社会发展提供了精神支撑和智力支持;另一方面,经济社会的发展也为文化振兴提供了物质基础和条件保障。

孔子曾言:"君子务本,本立而道生。"这一思想强调治国要从根本上抓起,重视基层的基础性作用。江山市凤林镇白沙村"把大变化写进新村志"的实践,正是对这一传统治国理政理念的继承和发扬。通过新村志的编纂和传播,村民的归属感和自豪感得到了增强,乡村社会的和谐稳定得以维护,为乡村振兴提供了坚实的基层基础和物质基础。

(二)"把大变化写进新村志",强调乡村人文教化,助力精神文明建设

文化是人类社会发展的重要支撑,也是推动乡村振兴的重要力量。江山市凤林镇白沙村通过新村志的编纂和传播,将乡村的历史文化、价值观念、道德规范等传递给村民,引导他们树立正确的世界观、人生观和价值观。这种以文化人的做法不仅丰富了村民们的精神世界,也提升了他们的文化素养和道德水平。

新村志的编纂和传播过程本身就是对乡村文化的传承和弘扬。通过新村志的阅读和学习,村民们可以更加深入地了解乡村文化的内涵和价值,增强文化自信和文化自觉。同时,新村志还传递了正确的价值观念和道德规范,引导村民们树立正确的价值取向和行为准则。这种以文化人的做法为乡村振兴提供了强大的精神动力和文化支撑。

---

① 乡村振兴新图景|和美乡村[EB/OL].(2023-03-30)[2024-02-25].https://photo.gmw.cn/2023-03/30/conten-36465245.htm.

(三)"把大变化写进新村志",是物质文明与精神文明建设的辩证统一

物质富足、精神富有是社会主义现代化的根本要求。中国自古有"仓廪实而知礼节,衣食足而知荣辱"的认知理念,包含了物质文明与精神文明的辩证关系。物质文明与精神文明如鸟之双翼、车之两轮,必须协调发展。物质文明与精神文明的协调发展的论断,可谓思接千载,鉴古知今。习近平总书记在视察白沙村时,赞许白沙村民为追求物质财富和文化生活所付出的努力,肯定村民所取得的物质文明建设成就和精神文明建设成就,鼓励他们把建设发展的"大变化写进新村志",这是习近平新时代中国特色社会主义思想中"物质文明与精神文明相协调"理论在浙西乡村实践的成功范本,经历了 20 年的时间检验,取得了丰富的成果。

本章小结

本章从综述地方志开始,通过阐释"把大变化写进新村志"的时代内涵和深远意义两个方面,讨论了村志作为乡村共富的文化命脉的意蕴。乡村志书作为地方志的一种,对地方的经济社会发展起到了存史、资政和育人的作用。"把大变化写进新村志"是乡村发展的时代新篇章、是文化传承新载体,"大变化"为"新村志"塑形,"新村志"为"大变化"铸魂,两者相互融合共同发展。同时,本章还阐释了"把大变化写进新村志"的深远意义,指出这是对"千万工程"的率先垂范,是习近平新时代中国特色社会主义思想中"民本思想"的实践演绎。白沙村在大力振兴产业实现大变化的同时,牢记习近平总书记的殷殷嘱托,不断把记录大变化,是新时代打造和美乡村的实证案例。

第二章　盛世修村志:白沙村志的编撰历程

　　盛世修志,志载盛世。白沙村历时四十余年,持续编修了三部《白沙村志》。白沙村干部群众始终把村子和自身的发展,放到历史和时代的大背景下去统筹考虑,不计个人得失,久久为功,接续奋斗,干在实处,敢为人先,在三部村志的编写过程中,留下了无数个感动人心的故事。

第一节　时光流转:持续修志四十载

　　四十余年的光阴流转,白沙村从第一部的十年磨一志,持续不断编修志书,他们的修志水平日趋专业,他们的志书内容也日趋丰富。第一部《白沙村志》仅十几万字,耗时十年之久。时隔二十年之后,完成第二部《白沙村志》,共计九十余万字。随着编志经验的丰富和专业团队的加入,第三部村志也如期诞生。白沙村时刻牢记习近平总书记的嘱托,努力把村子发展振兴的"大变化"不断写到"新村志"中去。

一、1991 年初成:十年艰辛磨一"志"

　　"志不立,天下无可成之事。虽百工技艺,未有不本于志者。"明代著名思想家王阳明先生在《教条示龙场诸生》中这么写道。意思是,志向不能立定,天下便没有可以做成功的事情;世间各种工匠的技艺,也都是靠坚定的志向才学成练成的,从而高度强调了"立志"的重要性和必要性。俗话说万事开头难,第一部《白沙村志》的编写从 1981 年开始搜集资料,到 1991 年正式出版,整整用了十年时间,正可谓十年磨一"志"。这个"志"的内涵即包含了《白沙村志》这本志书,更包含了白沙村民编修村志的志向。

第一部《白沙村志》的编修始于 1981 年。当时新中国正在进行第一次地名普查,为了填写上级要求的各种表格,时任大队会计兼档案员的毛兆丰,开始查阅资料,初步了解白沙地方人民的居住历史,并产生写村志的念头。到了第二年,毛兆丰便整理出了包括村民世系、历年经济收入、村级领导任职等资料共 2 万多字,结集成册命名为《村史记略》。这是编写村志十年漫漫征途上的第一步,也是非常重要的一步。

毛兆丰在整理《村史记略》(周琳提供)

1983 年,在江山县志办公室的方志专家毛东武先生的启发和鼓励下,毛兆丰欣然接受白沙村两委的决定,开始执笔编写《白沙村志》。1984 年到 1990年,毛兆丰克服很多难以想象的困难,其间几易其稿。最终在 1990 年完成约14 万字的《白沙村志》文字稿。1991 年《白沙村志》由上海学林出版社正式出版,成为新中国第一本以村为单位公开出版的乡村志。

毛兆丰在编修第一部《白沙村志》（周琳提供）

二、2012 年续笔：历史新篇展新颜

2004 年 10 月 10 日，时任浙江省委书记的习近平到江山市凤林镇白沙村视察工作，走访了毛兆丰家。在毛兆丰的书房里，习近平同志看到了第一部《白沙村志》，并询问了关于乡村搬迁、发展以及编订村志的相关情况。随后，习近平同志叮嘱毛兆丰，让他继续修志，要"把村子搬迁的大变化写进新村志"中去。

此后，白沙村全体村民上下齐心，和毛兆丰一起，牢记习近平同志的殷殷嘱托。一方面致力于推进"千万工程"实现村子发展振兴的大变化，另一方面继续搜集村志资料，并积极寻求编志专家的帮助，编修第二部《白沙村志》。

2007 年由毛兆丰率先开始准备第二部村志的编写工作，第二年凤林镇党委牵头建立白沙村志编纂领导小组。经过数年的艰辛努力，完成 91.3 万字的《白沙村志》，2012 年在北京由方志出版社出版并公开发行。

三、2016 年承继：承前启后续华章

　　村落是中国传统文化的根基所在，积淀着人类发展演变的历史与文明。改革开放以来，党中央、国务院高度重视社会主义新农村建设，中国农村取得跨越式发展。留住乡愁，继承传统文化精华，挖掘历史智慧，厚植文化根基，成为极其重要的工作。编写村志对挖掘保护、开发利用村落文化，探索农村发展经验、发展模式和发展道路，培育爱国爱乡情怀，服务乡村振兴战略，具有重要的现实意义和历史意义。2016 年 10 月 30 日，中国名村志文化工程启动会议召开，白沙村入选中国村志名村，《白沙村志》是浙江省入选中国名村志工程的唯一一部村志①。白沙村党支部副书记吴祥水和《白沙村志》主编毛东武参加了会议，并在会上表示要珍惜机会，继续发挥编写人员的优良作风，进一步完善编写凡例，努力编出一部品位高、质量好的乡村文化精品。

　　自 2002 年从定村乡深山里搬迁出来至 2022 年，白沙村已经走过了整整 20 个年头，发生了翻天覆地的大变化，从一个名不见经传的普通深山村，变成了当今乡村振兴大背景下的现代城镇型示范村，是全国修志名村。把这些看得着摸得着的变化，以志书的形式记载下来，对白沙村民来说，是存史，更是激励，可以为未来的乡村治理和乡村振兴提供宝贵的经验。一直以来，《白沙村志》遵循"纵不断线，横不缺项"的原则，以准确、客观的资料和生动的事实，记录了白沙村 40 年来持续不断的新业绩。白沙村两委成员有一个不成文的规矩，就是在日常工作中随时做好记录，为编修村志搜集材料；所有村民也把自己家庭和宗族的谱系派氏资料自觉拿给村志编修人员。一部村志凝聚着全体白沙村干部，乃至所有白沙村民集体智慧和劳动的结晶。

　　2016 年 11 月 30 日，第三部《白沙村志》编纂启动仪式正式在白沙村举行。随后，白沙村两委将村志编修工作纳入了村里的工作议程，全力配合，宣传到位，措施落实，并就编写人员业务安排做了明确分工。经先后多次修订，于 2024 年 9 月正式出版。

---

　　①　传承文化寄托乡愁 江山白沙村入选中国首批名村志编纂试点村[EB/OL].（2016-12-08）[2024-03-10]. https://zjnews.zjol.com.cn/zjnews/qznews/201612/t20161208_2165297.shtml.

第二节　白沙有"志"：不等不靠也不要

白沙村是一个有村志的村子，也是一个有志气的村子。作为新搬迁下山的移民村，白手起家的白沙村全体村民，坚持自力更生艰苦奋斗，不等不靠也不要，下决心要独立自主努力实现幸福生活，体现了久久为功，一张蓝图绘到底的精神。干在实处、走在前列是浙江精神，也是白沙村人坚持奉行的白沙精神。

一、久久为功，一张蓝图绘到底

党的事业是薪火相传、接续奋斗的事业。"一张好的蓝图，只要是科学的、切合实际的、符合人民愿望的，大家就要一茬一茬接着干。"①进入 21 世纪后，党中央强调："有条件的地方可以发展得更快一些，在全面建设小康社会的基础上，率先基本实现现代化。"2003 年 7 月，时任浙江省委书记的习近平围绕加快全面建设小康社会、提前基本实现现代化的目标，紧密联系浙江的优势和特点，亲自作出了"八八战略"的重大战略部署，即"发挥八个方面的优势""推进八个方面的举措"的决策部署，浙江省现代化建设从此迎来了历史上快速发展的新阶段。作为引领浙江提前基本实现现代化目标的总方略，"八八战略"就是这样一张"好的蓝图"。这张蓝图为浙江新世纪的发展下了一盘很大的棋，把浙江发展的过去、现在、未来，经济、政治、文化、社会、生态文明和党的建设等有机地联系起来，防止工作单打一，防止顾此失彼，防止"单向度"的发展。20 年来，历届浙江省委把"八八战略"作为全面建成小康社会、推进社会主义现代化建设的根本遵循，让"八八战略"在浙江大地落地生根、开花结果，实现了从资源小省向经济大省、外贸大省向开放强省、环境整治向美丽浙江、总体小康到高水平全面小康的历史性跃升，"五位一体"和党的建设各领域全方位整体性提升。一个又一个突破性跨越，都是沿着"八八战略"的思想轨迹，"一

---

① 习近平经济工作的方法论[EB/OL]．(2018-02-01)[2024-03-10]．http://news.cnr.cn/native/gd/20180201/t20180201_524120240.shtml.

张蓝图绘到底"的实践成果①。

"千万工程"是"八八战略"的重要组成部分,具体指向是解决浙江农村"先天的不足"和"成长的烦恼",开启了浙江"美丽乡村"建设的新篇章。其基本内容是,从全省将近4万个村庄中选择1万个左右的行政村进行全面整治,把其中1000个左右的中心村全面建成小康示范村,以此统筹城乡发展,促进城乡一体化。20年来,从最初的人居环境改善起步,到"千村精品、万村美丽"的宜居宜业,再到"千村未来、万村共富"的迭代升级。在迭代升级过程中,"千万工程"的内涵随着时代发展和群众需要不断得到充实,党委政府一任接着一任干,一年接着一年干,一张蓝图绘到底,城乡促整合、全域创和美的乡村全面振兴之路。

一张蓝图绘到底,万事从来贵有恒。确定了方向、认定了目标,就要保持定力、驰而不息,绵绵用力、久久为功,以踏石留印的工作作风干在实处,以奋勇争先的精神状态走在前列。习近平总书记在《之江新语》中有一段论述:"抓好任何一项工作,都要处理好三对关系:一要善作善成,处理好部署与落实的关系;二要再接再厉,处理好坚持与深化的关系;三要统筹兼顾,处理好当前与长远的关系。"②"一张蓝图绘到底",不只是绘到今天,更应该绘到明天、后天,乃至更加长远的未来。这就要求我们既要大胆去做当前有成效、长远可持续的事,也要努力去做当前不见效却利在长远的事;既不超越发展阶段拔苗助长,又不滞后于发展阶段原地踏步。总而言之,求真务实的作风、只争朝夕的紧迫、久久为功的耐心,缺一不可。20年生动实践充分证明,"一张蓝图绘到底"是成功的秘诀,也是继续走向成功的必由之路。像接力赛跑那样把"八八战略"一棒一棒地传下去,锚定目标、接续奔跑,就能不断打开发展思路、找到突围出路、拓宽前进道路,不断将美好蓝图变为现实。

二、接续奋斗,一任接着一任干

一个民族的复兴,需要强大的物质力量,也需要强大的精神力量。江山市凤林镇白沙村是浙江省首批"千万工程"示范村,20年来在各级党组织的领导下,从一个名不见经传的小山村,发展成为今天中国式现代化农村的典范乡

---

① 浙江宣传 |"一张蓝图绘到底"为何是最佳路径[EB/OL].(2023-07-11)[2024-03-10]. https://baijiahao.baidu.com/s? id=1771083549057719968&wfr=spider&for=pc.

② 习近平.之江新语[M].杭州:浙江人民出版社,2007:91.

村,除了本着实事求是、问题导向的务实作风,在解决实际问题的过程中发掘自身乡村资源禀赋,提升乡村产业适配度,全面贯彻新发展理念外,一个重要因素就是注重文化传承和文化建设,实现了乡村物质文明和精神文明的协调发展。作为新中国第一部以村为单位公开出版的乡村志,《白沙村志》记载了全体村民齐心协力、创业创新的丰硕成果,成为传承乡土文化、宣传时代精神的主流阵地,既能让老一辈奋斗者获得沉甸甸的存在感和归属感,又能教育新一代青年人接续传承优秀文化,成为江山市乃至浙江省实践乡村全面振兴过程中一张闪亮的金名片。

《白沙村志》本身也是"求真务实久久为功,一张蓝图绘到底"的产物,这是一本受到连续两任省委书记关注的鼓励的乡村志。2004 年 10 月 10 日,时任中共浙江省委书记的习近平视察白沙村,在村会计毛兆丰家里看到了第一版的《白沙村志》,看到了村志对于传承乡村传统文化,促进乡村文化振兴的示范效应,鼓励毛兆丰继续努力,说"你们白沙人做得不错嘛,你还要努力啊,把村里搬迁的大变化写进新村志里去!"[1]白沙村人没有辜负习近平同志的殷切期望,7 年后完成了第二部《白沙村志》的编纂工作,把村子里搬迁的大变化写进了新村志。

2009 年 11 月 30 日,时任中共浙江省委书记、省人大常委会主任赵洪祝到白沙村视察,走进了毛兆丰家。在阅读了第一部《白沙村志》,翻看了第二部《白沙村志》的打印稿之后,语重心长地对毛兆丰说:要精心编纂新的《白沙村志》,把白沙村农业的发展、农村的变革和农民的变化,忠实地记载下来,给村里的百姓留下珍贵的文化财富。[2] 一部《白沙村志》,蕴藏着白沙村全体村民独特的方志文化情结,更饱含浙江两任省委书记对白沙村的发展,以及地方志工作的高度重视。白沙村没有辜负这番期望,40 年来,全体白沙村人一代代接续奋斗,用村志记录着奋进路上的好风光。

三、干在实处,白沙精神有力量

"干在实处,走在前列"是对浙江精神的概括,"要做到'走在前列',就要干

---

① 本书编写组.干在实处 勇立潮头:习近平浙江足迹[M].杭州:浙江人民出版社;北京:人民出版社,2022:372.

② 毛东武.白沙村志[M].北京:方志出版社,2012:序 21.

在实处"①。2004 年 10 月 10 日的《衢州日报》刊登了当年习近平同志走访白沙村时叮嘱的一句话:"下山脱贫关键在找到牢靠的多元化的生产出路,要进行分类指导,因地制宜,群众自愿,量力而为,把好事办好。"②20 年来,白沙村全体村民在村党支部的领导下,上下一心,凝聚起了干在实处的白沙精神。

首先,干在实处的白沙精神体现在白沙村两委成员脚踏实地,发展乡村特色产业,拓宽农民增收致富渠道。刚刚搬下深山的白沙村是名副其实的白手起家,一穷二白。为了让村民过上富足的生活,白沙村干部积极想办法,探求切合本村实际的脱贫致富的可行性门路,做好村民致富的带头人。在《白沙村志》第二部中记载了两委干部带领农户种植食用菌的故事。刚开始村民顾虑重重,村干部就带头种植,作出表率,让村民看到有利可图。村两委一方面鼓励农户种植食用菌,一方面帮助购买菌种,并请来专家对农户进行技术培训。在村干部手把手带领下,白沙村的菌菇产业很快发展起来,并进入良性运作,到现在每年可以为集体经济带来 25 万元的经济收入。此外,在白沙村干部的谋划和带领下,白沙村还发展了木材加工业、工业园区以及文化旅游业等,实现了一、二、三产业的融合发展,实现了村民在家门口致富。

其次,干在实处的白沙精神体现在踏实有效的基层治理。"基层强则国家强,基层安则天下安,必须抓好基层治理现代化这项基础性工作。"③白沙村沿着习近平总书记指引的路子,感恩奋进、持续接力,立足乡风民俗不断探索乡村善治的土办法、新招数,深化推进新时代"三民工程",让走出大山、搬迁新村的白沙村民在安宁和谐的环境中幸福生活。

再次,干在实处的白沙精神体现在乡村文化建设和精神生活的共同富裕。文化是民族之魂,也是乡村之魂。从 1981 年第一部《白沙村志》开始编写算起,40 多年来白沙村共完成了三部村志,2016 年《白沙村志》入选全国十二部《中国名村志》丛书之一,白沙村也因此成为全国有名的村志名村。正是在这样干在实处的白沙精神的浸润下,白沙村一步一个脚印,踏踏实实走好每一步

---

① 习近平.干在实处,走在前列——推进浙江新发展的思考与实践[M].北京:中共中央党校出版社,2006:43.

② 习近平在衢州调研时提出——推进转变 扩大开放 坚持统筹 维护稳定 加强党建[N].衢州日报,2004-10-12(1).

③ 推进新时代基层治理现代化建设的纲领性文件——中央组织部、民政部负责人就印发《中共中央国务院关于加强基层治理体系和治理能力现代化建设的意见》答记者问[EB/OL].(2021-07-13)[2024-04-05]. http://paper.people.com.cn/rmrbwap/html/2021-07/13/nw.D110000renmrb-20210713-1-04.htm.

路,从一个深山移民村,成长为了今天的现代城镇型示范村。

第三节 创新发展:乡村修志新模式

《白沙村志》的编修是传承与创新相融合的产物,就编修主体而言,《白沙村志》走出了一条农民搜集资料,方志专家做主编的全新的修志模式;从内容上《白沙村志》把家世谱系纳入村志,志谱相融合,实现人人进村志的突破,既是对传统文化事业的传承,又是对修志模式的创新;同时,在编修凡例上,体现出了强烈的时代特点。

一、村民与学者,联手编村志

如果把简陋的《村史记略》比作刚露出地面的春笋,那么载入史册的《白沙村志》就是一竿挺拔的翠竹。在这个成长的过程中,整件事情的关键转折点,就是老会计毛兆丰和后来成为《白沙村志》主编的方志专家毛东武的相遇。

两位志同道合的人,一个懂理论,一个重实践,他们有着共同的文化使命和担当,不怕吃苦,他们都是在事业面前不计得失舍得付出的人。在村志的编写过程中,他们相互支持优势互补,自然相互吸引,《白沙村志》能够问世,最主要的动力就是他们二人的共同付出和努力。

1983年3月,为了填报地名普查表,毛兆丰到江山县志办公室查阅资料,当时主持县志办工作的毛东武热情接待了他,这是他们的第一次相遇。接下来的两天里,在毛东武的帮助下,毛兆丰查阅了《同治江山县志》,并抄录了有关编纂地方志的文件和资料。毛东武看在眼里,便启发鼓励毛兆丰编写《白沙村志》,知识分子和农民联动编修志书的故事,正式拉开了序幕。

在《习近平书记来我家》一文中,毛兆丰说,当他告诉习近平同志《白沙村志》是在县志办负责人、方志专家毛东武先生的帮助下完成的时候,习近平同志若有所思地说:"呵,农民搜集材料,专家当主编,'土洋'一结合,村志成书了。看来知识分子与农民结合的路走得很好嘛!"[①]

知识分子与农民联动写村志,用方志理论指导修志实践,再用修志实践丰富方志理论,理论与实践相得益彰、相辅相成,农民与知识分子都是受益者,而

---

① 毛兆丰.可爱的白沙[M].南京:江苏文艺出版社,2011:14.

这个双赢的成果就是新中国第一本以村为单位单独出版的《白沙村志》。

二、农民搜资料，专家当主编

(一)搜集资料的农村会计

1. 高小毕业的老会计

毛兆丰，1944 年 3 月 19 日出生于江山市定村乡白沙村。祖籍可追溯到清漾毛氏，为江南毛氏广渡外宅派五十七世育字辈裔孙，曾担任村里的会计、出纳、副书记、村主任，1990 年接任白沙村党支部书记至 1995 年换届，是第一部《白沙村志》的发起人和副主编。他曾与人合作编印三卷《广渡外宅派毛氏房谱》。先后两次被中共江山市委评为优秀共产党员，1992 年被江山市委授予优秀党务工作者称号，1992 年 7 月衢州市档案局授予村级建档先进个人。

在毛兆丰的个人档案里，他的学历为"高小"，也就是小学毕业。看起来有点不可思议，一个小学文化程度的地地道道的山村村民，为何能孜孜以求、克服种种困难，用十年时间，编撰并公开出版了全国第一部以村为单位独立出版的村志？通过翻阅查找各类资料，似乎渐渐能够明白，这位高小毕业的老会计何以能够完成这么一件敢为天下先的文化里程碑。

志书是我国特有的文化现象，自古国有史、地有志、家有谱，共同构成中国 5000 多年历史传承的文化谱系。撰修志书，至少需要两个基本条件：一是对当地历史、地理、经济、人文、风俗等方方面面的了解和热爱；二是具备专业的修志知识和能力，也就是说，是个文化人。毛兆丰虽然终生居住在深山里，但他勤奋好学，能与时俱进，随着时代的前进不断丰富人生阅历和工作经历，在文化知识和能力方面一点点进步积累，最终使他具备上述条件。

其一，显而易见，毛兆丰对本村是了解和热爱的。从村会计开始到村支书，毛兆丰在不同的岗位上做了几十年的村务工作，对方圆 5.2 平方公里的白沙村上上下下男女老少、山川树木、道路河流、经济发展、风俗习惯，都是熟悉且充满感情的。对于 1989 年的白沙村他是这么说的："诚然，白沙村还不够富裕，也缺乏文化，但白沙村民是淳朴、勤劳、正直的农民，是有教养、有出息的农民。"[①]这是他作为村干部眼中的白沙村民，也是一位基层史官眼中的白沙村民。

---

① 浙江江山定村乡《白沙村志》编纂组.白沙村志[M].上海：学林出版社，1991：4.

其二,他坚持学习不断提升文化知识能力。那个年代,高小毕业在村子里已经算是个文化人了,所以村会计的职责也就落在了他的肩上。做乡村会计,需要计算的财务账目不算很大,但关系到每家每户每个人的生活,名目繁杂账目细小,容不得出现错误。从此,作为一个普通山民的毛兆丰,比起其他村民多了一个任务,就是写写算算,而且还因为工作需要,时常看看书读读报纸。也正是这个工作,为毛兆丰后来萌生写村志的念头打下了基础。

这个小学毕业的村会计,1979年被江山市卫生局评为先进赤脚医生。赤脚医生是中国卫生史上的一个特殊产物,即乡村中没有纳入国家编制的农村基层兼职医疗人员,一般经乡村或基层政府批准和指派的有一定医疗知识和能力的医护人员,受当地乡镇卫生院直接领导和医护指导,他们的特点是:亦农亦医,农忙时务农,农闲时行医。他们有行医的身份,常常需要赤着脚到田地里耕田种地,因此被称为赤脚医生。当时赤脚医生的来源主要由两部分:一是医学世家,二是公认有一定医护能力的自学成才者。从各方面的条件看来,毛兆丰这个赤脚医生显然属于后者,是自学成才的赤脚医生。他们白天在田间劳作,晚上挑灯自学医学知识。这两份兼职的工作,让毛兆丰培养了坚持读书思考、不断学习进步的好习惯。

2.老会计的修志情怀

《素书》中说,圣人君子"得机而动,则能成绝代之功",这意味着,个人的成就需要时代的成全,在合适的时机做合适的事情,每个时代都有自己独特的使命,并且会造就时代的英雄。能够把个人命运与时代职责相联系,勇于担当时代责任的个体,就是那个时代的英雄。毛兆丰的编志故事,就来自他所处的时代,以实际行动诠释了敢为人先,勇立潮头的浙江精神。

1980年,我国组织开展了历史上第一次全国性地名普查。地名是区别地表特征和地理环境差异的符号,它既是地理实体的标志,也是地方文化的体现。通过地名普查,可以保护和传承各地方特有的文化、历史和人文资源。这次普查的对象包括全国农村人民公社生产大队以上的行政区划和驻地名称,城市中的街巷名称,以及主要的山峰、河流、湖泊、岛屿等自然地理名称。普查的内容包括地名的来源、含义、历史变迁和地理位置等。实地调查是地名普查最主要的环节。通过实地走访、摸底调查、查阅地图资料等手段,可以获取到丰富的地名信息和相关的地理信息,确保地名普查的准确性和可靠性。这次普查基本上摸清了全国地名底数详情,获得了丰富的地名档案资料,并对所普查的地方进行了标准化处理，为我国地名工作奠定了良好的基础。全国无数个进行实地调查的地名普查员为这次地名普查的顺利开展做出了贡献，毛兆丰就是其中之一。

当时的毛兆丰正值壮年，担任白沙大队会计。他平时工作认真负责、态度严谨、一丝不苟，遇到不确定的地方，一定会查询资料求证查实，确保财务信息的准确性。而且，因为他是大队会计，又担任过赤脚医生，曾挨家挨户送医问诊，对村子里的情况最为熟悉，白沙村的地名普查任务自然落到了他的肩上。为了准确填报上级下发的地名普查表，确保国家地名普查工作有效可靠，毛兆丰着手搜集和查证村情村史的相关资料。

历史资料是文明延续和文化传承的见证，在白沙村的各种史料里，记录着在这一方水土上的人们千百年来生生不息的奋斗史，记录着白沙人千百年来历经艰辛毅然矢志不移，为了美好生活努力抗争奋勇前进的历史。历史需要薪火相传、代代守候，更需要与时俱进、勇于创新，正是这一次次地翻阅查证经历，让毛兆丰看到了他人看不到的信息，开始萌生了编写村史的念头，不知不觉间文化使命与担当悄然降临。似乎前面所有的经历，做村会计、出纳、赤脚医生、地名普查，都是为了编纂村史打基础作序章，而编修村史村志才是这位高小出身的农民真正的使命。

在2012年出版的《白沙村志》第五环"文韵"里有这么一段文字：

> 那个时候，人们或许还记得，有这么一位身背黑皮袋、年近五旬的白沙村民，常年频繁来往于白沙村与江山城之间，穿梭于市志办、文联、文化馆之中。以他对文化的热爱对事业的忠诚，硬是感动了"上帝"，请得市里的史志专家、江山市志副主编毛东武先生，为其任主编，指导村志的编纂；请得时为市文联副主席的毛持群先生为该村志摄影……他，就是白沙村的老村主任、老村会计毛兆丰。
>
> 这是文化的感召力，这是文化的凝聚力！[①]

3.听从文化使命的召唤

"吾非生而知之者，好古，敏以求之者也"[②]，孔子曾这么评价自己，说自己并不是天生就什么都懂，只是因为对圣哲先贤的学问有兴趣，一直不停学习而

① 毛东武.白沙村志[M].北京：方志出版社，2012：714-715.
② 钱穆.论语新解[M].北京：九州出版社，2011：170.

已。这句话同样适用于编修《白沙村志》的毛兆丰,他的修志情怀并不是与生俱来的,并不是他一开始就知道自己是注定要完成一项全国首创的文化事业。而是在工作和生活中一步步走来,到了某个时刻,突然意识到这件事情需要完成,而自己又恰好是那个非我不可的人,文化使命感和编修志书的情怀也就应运而生。

身处仙霞山脉腹地的白沙村,当时可以查到的村情村史材料里包含古文牍谱共有七种,分别为:《廿七都山图》手抄本一册,古契约 7 帖,以及五套较为完整的宗室谱牒,包括《笔峰叶氏宗谱》《白沙吴氏宗谱》《括昌洞悉严氏宗谱》《清漾毛氏宗谱》和《须江白沙丁氏宗谱》等,他首先需要弄清楚的是白沙村几个大姓的族谱和宗谱等谱牒。其中《廿七都山图》尽管只有 150 页,却清楚地记载了明代洪武年间包括白沙村在内的廿七都几个乡的山场面积,这对义务地名普查员毛兆丰来说,无疑是量身打造的宝贵资料,但同时也让他开始认识到文字史料的重要性,认识到史料里面有世世代代的传承。

而另外一件事情的叠加,终于让毛兆丰下决心去编写白沙村史。在那次地名普查之前,所有白沙人一直以为 400 多年前移居到白沙的叶姓人是当地最早的居民,口口相传的次数逐代累计,渐渐变为大家印象中的事实,没有人去怀疑过它的可靠性。地名普查的过程中,毛兆丰发现另外还有几个姓氏没有族谱,为了弄清楚这几个姓氏的来龙去脉,毛兆丰到江山市(当时为江山县)县志办公室查阅相关材料。在翻阅陈氏族谱时,毛兆丰发现《举川义门陈氏宗谱》中记载说,明洪武十四年(1381),陈氏先祖卜居举川,举川即今天的白沙。结合《廿七都山图》和其他资料,毛兆丰梳理出白沙村正式得名白沙距今已有 600 余年历史,而作为举川从唐宋年间就已经有人居住,也就是说,定村白沙作为人们的聚居地已有上千年的历史。这一次,毛兆丰对地方历史资料的意义和价值更加笃定,并意识到白沙村需要一本更加完整的村史。

随着地名普查工作的推进,有关单位不断向他索要白沙的各种资料和数字,迫使他把村史编写提上日程。于是,在 1982 年的时候,他整理了当时的村民各姓氏的族谱家谱,有史可查的历年白沙村集体和个人的经济收入,以及村级领导任职离职等资料,共计 2 万多字,取名为《村史记略》,为后来的《白沙村志》奠定了基础。

4.搜集资料的艰辛历程

人民是历史的创造者和书写者。《白沙村志》最大程度阐释了"人民志书人民写"的涵义。小小一册《白沙村志》，装订简陋质朴无华，但文字鲜活生动，可读性极强，似乎是山坳里刚刚绽放的兰花草，带着露珠迎着朝阳，不明艳却自有芬芳。村志能够成书的关键来自翔实客观的村志资料。参与村志编写搜集资料的，是以毛兆丰为首的白沙村民。几乎所有的白沙村民都参与了村志的搜集，是名副其实的人人写村志。他们生在白沙，长在白沙，热爱白沙；在修志的过程中，他们不计报酬，不计得失，全力以赴。

这是一件前无古人的事情，没有人告诉他们应该这么做，所依仗的是自己对脚下一方土地的热爱，所凭借的是自己不辞辛苦不厌其烦的精神。第一部《白沙村志》共计 13.8 万字，包括 11 卷内容，全面盘点了白沙村的地理、历史、经济、风俗、文化、教育、物产、人物等方面的状况，追溯乡村的历史渊源，填补文献空缺，总结乡村发展进程中的经验教训，特别是较详细地记录现当代乡村发展变化情况。可以说是功在当代、惠泽无穷。

而他们要把这许多条目的资料搜集整理出来，实非易事。为此，毛兆丰先后两次到县里参加修志大会和研讨班，接受关于搜集村志资料的培训。梳理文字资料对小学毕业的毛兆丰不是一件容易的事情，那时候白沙村经济不发达，物资匮乏到写村志连一张像样的稿纸都没有。毛兆丰就搜集别人抽过香烟扔掉的香烟外壳，一张张铺平作为稿纸，《白沙村志》的第一稿就是在香烟外壳上完成的。毛兆丰基本上每天都会熬夜到两三点钟，而且一干就是十年。为完成村志，他先后翻阅整理了来自明代《廿七都山图》、明清碑记、五种姓氏家谱、康熙《江山县志》、同治《江山县志》、20 世纪 80 年代所编的《江山县地名志》《江山县志简编》《曙光映照仙霞岭》《江山市志》，以及定村乡和白沙村所存各种表册、档案和书籍等。

最难的其实还有各种口头采访、记录和整理核对。他们根据专家指导，确定需要搜集的篇目，自己编写所需材料，对受教育程度仅有小学的农民来说，难度可想而知。每个人都在日常的一日三餐、休息劳作、节日假期的酸甜苦辣中生活着，要把自己的生活流水账般记下来是容易的，要写成日记或者小品文有感而发也不难，但志书的编纂需把日常生活抽象出典型特征，进而进行分类，然后用特定的凡例进行表达，就很难了。特别是他们的工作，还要涉及上至明代洪武年间 600 余年的历史，还要面面俱到。村民们回忆说，那些年，毛兆丰白天参与劳作，晚上在昏暗的灯光下整理搜集到的材料，在捡来的香烟壳上一笔一画编写村志初稿，几乎每个晚上都要工作到两三点。然而，凭着对家乡的热爱和与生俱来的拼搏精神，他们的工作效率是惊人的，到 1984 年底的时候,他们已经初拟成建制沿革、经济要略、文化风俗、氏族世系等 8 个篇目,搜集修志资料 5 万多字。

这时的毛兆丰已经具备了强烈文化使命和担当,但高小文化水平的他,还不足以撰修能够达到出版水准的村志,他需要有懂得编修方志的专业人士的指点与帮助,方能真正完成编修村志的使命。

(二)深入农村的方志专家

《白沙村志》的主编毛东武,人称"博善先生",曾任江山县志办工作人员,除了主编《江山市志》和《衢州市志》等志书外,还撰写了《方志编纂学》和《方志语言学》等学术专著,是一名方志学家,也就是习近平同志口中那个"走和农民结合之路"的"知识分子"。

同样,在毛东武先生身上,最凸显的特征也是情怀与担当。作为富有经验的修志专家,毛东武在第一次与毛兆丰交谈时,就敏锐地意识到,白沙村的情况更适合编写村志,尽管当时全国范围内都没有单独发行村志的先例。于是毛东武从专业的角度出发,向毛兆丰提出编制村志的建议,并得到毛兆丰的积极响应。

在毛兆丰等村民搜集材料的基础上,毛东武完善了《白沙村志》的编写凡例,按照凡例对村志进行梳理整合,给农民搜集的乡土材料披上了专业村志的外衣。如,凡例第一条:"《白沙村志》以马列主义、毛泽东思想为指导,采用志、记、传、图、表、录六体,如实记载白沙村自然、经济、政治、文化等各方面的历史和现状"。又如第八条,"度量衡除个别沿用其旧制外,一律用现代法定计量单位"。这些凡例的制定,塑造了村志的基本形态,也充分显示了毛东武的专业水准在《白沙村志》编写过程中的作用。

作为主编,毛东武对《白沙村志》的编修工作不仅于此,他不单是帮助整合文字,还根据需要反复多次到白沙村实地搜集材料。《白沙村志》中许多珍贵资料,如历史沿革、古代兵汛和民国时期的苏维埃资料,如地下党员姜正杰等在洋槽丁康兴家活动的"苏维埃东区赤卫队"的资料,就是由毛东武亲自实地考察搜集的。另外,村志记录的白沙村流传过的山歌,以及当地的民风等部分内容,也是毛东武亲自搜集编写。很多资料要"编了又改、改了又增、增了又删,要编数次"①。为此,毛东武多次进山,经常长期住在白沙村,目的是更加

---

① 毛兆丰,致博善先生.见:白沙村志[M].北京:方志出版社,2012:717.

深入理解农民们所搜集的材料里，那些用方言表达的当地特有的生活方式和生活器具，以便使村志各部分的架构更为妥帖。

为了使村志符合出版要求，时任江山县志办工作人员的毛东武出面聘请专人为《白沙村志》校对文字，又请人为村志的封面作图，请人作序，主动策划村志出版事宜，请人联系出版社等等。从最初鼓励毛兆丰写村志，到最后村志出版问世，前后整整十年时间。十年里，毛东武为其付出了太多精力和心神，所有的付出都是义务劳动，毛东武不仅分文不取，而且每次到白沙村长住搜集资料或求证，还要支付一定的生活费用给农户。白沙村人说起毛东武："他吃住在我们农家，付给我们粮钱；来往车旅费，也由他自己支出。有时还要帮我们在灶头烧火，去山上种菜，至岭下背柴。全志数次编下来，完全义务劳动，没有收我们一分钱。"

关于方志专家毛东武对白沙村的帮助，对《白沙村志》的付出，老会计毛兆丰曾写了一篇题为《致博善先生》的文章，在文章中他动容地说："没有毛老先生的呕心沥血，哪有全国第一部公开出版的《白沙村志》的诞生？""毛老先生的渊博知识、高深的文化修养，我们无法达到，我们只能敬佩。"①

上天偏爱、白沙有幸，让毛兆丰等农民遇到了毛东武这么一位精通业务、有奉献精神、高风亮节的志书专家，一位知识渊博、心怀仁善的先生，农民与知识分子相结合，各尽其能精诚合作，新中国第一部公开出版的乡村志书《白沙村志》应运而生了，成为我国乡村文化振兴的一块里程碑。

三、志谱相结合，开创新范式

因村制宜，志谱结合，人人入志是《白沙村志》在编修过程中的一个创举。"农民自己创造历史，众人写志，众人入志，众人用志，众人藏志，是神州大地的新鲜事，是农民自我觉醒的表现"②。"家之有谱，固与国之有史，州之有志并重也"，清代著名史学家邵晋涵这么定义家谱与地方志的关系③。家谱学和方志学一样，都是史学在发展过程中所产生的一个分支，都是随着史学的发展而产生和发展，因此都具备着史学的某些功能、特点和性质。如果把地方志看作是一个地方的历史和百科全书的话，家谱就是一个家族或宗族繁衍、传承、发

①　毛东武.白沙村[M].北京:方志出版社,2012:718.

②　诸葛计.序.见白沙村志[M].北京:方志出版社,2012:序5.

③　[清]邵晋涵.南江文钞:卷六《余姚史氏宗谱序》[M].影印本.上海:上海古籍出版社,1995.

展的历史。著名史学评论家、方志学奠基人章学诚定义家谱与地方志时说："传状志述,一人之史也;家乘谱牒,一家之史也;部府县志,一国之史也;综纪一朝,天下之史也。"[①]地方志和家谱都属于历史资料,但他们各自成书,属于史学的不同分支。

第二部《白沙村志》在"世系"一环里,列有"姓氏族派"和"户籍与户主身世"两节内容,让白沙村民人人都能够在村志中找到自己的名字,并通过了解本族姓氏的由来、始迁之祖何时从何地迁来等信息,明白自己来龙去脉,知道自己在整个中华民族发展历程中的历史定位。比如,在"白沙自然村姓氏族派"一节中,依次追述了陈、周、叶、吴、毛、郑、丁、周、金、王和刘几个姓氏的渊源。其中周、吴和郑氏都是轩辕黄帝的后裔,陈为舜帝后裔,叶为颛顼帝后裔等等。族谱中的这些信息让白沙村民乃至每一个读到此处的中国人,都能深深领会到华夏民族和炎黄子孙这两个词的含义,这对于白沙村民来说是重要的情感力量,让白沙村民从中寻找到人与人之间血脉相连的亲情、族情和乡情,从而心有所归、情有所栖,凝聚起团结一致努力奋斗的磅礴力量。《白沙村志》的"姓氏族派"部分还记载着某族派祖先或户主曾做过哪些善事,以及家族的某些优良传统,能够激发后世子孙的自豪感,并鞭策激励后人效仿祖先的嘉言懿行,从而更好地发挥村志传承文化和家谱教化育人的作用。

四、传承并创新,汇聚新力量

华夏五千年文明是传承与创新的融合,传承是文明得以延续发展的基础和保障,创新是文明持续向前发展的动力。《白沙村志》的编纂和续写本身是对中华优秀传统文化的传承,同时在编修主体和编修凡例等方面,体现出了独特的创新精神。

首先,《白沙村志》由村民自行发起,彰显村民的文化自觉。与一般地方志的编写由地方组织专门人员编修不同,《白沙村志》的编纂由普通村民发起,村民在正常的务农之余,自行搜集材料进行编纂。地方志编写,甚至村志编写古已有之,但由一个文化程度不高的村民自行发起进行编修,白沙村是有史以来第一个,充分体现了村民的文化自觉。其次,《白沙村志》突出时代特点,创新编写凡例。凡例,即前人所说的"发凡起例",是对志书编纂体例的统一规定和

①　(清)章学诚.文史通义[M].上海:上海古籍出版社,2015:570.

简要说明。"发凡"指志书的宗旨、大纲概况；"起例"是指志书的结构、格局、版式等，因皆与体例有关，故而凡例也就从体例的角度对志书进行规定和说明。刘知几在《史通·序例》中说："夫史之有例，犹国之有法。国无法，则上下靡定；史无例，则是非莫准。"他把史例比作国法，可见凡例在史书中的重要地位。志书中的凡例与史书中的凡例具有同等重要的地位，它们都是统领全书体例的准则。尽管时代性是地方志的一个特点，但从凡例入手进行创新的地方志并不多见。《白沙村志》采用五环体、节、目取代传统地方志的类目、分目、条目，亦是绝无仅有。其原因是 2008 年第二部村志启动时，适逢第 28 届奥运会在北京召开，五环旗在神州大地飘扬，故取其环环相扣、环环相依之意，为村志编目。如今时过境迁，断不会再有这样的时代特点出现，也不会再有五环体的志书问世。最后，《白沙村志》持续编修 40 年，与时偕行持续编修，记录白沙村人奋进路上好风光，是白沙村人的又一创举，体现了白沙人干在实处久久为功的白沙精神。

第四节 干群携手：凝心共筑村志梦

"众人拾柴火焰高"，《白沙村志》的编修固然有主要执笔人员的艰辛付出，也离不开各级政府在政策、人力、物力等资源的强力支持，离不开全体村民众志成城的鼎力相助。村两委和全体村民，参与了整个村志的材料搜集、志书编写和出版发行的过程。一部《白沙村志》就是一部白沙村乃至江山市干群一心、携手并进的共同筑梦历程。

一、党建引领，白沙修志有保障

一部《白沙村志》，十年辛苦磨砺，这十年中为村志不辞辛劳奋斗的，不止是专家主编毛东武，也不只是农民副主编毛兆丰，还有各级政府和基层党组织，他们是两位村志执笔者背后的强大后盾和底气。白沙村的故事，很好地阐释了人民志书人民写，人民政府为人民。

第一是来自白沙村党支部的支持。1983 年 3 月，毛兆丰到江山县志办查阅乡情资料，在那里第一次和毛东武相遇，并在毛东武的启发和鼓励下，开始萌生编写村志的念头。他从江山回到村子里后，没有回家而是直接去了村委会，向村党支部汇报此事，当即得到党支部的大力支持。随后，村两委研究决定,村志编修由当时任村党支部书记的丁康温为村志编写小组负责人,毛兆丰为执笔人,另外安排时任村委成员的邱法宝和另外三名党员吴木根、吴钻根、丁江泽共四人共同协助毛兆丰搜集资料。天时地利人和俱全,编纂小组仅仅用了一年时间,就完成了5万多字的修志资料。

第二是来自江山县县志编纂委员会办公室的支持和帮助。当时江山县志办是村志编写的直接业务领导,对白沙村的帮助不单单是派出了一位专家主编,江山县志编纂委员会和江山县志办公室直接把支持白沙村编修村志列入了工作日程,根据村志编写的进展需要,不断提供各种人力、技术、财力和政策支持。

当毛兆丰等几位农民以饱满的热情,用一年时间就完成5万多字的修志资料后,他们不知道下一步该做什么,一腔热情无处安放。这时候,县志办安排毛东武和毛永国到白沙村手把手指导村民进行村志编写,并且还先后两次邀请毛兆丰参加县里的修志大会和研讨班,提升毛兆丰的修志水准和能力。同时,县志办还多次具体指导如何搜集村志材料并进行初步整合。可以说,江山市县志办的支持和帮助,是《白沙村志》得以最终公开出版发行的关键因素。

第三是来自江山县(现江山市)及凤林镇党委和政府的支持与帮助。在县政府和镇政府的直接领导和培养下,长期以来白沙村两委始终是白沙村名副其实的核心和主心骨,白沙村基层党组织是村民致富的带头人和领路人,说实话干实事,《白沙村志》从最初到最后,都来自白沙村两委的全力支持,而毛兆丰本人后来也当选为村党支部书记。同时,在村志编修的各关键节点,县镇两级政府都做出人员安排,为《白沙村志》的顺利进行保驾护航。前峡口区委书记徐祥松、邵作彬多次过问村志编写工作,并亲自到白沙村进行指导。定村乡党委书记祝洪福、副书记陈水根、乡长诸仕忠、党委委员王直法、黄文达等,从资料提供到具体安排等多次给予关心指导。在村志定稿阶段,由江山市人大常委会副主任郑立墦、江山市政协副主席朱德田参加编审;在交付出版前夕,聘请专家为《白沙村志》校对文字;面临出版问题,帮助联系上海的出版社等等,这些都是村民们自己不可能完成的事情。

二、干群一心,共克时艰显真情

村志使我们"前有所稽,后有所鉴",和所有史书一样,村志具有"存史、资政、育人"的功能,是乡村文化的载体和物证。乡村文化是一条来自祖先而又流向后世子孙的河流，通过纵向传承和横向传递，生生不息地影响和引领着人们的生存与发展；乡村文化又是村民千百年来代代相传的智慧、信仰、情感和生活方式与方法。习近平总书记在为"浙江文化研究工程成果文库"作的总序中说："文化为群体生活提供范式、方式与环境，文化通过传承为社会进步发挥基础作用，文化会促进或制约经济乃至整个社会的发展。"①修史编志是功在当代利在千秋的事业，但其任务艰巨繁重，工作细碎繁杂，即便是编修一本小小的村志，也绝非一个人可以完成。

十年磨一"志"，《白沙村志》从毛兆丰动手编写村史开始，到正式交付出版，整整用了十年时间，这十年期间，村志牵动着白沙村所有村民的心，牵动着所有关心白沙村发展的人们的心。为了村志的顺利完成，他们各自在自己的能力范围内出人、出钱、出力、出谋、出计、出策、出面，十年如一日，克服重重困难，最终完成了这本在乡村振兴战略计划中具有里程碑意义的《白沙村志》。可以说，《白沙村志》是所有白沙人的劳动成果，也是所有关心白沙发展和关心村志工作的人的心血结晶。

人间最美夕阳红。白沙村的广大村民和干部，为《白沙村志》材料搜集提供了大量协助工作。84 岁的丁康裕是当时唯一健在的"浙东苏维埃东区赤卫队"联络员，他不仅积极提供相关资料，还主动参与资料核实工作。村子里其他年长的，或者相对有文化的人，也积极帮助调查核实各种资料，不厌其烦地支持村志的编写工作。

最是故园桑梓地，一花一叶总关情。对于远离故土的人来说，家乡的任何变迁，都深深牵动着他们的心，总希望找机会为家乡的繁荣兴旺做点贡献。当时白沙村在外地工作的人，听闻此事后，也都积极响应，如丁江泽、吴利庆、毛兆成等人，他们也各尽其力从不同方面不同领域对村志编写出版贡献力量。

除了这些直接或间接相关的人为《白沙村志》出人出力之外，还有一些来自其他领域的人单纯被这项事业吸引，而无偿提供帮助和支持。上海古籍出版社学术委员会副主任、编审汪贤度，为《白沙村志》作序，并安排出版事宜；中国书法家协会浙江分会主席、浙江省文史研究馆馆长、著名书法家郭仲选为《白沙村志》题名；中国书法家协会会员、江山市书法家协会名誉主席徐育才为村志绘图《白沙村居图》作封面；《江山市志》编写员、江山市职业学校教师汪麟

① 习近平.干在实处，走在前列：推进浙江新发展的思考与实践［M］.北京：中共中央党校出版社，2006：295.

德为村志校正文字。他们受命于政府，或受邀于友人，但都是因为村志事业本身的意义和价值，而甘愿为其助力。

三、经费众筹，白沙村志终成书

俗话说，一分钱难倒英雄汉，在经济欠发达、物质不富裕的年代，很多事情都卡在经费问题上。《白沙村志》自然也要面对特定时代中的窘迫，十年时间过去了，无数人的艰辛努力付出了，全书文字定稿了，出版社联系好了，但经费怎么解决？人们现在经常说，能够用钱解决的问题都不是问题，但问题是没钱。1991 年出版的《白沙村志》，出版经费总计 8000 元，在当时对于白沙村人来说，是个巨大的数目。

"货恶其弃于地也，不必藏于己；力恶其不出于身也，不必为己。"《礼记·大同篇》里的这句话意思描述的是，在大同社会，人们对待财物和劳动付出的态度。每个人都会爱护公共财物，不会想着把财物据为己有；而对于劳动付出，则一定是尽力而为，是那种"功成不必在我，功成必定有我"的态度。这样的态度，在《白沙村志》的经费筹集阶段出现了。如果说能做到有钱的出钱，有力的出力就已经是人尽其能、团结合作的良好生态，那么这世界上还有另外一种更为动人的生态，就是在共同的目标面前，没钱的人不惜自己节衣缩食也要出钱，没力气的通过不懈训练也要为之努力奋斗。能够让人们心甘情愿自发或者自觉去这么做的，一定是事情本身的价值和意义在吸引。村志属于地方志的一种，是中华文化的独特载体，在存史、育人和资政方面有独特的价值和意义，编写村志是值得全体白沙村人为之努力的共同目标。

为了村志的顺利出版，白沙村人尽了全力。第一部《白沙村志》记载的历史截至 1989 年，当年白沙村人均年收入为 447 元，而村志的出版经费为 8000元，相当于一个人 18 年不吃不喝的全部可支配收入，或者 18 个人一年的收入总和，对于当时的白沙人来说，这是笔巨款。面对沉重的经济压力，白沙村民没有退缩，各级政府没有退缩，只要是大家认可的有意义的事情，就值得为之付出。

第一部《白沙村志》出版经费的第一笔钱为 1870 元，来自 76 位村民和干部的众筹集资，每人平均 24 元，占当年白沙村人年平均收入的 18%。其中有8 人筹款 50 元，8 人筹款 30 元，6 人筹款 25 元，49 人筹款 20 元，5 人筹款 10元。特别是最后这 5 位仅仅能拿出 10 元钱的农民，他们的经济之窘迫、心意之诚恳，全都跃然纸上，令人为之动容。这世上没有无缘无故的爱，他们愿意付出，是因为他们对这份事业的深情和热爱。

出版经费的第二笔钱为 2000 元，来自江山市政府。

出版经费的第三笔钱为 4130 元，来自白沙村集体。

"白手起家，沙聚成塔"，白沙村人从来就相信团结起来力量大，他们是这么认为的，他们做到了。

第一部《白沙村志》（戴永芬提供）

本章小结

本章主要记述了白沙村编撰村志的历程。从梳理白沙村 40 年持续编撰完成三部《白沙村志》的时间线开始，介绍了白沙村人久久为功，持续奋斗、干在实处的精神。然后具体介绍村志的编撰过程，村志的成功编修离不开白沙村党委的大力支持，更离不开全体村民的众志成城。《白沙村志》的"人人修志，人人入志"对于中华优秀传统文化是传承更是创新。

第三章　小村有大"志"：新村志引领下的白沙"大变化"

"志之所趋，无远弗届，穷山距海，不能限也"。白沙村以村志为"魂"，牢记总书记"把大变化写进新村志"的殷殷嘱托，白手起家，内外兼修，一方面发扬坚韧不拔的奋斗精神，开拓创新敢为人先，走出了一条广阔的致富之路。另一方面白沙村在村志文化的引领下，不断改善乡风民俗，提升社会治理水平。在新村志的引领下，白沙村走出了一条华丽的蜕变之路。

第一节　村志中的白沙古村

一、自然地理的山川风貌

移民搬迁前的白沙古村，又称为定村乡白沙村，包括白沙和洋槽两个自然村，位于浙江省江山市南部 70 公里的仙霞山脉深处的廿七都，是偏僻的深山区，隶属江山市峡口区定村乡，向东与浙江省丽水市遂昌县接壤，向南与福建省浦城县相邻，占地约 5.2 平方公里。白沙村三面环山，包括五个山系，即洪门山、九际岭山、高路山、船头山、上下尖坑山和洋槽洋山，山地面积占全村总面积的 88.18％，全村最低处海拔 330 米，最高处海拔 1018 米，平均海拔 700～900 米。全年气温 16.2℃，为亚热带湿润季风气候。

白沙村境内有两条溪流穿村而过，形成一个三角形冲击地带和一个狭长的溪谷地带，面积为 340 亩，占全村总面积的 4％。这两条溪流一条叫定村溪，溪水晶莹清澈年不断，是村子半数水田的灌溉水源，也是村子里竹木柴炭等自然物产主要的外运水道。定村溪段属于钱塘江源头之一，溪内有石斑鱼、白条鱼和石落托等 30 多种野生鱼。另外一条溪流名为桂林溪，发源于白沙村的插花山鸡公石山，全长 5 公里，长年水量丰沛，全村 40％的水田靠桂林溪灌溉。

值得一提的是，除了两条溪流，《白沙村志》还记载了一处名为石尖潭的水系。石尖潭位于高路山脚白沙自然村和洋槽自然村的正中间，长约百余米，宽为 60 余米，潭尾有大湾。两块天然巨石坐落于石尖潭中，一块常年浸没在深潭之中，仅露出一小小的石尖，下方有个几十平方米大的石岩洞，内有各种鱼类怡然游乐；另外一块巨石则高出水面 30 余米，一面下部与山体相连，其余壁如刀削，上无杂草生长。巨石顶端有分层，远看形似头部，称为石尖，石尖潭由此得名。今日白沙村口的石头，便是仿造原石尖潭石而造，是白沙村的标志石。

二、历史沿革的时光印记

《白沙村志》为白沙村保留了完整的历史。

首先，就白沙村的建制沿革来说，根据村志记载，定村乡白沙村有 900 多年的人居史和 600 多年的建村史。原定村乡白沙村所在地在唐朝时期就有人聚集居住，当时称为举川，隶属须江（江山）县江山乡三公里。

明朝洪武年间（1368—1398），改举川为白沙，隶属江山乡廿七都。明代行政建制在都以下编图，白沙属于廿七都一图。

清顺治年间（1644—1660）设为浙闽枫林营白沙汛。宣统二年（1910），江山设 23 个自治乡，白沙属峡口自治乡。

民国二十三年（1934），改保、甲制，白沙属于第二指导区廿七都乡七保；1949 年，江山解放，白沙村改属峡口区廿七都乡定村村。1950 年 5 月，改属峡口区定村乡。1961 年 7 月，因改制原因，白沙被设为峡口区定村人民公社白沙生产大队。1983 年 6 月，由于政社分设，白沙大队改为峡口区定村乡白沙村。2002 年，因浙江省建造白水坑水库，定村乡白沙村整村易地搬迁到凤林镇。

其次，关于白沙村的人口发展概况。白沙村有文字记载的人群居住历史，可以追溯到明代洪武年间，当时白沙村境内居住有陈、徐、蒋、周、王、黄、郑、柴、程等 9 个姓氏共 26 户，90 余人。这是白沙村最早关于人口发展的记载。

三百年后的清代康熙二十八年(1689),全村共有 38 户人家,共 150 余人。到了民国二十三年(1934),白沙村有 60 户人家,共 250 人。

新中国成立以后,从 1949 年到 1989 年的 40 年间,人口增长 2.25 倍,1949 年 12 月 31 日的 66 户,288 人,增长到 1989 年 12 月 31 日的 190 户,共 650 人。

根据 1982 年第三次全国人口普查,白沙村民受教育程度最高的为高中文化程度,占全村人口的 3.34%;具有初中文化程度的村民占 20.87%;具有小学文化程度的人最多,占 45.58%;没接受过教育的村民占 30.22%。当时的白沙村民过着典型的浙西山民生活,从事农业、林业和牧业的村民占全村人口的 67.09%。另外的村民分散在各种农副产业中从事体力或者手工艺劳动。

三、社会经济的发展轨迹

根据第一部和第二部《白沙村志》中记录的白沙社会经济发展状况,可以看出,白沙村是经济发展模式非常具有代表性的浙江省西部山村,特别表现在交通运输业的发展变革和村庄产业发展等方面。

首先,和众多浙西山村一样,交通运输是村民首要面对的问题,交通方式的发展变革是生产力发展和社会进步的直接反映。俗话说"要想富,先修路",白沙村交通运输业的发展为这句话提供了注脚。明清时期由于交通不便,白沙村的货运主要依靠肩挑运输。肩挑是一件十分艰苦的劳动,从业者每担挑 50 公斤,每天走 20 公里甚至更多的路程。这样的运输方式一直到 1980 年公路开通后才减少。和肩挑不同,肩驮一般见于短途的劳动,"短途的肩驮柴火、树木,不仅过去不能少,就是交通工具较为发达的现时,也常需要。"[1]1989 年前,白沙村山地、大田的生产劳动,肩驮运输量约占运输总量的一半。

民国初期,木排运输开始兴盛,主要运输木柴、木炭和竹木器具等。新中国成立前白沙村有放排工 20 人,60 年代增加到 150 余人。木排放运一般在春夏盛水季,遇到陡滩或风雨,非常危险。1984 年 7 月 1 日,峡口到双溪口公路正式通车,真正改变了白沙村的运输方式,放排业才逐渐停止。

20 世纪 80 年代,由于公路建设和木材市场开放的双重因素影响,白沙村拖拉机运输进入迅速发展阶段,到 2002 年移民搬迁前夕,全村共有 8 台中型

---

① 浙江江山定村乡《白沙村志》编纂组.白沙村志[M].上海:学林出版社,1991:64.

方向盘拖拉机，每年每台拖拉机纯收入在 5 万元上下。同时发展起来的还有汽车运输业，一部分村民开始变得富裕起来。

其次，白沙村的产业经济发展。旧时的白沙村，粮食作物主要是单季晚稻，也包括玉米和洋芋。1949 年人均粮食为 163.78 公斤，到 1989 年，人均占有粮食 413 公斤。除了农业外，白沙村民还从事养鱼、养蜂和狩猎等劳动。

定村乡白沙村深处仙霞山脉深处，树木繁盛，林业资源丰富，主要有杉木、松木、杂木和毛竹。1989 年，全村有山地面积 7807.5 亩，其中林业用地 6870 亩。丰富的林业资源成为白沙村产业发展的基础，早期白沙村以出售木材原材料为主，自 20 世纪 70 年代，开始有木材机械加工；1993 年白沙村办起了村集体锯板厂，进行木材粗加工。1995 年郑日福开办个体锯板厂。尽管当时木材加工水平不够，但由于从业人数多，为白沙村培养造就了一批优秀的创业办厂和木材加工的技术工人。2002 年，搬迁到凤林镇的白沙村，在村两委的领导下，运用在山区办厂的木材经营加工积累的经验，把木材加工列为本村发展经济的重点项目。

20 世纪初传统木材加工产业（戴永芬提供）

除木材加工之外，白沙村的产业还包括编制加工、粮食加工、茶叶加工、油料加工、石材加工和来料加工等多种产业形式。

第二节　牢记嘱托、奋力前行

一、一声亲切的鼓励，坚定修志心愿

2004 年 10 月 10 日，时任浙江省委书记习近平在白沙村走访了 3 户农家，其中一户就是毛兆丰家。习近平同志在毛兆丰家待的时间最长，参观了毛兆丰的书房、翻看了他执笔编写的第一部《白沙村志》，并留下殷殷嘱托，让他继续努力，把新村志写出来，把村子搬迁的"大变化"写进新村志里去！

接下来的日子里，白沙村作为"千万工程"的示范村，在全面建成小康社会和推进新农村建设中，干群一心、众志成城、如火如荼地发展着，村容村貌日新月异，经济建设不断实现新突破，白沙村发生了翻天覆地的大变化。白沙村和毛兆丰没有辜负习近平总书记的殷殷嘱托，他们写出了新村志，并于 2012 年出版了第二部《白沙村志》，不仅把村子搬迁的大变化写进了新村志，也把村子建设的大变化写进了新村志。在这部《白沙村志》中，收录了毛兆丰的一篇文章，文中他以第一人称回忆习近平同志走访他家，与他亲切交谈的场景，题为"习近平书记来我家"：

> 2004 年 10 月 10 日，这是一个不同寻常的日子，更是我终生难忘的一天。记得那是寒露节气的第三天，农历八月廿七日，也正是我们白沙人告别大山，来到平野的第二个年头。
>
> 这天，天空碧蓝，凉风阵阵，村头巷尾杜英、卷柏交叉成行，黄杨、麦冬翠绿铺地，木槿花馨香扑鼻，鸡冠花鲜红夺目，气候分外令人精清神爽。几只蜜蜂，在花坛中飞来飞去，不时停下来采蜜，不时又嗡嗡嗡飞开去。清晨，干了四十年村工作、三十年信用站业务的我，先打扫房间卫生，拖净客厅地面，然后从书橱中拿出了《衢州市志》《江山市志》《清湖镇志》《白沙村志》，一起放到桌上，摊开稿纸，按多年养成的习惯，刚想写点什么。这时候，本村原党支部书记吴钻强领着一群客人欣然走进了我家，指着一位健实魁梧又面带微笑的领头人，向我介绍："这位是省里来的习书记，看你来了！"我连忙说："啊！难得！难得！欢迎！欢迎！"

正当我伸手我握住习书记温暖大手时,他也看到桌子上摆放着书,当即踏进房间,边走边说:"农民家里,也有这么雅致清静的书房,不错嘛!"一句风趣的玩笑话,引得陪同来的衢州市委书记厉志海、江山市委书记吴雪桦哈哈大笑,而且使我心中原有的陌生敬畏之情立即平静了下来。他走到我桌边,当即拿起薄薄的小册子《白沙村志》就翻看了起来,当看到"……由一个只有小学文化程度的农村会计磨砺十年"一句时,问:"这本白沙村志是你写的?"我说:"我只是负责收集第一手资料,主要还是毛主编一手操办而成的。"

他又问:"毛主编是哪里人? 你怎么认识他的?"我答:"我是1982年冬看了《江山报》登载的江山县志办成立的消息,1983年3月去县志办拜访时认识毛东武先生的。"

"你怎么想起撰写白沙村志的?"

"毛先生当时是县志办负责人,是毛先生给我看了上级文件,看了《同治江山县志》,是他鼓励我撰写《白沙村志》的。这十年我花了不知多少心血,但若没有他,哪有这册《白沙村志》的出版问世。毛先生后来是县志办副主任,现在已是修志专家了。"这时,他自言自语地说:"呵,农民收集材料,专家当主编,土洋一结合,村志成书了。看来,这个毛先生不错嘛,知识分子与农民结合的路走得很好嘛!"

当他看到大事记中"唐宋时期称举川"时,又问:"这个举川地名你怎么知道的?"我答:"是江山市志办的一位先生告诉我的,他当时负责《江山市志》的氏族章节,是他从叶家洋陈氏宗谱里看到的。"

"你们白沙人已从高山迁移到平野,现在感到好吗?""好! 交通方便了,消息灵通了,当然好,特别是市里把我们村庄规划搞得这么好,把过去散乱无章的小山村,变成长宽各有三百米纵横交错的大村庄,真是意想不到的大变化哪!"

"你现在还有什么想法?"毛兆丰答:"讲句良心话,现在的社会主义制度好,下乡脱贫政策好,各级党政领导执行得好,没有这三条,我们白沙人是达不到这么大变化的。"

"呵,政策好,还要执行得好!"他又问我,你讲讲看,修村志有什么作用? 我答:"几千年来,国有史,家有谱,但是解放后近六十年了,没人修谱了,将来,农村中唯一的家谱也没有了,子孙后代想考证也无从下手了。再说,家谱毕竟是一家一族的文化,而村志则不同,它能反映全村政治、经济、文化的历史面貌，又有与全体村民休戚相关的好人好事记载，最起码的存史作用是很大的啊。"

此时，有三五只蜜蜂从门口桂花树上飞起，越窗进入我的书房，我怕蜜蜂蜇痛了几位尊贵的客人，连忙驱赶，江山市委书记吴雪桦很快拦住我说："不要赶它嘛，蜜蜂虽小，却是传花粉采花酿蜜造福于人的益虫呢。"衢州市委书记厉志海接着说："蜜蜂能进俺村俺家，说明花香草绿的环境吸引了它们，等几年后这些花草树木长大了，更能吸引众多益鸟益虫来此歌舞飞翔呢！"这时，有一只蜜蜂还落在习书记翻开的书页上，好像在仔细倾听在座人们的评说。习书记看着这只蜜蜂意味深长地说："一只小小蜜蜂，也知道选择适居环境，也能造福于人，而我们这些能制造工具并使用工具进行劳动的所谓高等动物的人类，更应努力创造美好环境，为造福人类作出贡献嘛！"

习书记转过身，抬起头，面带笑容地对我说："你应该把白沙村志写下去啊！"我说："想是这么想，可我只有小学文化，心有余而力不足啊！更何况，前次出版白沙村志，因为村里穷，出版经费也是市里补了二千元才对付过去的。毛先生帮我当主编，那时外出兼职都要收钱，可他一分钱也没得到，这样的好人现在到哪里请得到啊？"

"这个不要紧嘛！如果搜集资料有困难可组织个写作班子嘛！还可聘请专人帮助写嘛！就像我们省里讲的，下乡脱贫要跟千村示范、万村整治结合起来，跟建设、跟五大百亿工程结合起来……"

正说得起劲，这时，一个领导走到习书记身旁轻轻告诉他："您在这里已耽搁了好长时间，还要到村里召开座谈会，上午还要去天蓬公司呢！"他当即放下书本，站起来，握着我的手鼓励说："你们白沙人做得不错嘛，你还要努力啊，把这些大变化写进新村志里去。"

这时，我感动得不知说什么好，只会说："是，是，是！"当他走到门口时对旁人说：想不到这个小山村还有这么一个土秀才！

他走后，书记的话音一直在我的脑海里作响。待我意识到应送他出村而赶到村部门口时，他刚要上车准备离开白沙。当他回头看到我时，就大步走过来握着我的手说："希望你继续努力，发挥一切力量，把白沙新村志写出来！"当时我愣在原地，目送车子驶出三百多米远的村口……真想不到，一个日理万机的省委书记，还这么关心《白沙村志》啊！

这时，几只蜜蜂又在我的头顶飞旋。[1]

（文稿来自《白沙村志》）

二、一句殷殷的嘱托，开创致富门路

郑日福是中国共产党白沙村总支部书记，他自 2003 年 1 月至 2005 年 1 月任白沙村村民委员会主任，2005 年 2 月开始任白沙村支部书记至今（2017 年 4 月至 2020 年 11 月白沙村支部书记由吴江明担任。2018 年 7 月，白沙村党支部改称白沙村党总支），同时任白沙村木材加工企业郎峰木业的董事长。作为土生土长的白沙村民，郑日福亲身经历了白沙村为修建白水坑水库顾全大局搬迁出大山，在新的土地上白手起家、砥砺前行的全部过程。特别是自"千万工程"实施以来，白沙村在村两委的带领下，干在实处，走在前列，全体白沙村民齐心协力众志成城，在振兴乡村、共同致富的征途上，不断书写新篇章。郑日福每每提起，都难免动容，认为这是白沙村发展历程中值得骄傲的岁月。

当郑日福回忆 2004 年 10 月 10 日，时任中共浙江省委书记的习近平同志来到白沙村，走访农家、体察民情时，饱含深情地说：十多年来，习近平总书记语重心长的话语，我们一直铭记在心；总书记的亲切关怀和殷切期望，鼓舞与激励着我们不忘初心、砥砺前行，在创业征途迈大步，在共富路上谱新篇。他时常谈起习近平总书记当年走访白沙村的情景。在《干在实处 勇立潮头：习近平浙江足迹》一书中，如是记述：

毛兆丰是衢州江山市白沙村的老会计，与数字打了一辈子交道，赋闲在家后，文字成了他的新爱好。

2004 年 10 月 10 日，寒露过后的第二天。

清晨，他同往常一样，从书橱中拿出《衢州市志》《江山市志》《清湖镇志》《白沙村志》，一起放到桌上，摊开稿纸，刚想写点什么，门外传来一阵喧闹声。

有客人来了！

"这位是省里来的习书记，来看看你！"村支书吴钻强领着一群人进了门。

"农民家里，也有这么雅致清静的书房，不错嘛！"看到书橱里摆

---

[1] 毛东武.白沙村志[M].北京：方志出版社，2012：696-699.

了那么多书，习近平笑着说。

风趣的话，引得大家哈哈大笑，也使拘谨的毛兆丰立即放松下来。

桌上薄薄的小册子《白沙村志》，引起习近平的注意，当看到"由一个只具有小学文化程度的农村会计磨砺十年而成……"这句时，他问："这本《白沙村志》是你写的？"

"我和另外几位村民负责搜集第一手资料，市史志办的毛东武当主编。"

白沙村是个高山移民村，曾隶属廿七都深山区。握了一辈子锄头、土生土长的村民们，对村落文化尤其是地方志情有独钟，1991年，在毛兆丰等人的带领下，修成首部《白沙村志》。

"呵，农民搜集材料，专家当主编，'土洋'一结合，村志成书了。看来，知识分子与农民结合的路走得很好嘛！你讲讲看，修村志有什么作用？"

"几千年来，国有史，家有谱。不过，家谱毕竟是一家一族的文化，而村志则不同，它能反映全村政治、经济、文化的历史面貌，又有与全体村民休戚相关的人和事的记载，最起码的存史作用是很大的啊！"

"你们白沙人做得不错嘛，你还要努力啊，把村里搬迁的大变化写进新村志里去！"

白沙村没有辜负这番期望，截至2020年，村里已经完成第三部村志的编纂工作，《白沙村志》成为浙江唯一一部成功入选"中国名村志"丛书的村志。①

三、一个有"志"的村子，踔厉奋发前行

白沙村牢记习近平总书记的殷殷嘱托，为了美好的未来，奋进不止。位居钱江源，敢为天下先。三衢大地是钱塘江的发源地，也是浙江精神的孕育地。白沙村依山傍水，是浙江基层农村的典型代表，也充分体现着世代相传的浙江

---

① 本书编写组.干在实处　勇立潮头:习近平浙江足迹[M].杭州:浙江人民出版社;北京:人民出版社,2022:371-372.

百尺竿头更进一步（郑良成提供）

精神：干在实处，走在前列，勇立潮头。白沙村是一个有"志"的村子，这个"志"是白沙村的村志，更是白沙村的持续不断努力奋进，百尺竿头更进一步的志气。

旧时的白沙村地处仙霞山脉廿七都深山区，穿村而过的江山港定村溪和桂林溪为钱塘江上游。白沙村民世世代代生活在这里靠务农为生计，却对修史立传、舞文弄墨情有独钟。"白沙人数百年来，虽过着'枯叶野菜半年粮'的艰苦生活，但只要手头宽裕一点，就拼命积攒资财，一有机会就请人进山，帮助寻根问祖，编修家谱。"①由白沙村民自发编写、村民自筹经费出版的《白沙村志》是新中国成立以来，全国第一部以村为单位单独修编的志书，也是全国第一部公开出版的村志。

村志，以某一个行政村或自然村为记述范围的志书，作为典型志种之一，是中国方志大家庭的重要组成成员。村志传承乡村历史文明、记录乡土文化、留存乡村文化根脉，被称为"一村之全录""一方之百科全书"，具有其他志书不可替代的功能。国务院于 2018 年和 2022 年先后两次把地方志纳入国家战略

---

① 毛东武. 白沙村志［M］. 北京：方志出版社，2012：611.

部署,"鼓励乡村史志编修"①,"加强农耕文化保护传承,支持建设村史馆,修编村史、村志,开展村情教育"②。《白沙村志》于1991年完成出版,比起国家鼓励乡村编修志书早了27年,完全是农民自发的文化实践,内容涵盖了白沙村之自然、历史、人文、经济、民俗等诸多方面,述往思来,为后世子孙保留一缕独有的乡愁和记忆,是浙江唯一一部成功入选"中国名村志"丛书的村志。

如今,走进国家方志馆,首先映入眼帘的是一幅具有特殊意义的照片,那是2004年10月10日,习近平同志到浙江省江山市凤林镇白沙村考察,在老会计毛兆丰家里认真阅读第一部《白沙村志》时留下的珍贵影像。

白沙有"志",志在人先,勇往直前。白沙人有"志",志在全域共富,携手并进,共创美好生活!

第三节 白沙村的美丽蜕变

从2004年时任浙江省委书记的习近平同志到白沙村调研指导时提出的,希望白沙村"百尺竿头、更进一步"。多年以来,白沙村的村民始终牢记总书记的殷殷嘱托,走上了全民共富、全面共富、共建共富、逐步共富的追梦路,实现了建村时"儿童不留守、夫妻不分居、老人不空巢"的乡村振兴小康愿景。

如今的白沙村是全省乃至全国的明星村,获得了全国文明村、全国民主法治示范村、全国生态示范村、国家森林乡村、浙江省全面小康建设示范村、浙江省国防教育基地、浙江省军民共建文化示范村、浙江省群众体育先进单位、省级3A级景区村、浙江省"百村争鸣"示范村等100多项荣誉称号。

一、白沙村是产业带富先行村

移民之初,白沙村即从划拨的旱地中提留80亩作为村民创业用地,建立"蛤蟆垄"小微工业园区,现有企业16家,年产值达3.5亿元。2014年,白沙

---

① 中共中央、国务院印发 国家乡村振兴战略规划(2028—2022)[EB/OL]. (2018-9-26) [2024-03-15]. https://www.gov.cn/zhengce/2018-09/26/content_5325534.htm? eqid=e5a230d7000017d20000000 6645ccce.

② 中共中央办公厅 国务院办公厅印发"十四五"文化发展规划[EB/OL]. (2022-8-16)[2024-03-20]. https://www.gov.cn/zhengce/2022-08/16/content_5705612.htm? eqid=90751b7d000b73430000000 66492596.

村引进恒昇生态农业公司，投资建设食用菌工厂化栽培示范基地，每年为村集体经济增收 25 万元。2019 年，白沙村投资建设物业经济性用房，每年为村集体经济增收近 20 万元。2020 年，白沙村引进经营主体，建成军扬凤林国防体育实训基地，单日游客最高量近千人，实现了"老人不空巢、夫妻不分居、儿童不留守"。

（一）"小菌菇"撑起白沙致富"伞"

白沙村移民后，村两委因地制宜，把白菇种植业作为本村发展经济的重点项目之一。2003 年，先后二次组织队长以上骨干和有关户主到长台、江郎等地参观学习。江山市人大常委会副主任、市白菇产业领导小组组长王笏一，副组长郑其生，连续三年带领农科所技术人员到白沙村举办白菇种植培训班，传授种植白菇技术。白沙村党员带头试种成功后，菌菇逐渐成为白沙村主要的致富产业。2013 年，引进恒昇生态农业公司，先后投资 1500 余万元打造食用菌工厂化栽培示范基地，建设食用菌厂房 22 幢，实现规模化生产。截至 2023 年，白沙村菌菇种植已达 210 万袋，"小菌菇"已然发展成为大产业。

（二）"一块板"打开白沙致富"门"

历史上，白沙村的木材加工基本以手工加工为主，主要是通过木匠的手工制作，做成桌椅板凳等家具，或者是建造木质房子，主要用途为自用。1993 年起，白沙村开始建立村集体锯板厂进行木材的初加工。移民搬迁后，村民利用区位和交通优势，以及山区的丰富资源，相继建成蛤蟆垄、山溪蓬工业园地，木材加工产业成了村经济的主导产业。2022 年白沙村木材加工厂已达 31 家，产品销往浙江、江苏、安徽、上海等省（市）的许多地区。不少村民还前往外地，租用场地办厂，取得较好的经济效益。截至 2023 年，全村木业产业产值已破 4 亿元。木材加工产业目前通过产业转型升级，拓展产业链长度，实现从"一块板"到"一个家"的跨越式发展。

（三）"军旅绿"增添白沙致富"底色"

2012 年初，白沙村引进主体筹建军民文化苑。2019 年，引进主体筹建浙江军扬凤林国防体育实训基地，项目总投资 1.5 亿元。白沙村是浙江省军区共建单位、军民共建文化示范村，也是省政府授予的省级国防教育基地，是浙江省首个以村为单位的国防教育基地。2020 年，浙江岳峰企业集团打造的

"军旅＋产业"项目正式落地白沙村,带有军旅元素的文化长廊、部队风格的房间布置,给游客带来了独特的消费体验,短短两个月时间,吸引了万余名游客及学生参与体验、军训。2022年1月,军扬凤林国防体育实训基地项目一期完成并投入运营,单日游客接待1000多人。目前白沙村正努力做好"军旅＋"文章,用"迷彩绿"讲好白沙致富的新故事。

白沙村与省军区在全国率先开展"军民共建文化示范村"结对活动,实施了占地20亩的军民文化苑建设项目,打造了军民文化长廊、文化苑接待服务中心、文化礼堂、军事主题餐厅等场馆。白沙村组织发动村民广泛开展军民共建文化活动,创作《幸福白沙好声音》《明天更辉煌》等群众喜闻乐见文艺作品,把军事元素和乡土气息相融合,让群众在享受文化大餐的同时增长国防知识,增强爱国情怀。

二、白沙村是军民共建示范村

(一)追随红色印迹,传承白沙革命传统

白沙村具有光荣的革命斗争传统。早在土地革命战争时期,就建有东区赤卫队,开展边界武装暴动的筹备工作;1935年后,红军挺进师戎马仙霞,转战江山,白沙留下了红军将士的足迹,传颂着红军与白沙人民鱼水情深的故事。

1932年,受方志敏和赣东北苏区革命的影响,江山建立了中共县委和浙东苏维埃革命委员会,着手筹备边界工农武装暴动。中共江山地下党组织曾派员来到白沙村,点燃革命星火,建立以洋槽(白沙)为中心的东区赤卫队。后因叛徒告密,党组织遭受破坏,武装暴动功败垂成。但这一重要事件,却成了白沙人心中珍藏的红色记忆。

1935年3月后,由师长粟裕、政委刘英率领的红军挺进师进入浙江,留下二纵队转战江(山)遂(昌)浦(城)边境,开展艰苦卓绝的三年游击战,在此期间,白沙成了红军游击活动的主要地区之一。这里留下了粟裕将军从事革命实践的伟岸身影,留下了红军将士浴血奋战的足迹,留下了红军与当地人民鱼水情深的场景。红军在白沙劫富济贫的故事,更是广为传颂。1936年红军张贴的长60厘米、宽32厘米的打土豪布告,如今已成了珍贵的革命文物。牢记革命历史,弘扬红色文化,白沙人续写着新时代的壮丽篇章。

(二)聚焦红色资源,续写军民故事新篇章

2011年以来,在浙江省军区、衢州军分区和驻江部队的关心支持下,白沙村先后建成了军民文化楼、健身文化广场、文化长廊和文化苑等重要设施场所,国防教育工作有声有色,军民共建活动丰富多彩,被誉为浙江省"国防教育第一村"。在此基础上,村里又通过凤林镇的支持,向兄弟村租用山场,引进主体业主,创办集国防教育、旅游观光、中小学生研学于一体的"浙江军扬凤林国防体育实训基地",促使红色文化以新的形式绽放出时代的光彩。

(三)弘扬红色文化,营造军旅文化氛围

为配合旅游业的发展,白沙村还不断打造村庄"环境美",发掘当地的"人文美"。带有军旅元素的文化长廊、部队风格的房间布置,改善了村庄的环境。江山百年党史长廊、带有军事展览体验区的文化礼堂、军旅文化民宿等的建设,既进一步发扬了白沙村军民共建的文化传统,又加深了村庄的军旅文化氛围。

三、白沙村是文化兴村先进村

白沙村依托村志、体育、军旅三大文化优势,注重发挥文化在宣传教化、引领风尚、凝聚人心等方面的作用,移民村转化为远近闻名的先进村。

(一)文化寻根,村志激发文化振兴活力

1991年,白沙村率先出版全国首部村志《白沙村志》。2004年,时任浙江省委书记习近平翻阅白沙村志的照片被国家方志馆收录,并作为第一张照片进行展示。2012年第二部《白沙村志》成功出版,系统地记载了白沙村各方面的历史和现状。2018年白沙村完成了第三部村志的编纂工作,更加全面翔实地记录村庄发展变化,成为我省唯一一部成功入选《中国名村志丛书》的村志,全国仅12部。

1. 始终保持"薪火不绝、传承文化"之志

村志是对地方文化的传承和保护,作为全国首个公开出版村志的村庄,从第一部到第三部,村志编纂小组从一个人到一群人,接续编写《白沙村志》是村民们对文化传承的朴素热忱,体现了白沙村人高度的文化自觉、坚定的文化自信。正是这种文化自信,让村庄焕发出了更加蓬勃的生命力。

2.始终保持"健身尚武、精神富有"之志

从强身健体到保家卫国,白沙村不断注入群众体育新内涵,让健身尚武之风深入人心。从移民之初的限桌举办乔迁宴到而今红白喜事简办,铺张浪费、人情攀比的行为逐渐消失,艰苦创业、勤俭节约的奋斗精神传承不断。从牌桌到棋桌,从赌场到球场,从"移民石"到"家训石",白沙村潜移默化推进移风易俗与农村精神文明建设,走上了物质文明和精神文明相协调的现代化道路。

3.始终保持"百尺竿头、更进一步"之志

白沙村人不满足于现状,向着更高的目标迈进,启动编纂第三部村志,续写新时代白沙村大发展大变化;谋划招引共富产业园,以促村集体经济突破千万大关,增加就业岗位上千个;稳步推进未来乡村建设,持续改善乡村人居环境。探索高质量发展新路径,讲好共同富裕路上的白沙故事。白沙村秉持着干在实处、走在前列、勇立潮头的浙江精神,在推进高质量发展、迈进共同富裕的新征程、新事业上,始终保持争先创优、昂扬奋进姿态,不断创造新的精彩、谱写新的篇章。

(二)土味"出圈",体育凝聚文化振兴力量

白沙村投资 400 多万元,建成了 2 个塑胶篮球场、1 个塑胶网球场、1 个游泳池、1000 平方米全民健身广场以及 1250 平方米的室内综合体育馆,成为省内外为数不多拥有室内外场馆的行政村。白沙村先后承办了浙江省体育系统首届生态运动会、浙江省农村文化礼堂运动会健身排舞赛等市级以上大型运动会 10 余次。时任国家体育总局局长刘鹏、时任浙江省副省长郑继伟等领导,对白沙村群众体育全民健身工作给予了高度评价,称赞白沙"体育＋乡村旅游"模式堪称中国农村通过体育振兴乡村的典范,值得各地借鉴、推广。

1.从"乒乓球桌"到"体育风潮"

白沙自然村在深山区时,利用山区的特点,开展体育锻炼。村里的上山小道和河中的水潭,成为天然的体育场地。民间的踢毽子、造"水碓"、射水箭、骑牛背、晃竹鼓、荡秋千等体育活动,形式活泼,丰富多彩。尤其是村边的水潭,每逢夏天热闹非凡,人们在天然泳池沐浴畅游,倍感舒适凉爽。后来,学校兴办了一批体育器材,村民自制了木板的乒乓球桌,为学生和村民开展体育锻炼创造了条件。移民搬迁时,这座承载了许多村民体育记忆的乒乓球桌,被包裹好运到新村珍藏。不少村民说,这乒乓球桌是山区农民体育活动的见证,别的

东西可以舍弃,但乒乓球桌一定要带走。过去,每到农闲,村民没什么集体活动,聚在一起就打牌,影响家庭和睦、邻里团结。村干部一商议,决定用体育运动来引导村风、民风建设。于是,做了一副乒乓球桌,建成一个乒乓球室。有了乒乓球室,村民们参加体育活动的多了,去打牌的少了。从爱好乒乓球开始,白沙村各种体育活动越来越丰富。2003年体育运动场在村部楼前建立起来,周围还兴办了健身器材,建起了江山首个水泥灯光篮球场。这张乒乓球桌成为白沙村体育馆的展览品,记录了白沙人厚重的"体育情结"。目前,体育活动已成为村民生活的一部分,成为村风建设的一项新内容。

2. 从"村运民俗"到"村运品牌"

在2005年,白沙村组织了第一届"村运会",村两委策划实施,村民"零门槛"参赛。令村支书郑日福感到意外的是,一场"村运会"办下来,村民之间熟悉了,村情知道了,村民关系和谐了,村民和村委的联系更多了,村庄发展也更快了。白沙村顺势而为,村两委以体育"搭台唱戏",通过建设体育馆等配套设施,成立篮球、乒乓球、排舞等运动队,增强村民荣誉感和凝聚力,开启了体育兴村之路。

以白沙为起源的江山市"村运会",经过18年的接续发展,被人民网称为"最接地气、门槛最低、直接面向基层、服务群众的运动会"。体育过大年,农村新风景。经过近20年的发展,如今新春农民运动会已经成为白沙村的一张"金名片",被国家体育总局体育文化发展中心命名为中华体育文化优秀节庆项目。

3. 从"体育搭台"到"体育强村"

白沙村素有体育传统。迁往新址,特别是与水碓淤村合并后,村里更是从"体育搭台"入手,把"引领健康生活,共建体育强村"作为重要工作来抓。在江山市体育局领导关心和社会各界支持下,他们舍得投入,强化体育设施建设。移民之初,由村民捐资,在村办公楼前建成了健身广场。2010年,实施体育场地提升工程,将广场移至白沙自然村西侧即原205国道东边。新广场总投资130万元,分成三个部分,自北向南分别为体育健身广场、塑胶乒乓球场、塑胶篮球场。塑胶乒乓球场,含塑胶网球场和羽毛球场。整个广场周围采用绿色金属网围栏,地下排水、户外电子屏、灯光等设施齐全,四周遍栽花卉树木。广场于2011年底竣工,2012年4月被国家体育总局命名为全国乡镇体育健身示范工程。2014年,白沙村陆续建成了白沙体育馆和游泳馆。完善的体育设施不仅给村民健身提供了便利,同时开辟了体育赋能的新赛道。2012年起,

白沙村先后承办央视趣味运动会、省市农民运动会、生态运动会等体育活动
200多场次,年接待游客5万多人次。体育产业不仅成了白沙村实现乡村振
兴的支柱产业,而且很好地践行了全民健身理念,实现了用运动赋能乡村,用
运动提振精气神,用运动点亮新生活的目的。

本章小结

本章主要讲了白沙村在习近平总书记的"把大变化写进新村志"殷殷嘱托
下的美丽蜕变。第一节通过对村志中记载的白沙古村的自然地理环境、历史
沿革和社会风俗描述,展示了大变化前白沙村的原貌,使之与后来的白沙新村
形成对比。第二部分通过村民的回忆,重现习近平总书记走访白沙村时的场
景。第三部分描写经历了大变化之后的白沙村,突出白沙村的美丽蜕变。

第四章 "志"载大变化:白沙村"大变化"的经验与启示

第一节 党建强村,筑牢基层治理"主心骨"

一、党建凝心:民生 365,服务每一户

在白沙村推进乡村振兴和共同富裕过程中,民生 365 在白沙村的实践指的是在推进乡村振兴和共同富裕过程中,致力于提升村民的生活品质,确保民生福祉的持续改善。2010 年江山市启动建立农村社区民生 365 服务站的制度。具体是镇里安排一名干部作为民生站管理员,具体负责做好来电记录、传递领导交办单、承建工作台账等。同时,镇里还根据民生服务系统的受理需求,建立由镇各办主任、副主任组成的政策咨询员队伍以及相关职能办公室人员组成的民生服务全程代办员队伍。为便于抓好工作衔接,实现镇村互动服务,各村要确定一名主职作为民生服务站协管员,同时,按照纪检投诉、计生服务、社会救助、建房审批、纠纷调解、林木采伐、其他诉求事务七大分类建立民生服务全程代办员队伍。

(一)建立民情档案,提升为民服务质效

建立民情档案是指利用网格化管理体系,开展挨家挨户大走访活动以及分组召开户主会议,摸清农户的家庭情况,翔实采集"一村一册、一事一表一户一档"所含的各类信息,对收集来的信息进行核对、归档、分析,同时建立民情

观察室,存放收集好的档案。

1.民情档案"三张单":村情单、户情单、事情单

村情单包含一个村情概况、一批重要人员、一个村级大事记、一套制度执行情况,一张集体经济运作情况表和一批重点项目完成情况;户情单是对全村1300多位村民的姓名、年龄、家庭收入等常规内容,到技能特长、培训需求,甚至田地、山林界址一一进行登记存档。事情单就是一张为民服务事情表,包含村级重大事项处理和为民办事全程服务等情况。

2.创建"幸福使者"队伍。

为建好民情档案,白沙村整合镇村干部、村民小组长、村民代表和党员等力量,注重吸收原村主要干部、离退休老干部、老教师、老党员等建立"幸福使者"队伍,确保网格联户覆盖。重点将"五村联创""单村创建"等建设资料纳入村情档案,将宅基地信息、邻里关系、荣誉证书、职业技术等纳入户情档案,将村级重大事项决策、群众反映问题的解决情况等纳入事情档案,确保民情信息全掌握。在市委组织部的指导下,建立白沙自然村村民档案209盒,水碓淤自然村村民档案200盒;在江山市档案局的帮助下,对收集来的信息进行核对、归档、分析。建立民情档案室,收集好2006年以前的各级文件、乡规民约、分配方案、文书资料、数据表单等档案。

3.民情档案数字化

2015年度按保存期永久、30年、10年分类装盒的档案78盒,各类明细账册、发票单据、新型合作医疗参保人员名单、文化广场建设、食用菌厂房建造、村部办公楼加层等各种档案。至2015年底,信息录入与归档工作圆满完成。与此同时,在纸质基础上,建立健全电子民情档案数据库,实现服务民生精细化。

(二)定期沟通民情,畅通为民服务渠道

白沙村从一穷二白的移民村发展成为如今的美丽乡村,有一个非常关键的因素,就是和谐的党群关系。白沙村依托乡村振兴讲堂,开设未来乡村建设谋划、邻里矛盾纠纷调处等不同主题的"书记曰你听"协商议事会,收集"一米菜园"、亲水平台等民生类建议17条,优化"未来乡村"项目设计5处,调处矛盾纠纷6起,还通过数字民情档案,收集更新村民农特产品产销情况,形成"民情菜单"推送给军扬凤林共富工坊,在农户和企业之间搭起"连心桥"。2023

年累计为农户推销鸡蛋、蜂蜜等农产品 1360 公斤,增加村民收入 10 多万元。村两委聚焦让老年人吃饱吃好这件民生大事,在"共享食堂"开展"红色小二"帮厨送餐党员志愿服务活动,在为民服务中践行共产党人的初心使命。

1.加强理论学习,做好主题教育"三张表"

白沙村牢牢把握"学思想、强党性、重实践、建新功"的总要求,把理论学习、服务群众、推动发展有机融合、一体推进,做好"结对学习表""为民办事表""建言献策表"三张表。

聚焦流动党员和年老党员理论学习的难点,开展"结对帮学"。一是党总支委员结对流动党员,通过一次上门走访、一场假期补课、一个线上课堂等确保流动党员"不掉队"。二是青年党员结对老年党员,开展"送学上门",通过共学书目、共享心得、共办实事,确保主题教育"不漏人"。

结合"敲门问需"行动,依托党员联户,开展"我为群众办实事"活动。一是"微事快办",对力所能及的小事即接即办,如党员吴英文为邻居代购药品。二是"难事协办",党员解决不了的难题,则提交村党总支,派单给其他党员进行协办,如党员丁增达在走访中发现联系户吴芳香因在网上购买了防雨棚但在实际安装时存在困难,并及时上报村党总支,支部商议后派单给党员吴祥水协同处理,吴祥水及时与网上店家沟通,店家同意安排安装师傅上门帮其安装,现吴芳香户防雨棚已成功安装。主题教育开展以来,党员累计办理民生实事12 件。

利用中秋国庆假期等党员回乡之机,召开党员座谈会,为家乡发展献一策。一是"问计于党员",围绕中国方志文化村试点建设,如何打造中国村志第一村,党员纷纷建言,如党员丁洪献建议尽快出版第三部《白沙村志》、党员吴钻根提出建设村志展览馆。二是"问需于党员",重点征求村庄建设、为民服务等方面的意见建议,如党员吴日根觉得共享食堂有效解决老年人吃饭难题,下一步可根据实际需要灵活扩大服务范围。

2.夯实"三个一",畅通沟通渠道

着力夯实"一日一值班,一周一集中,一月一沟通"机制,构建民情沟通渠道。"一日一值班"是每日有一至二名村干部在便民服务中心值班,负责接待村民来访,处理村民有关问题,受理村民的意见和建议,及时处理突发事件等。

"一周一集中",是每星期二的干部集中办公制度。市镇村三级联动,全体村干部、凤林镇联村领导和驻村干部和市有关部门工作人员联合办公,为村民集中办事政策咨询、技术指导、法律援助等服务。

"一月一沟通",是每月 15 日民情沟通日。村两委召开联席会议,围绕一个主题,开展党员学习、远程教育、财务公开、工作连职、民主议政、义务劳动等民情议题逐项开展沟通对话。

为进一步加强农村基层组织建设和民主政治建设,切实转变村干部作风,提高办事效率,白沙村制定了《村务值班日制度》。制度规定了值班的任务和要求,村干部有接待群众来访和汇报的任务,同时要认真做好值班工作。

凤林镇白沙村党群服务中心于 2003 年建成并投入使用,总面积达 660 平方米,打造了便民服务中心、党员活动室、民生议事堂、科普活动室、儿童之家、防火宣教室、老兵活动室等多个功能室,同时,白沙村党群服务中心合理延长服务时间,通过错时上下班、延时值班等方式,实现党群服务"365 天不打烊"。白沙村牢记习近平同志在 2004 年 10 月 10 日到白沙村调研时提出的"百尺竿头,更进一步"的嘱托,将党群服务中心与整村布局、产业、文化、便民服务等内容相融合,开设初心长廊、初心之路、初心市集等红色场景,把重走习近平总书记当年走过的路、忆温情、话重托、谈使命等内容作为"特色课",把"葆初心、担使命"作为"必修课",打造白沙村红色教育特色路线,白沙村党群服务中心通过活动联办、服务联抓,常态化开展主题党日、七点讲堂、青少年研学、非遗传承(茶灯戏)等特色活动;培养"村务议员""凤归林"等多个社会组织,并开设"红色跑团"党员干部服务平台,为党员群众提供一站式、多样化、综合性的管理服务,不断提升移民搬迁群众的获得感、归属感,村党群服务中心已然成为广大村民心中的温馨家园。

(三)为民全程服务,提高为民服务效率

为民全程服务在村部办公大楼,建设面积 180 平方米的一站式村民办事大厅,设立完全敞开式综合服务、林政管理、惠农政策、广电服务、劳动保障、人口计生、民政工作、农村建房等服务柜台,受理证照办理、低保办理宅基申请、家电下乡补贴等 36 项与农民群众生产、生活息息相关的事项。白沙村把"三民工程网格化管理一览表""民情信息收集程序、民情沟通程序、为民办事程序表""为民办事全程服务指南"布置上墙,最大限度满足群众的知情权。同时推行"阳光服务",将联系镇领导、驻村干部、村两委干部、代办员的照片、联系电话等全部予以公开,并制成连心卡,分发到户,最大限度满足群众的知情权。并创建"零障碍、零差错、零投诉"为民办事全程服务机制、打造群众信得过的

高效办事流程。

1.政务公开,提升服务体验

政务公开作为宣传政策、收集民意、服务群众的重要抓手,不断提升政务公开体验和实效,切实搭建起以政务公开服务群众的"连心桥"。白沙村的政务公开,主要是贯彻执行政策、法规和上级重要规定,公布各线的职责权限、办事依据、办事程序、办事结果、服务承诺等事项,公开社会公益事业建设情况和涉及村民切身利益的事项,公开村委领导廉洁自律的情况。

2.村务议员参与乡村事务管理

在白沙村,村务"议员"共有5人。白沙村是个下山移民村,后来又与邻村合并,情况比较复杂。2004年,为拓宽与村民的沟通渠道,加强村民对村务的了解和监督,白沙村吸收村里有威望的老干部和村民担任村务"议员",参与村务管理。

2008年,凤林镇将白沙村的做法覆盖到全镇。后来江山全面推广这一制度,全市村村都有村务"议员"。村务"议员"以村民自愿为前提,采取村民自荐和村两委提名推荐的方式,经党员和村民代表会议通过,报镇党委审核备案。村务"议员"一年一聘,各村根据实际情况可聘1至7名,年底对村务"议员"进行测评,淘汰不合格者、增添新成员。村务"议员"拥有对村级事务的参与权、建议权、批评权和监督权。一方面,群众有什么想法,可通过他们向村里反映;另一方面,他们将村里的工作打算传达给村民,消除村干部与村民之间的隔阂。

群众的困难有人反映,群众的呼声有人倾听,群众的误解有人解释,干部的不足有人提醒,推行村务"议员"制度,架起沟通村两委班子和群众间的桥梁,有效整合了村级各种力量,将他们团结到党组织周围,提升了基层党组织的号召力。

3.村民自主参与村庄建设

白沙村定期召开村民大会,确保所有村民都有机会参与村庄事务的讨论和决策。重要的村务事项,如发展规划、资金分配、项目实施等,都需要经过村民大会的审议和批准。这既确保了村民的知情权和参与权,也增强了村民对村庄事务的责任感和归属感。为了更高效地处理村庄事务,白沙村设立了村民代表会议,村民代表由村民选举产生,他们负责收集村民的意见和建议,向村民大会反映情况,并参与村庄事务的决策和实施。

白沙村设有投诉箱、意见簿，公布有投诉电话，接受群众监督。服务大厅配置电话、复印机、饮水机、电脑等设备，群众可以免费上网查询相关资料，方便群众办事。

2010年白沙村实施"三民工程"的经验在衢州市推广。衢州市实施"三民工程"的有关做法又得到习近平的批示。"三民工程"架起了一座"民心桥"，打开了一扇"民意窗"。

二、党建聚力："三联工程"共治共享

近年来，浙江省衢州市深入实施以组团联村、两委联格、党员联户为主要内容的"三联工程"，在1482个行政村，构建3742个网格支部，75061名各级党员下沉到村（社）一线，走访联系群众，帮助群众解决实际问题，以服务实效增强基层党组织"向心力"。白沙村坚持把"三联工程"作为加强基层党建、促进基层党组织提升的重要抓手，取得了实际效果。

（一）两委联格强管理，细化责任提效能

白沙村推行村支部书记、主任联系到片、其他村两委成员联系到组、村网格员联系到户制度，做到民情搜集快速，矛盾化解及时。创建了民情雷达站，着力对违规违法等8大类共19个分类重点民情予以收集研判，从而切实把矛盾化解在基层和萌芽状态，全村无群体性事件，民事纠纷逐年下降。

根据白沙村由两个村合并、分片居住的特点，创新社会管理模式，创建覆盖全村、条块结合、纵向到户的网格管理服务体系。按照100%网格化管理的要求，以村民小组为单位组建网格管理体系，即镇驻村干部联系到村，村支部书记、主任联系到片、村两委成员联系到格、各网格员又分别联系到户，构建四级网格化管理体系。网格员主要由村民小组长担任，每位网格员联系33～36户村民。网格员会经常到村民家中走访，了解村民的需求，村民有事情也会主动找网格员反映。对于可以独自办理的事情，网格员会直接办理；对于难以独自办理的事情，网格员会向上级网格员反映，也就是向村两委成员或村支部书记、主任反映，直至问题解决。

（二）基层党建强管理，增强治理原动力

白沙村为避免基层党组织涣散、党员角色弱化的问题，不断加强党员干部

的能力建设,不断推进党组织的自身建设、组织建设、制度建设和廉政建设。在村两委的带领下,白沙村党员积极开展学习,参与党组织活动,为白沙村建设建言献策。

1. 强化党员示范,加强自身建设

白沙村两委经常组织党员参与党建学习活动。2012年6月,白沙村组织全村共产党员参加凤林镇党委办的"百场党课讲巡、万名党员共学"活动专题讲座,听取市委党校领导和教师作的专题讲座。11月全体共产党员认真学习贯彻党的十八大精神,并围绕"三农"问题开展讨论,21名党员联系白沙实际,提出发展白沙经济和文化的建议。2014年3月7日,组织全村党员学习党的群众路线教育会议精神,要求党员干部深入群众,多听群众意见,进行批评与自我批评,做到坚持领导带头,坚持群众参与,坚持问题导向,坚持严格要求。2022年1月18日,村党总支书记郑日福带领全村共产党员,重走习近平总书记2004年10月10日担任浙江省委书记期间视察白沙走过的地方,重温嘱托与教导,回顾白沙创业历程,讨论新的发展计划,要求大家干在实处,走在前列,续写白沙村新时代共同富裕新篇章。

2. 规范组织生活,提升党建凝聚力

2014年,村党支部在发展党员中实施"三推一定"制度,定期召开党员大会、党外群众代表会议,以及由村团支部、妇代会、民兵连等民主推荐发展党员的培养对象。重点推荐35岁以下、高中以上文化、具有"双带"能力的农村优秀青年。然后,村党支部对推荐情况进行分类汇总,按照规定程序,确定发展对象。并遵循《党章》和《发展党员工作细则》规定,做好发展对象的培养考察工作。对在外创业人员,则实行"双推双考、双向培养"办法,由组织推荐、考试、考察后确定发展的积极分子,由村党支部和外出创业人员就业地党组织双向培养考察。吸收预备党员之前向本村群众公示7天。公示内容包括姓名、性别、民族、出生年月、文化程度、单位及职务(职业)、申请入党时间、入党积极分子时间。

3. 重视廉政建设,加强监督管理

白沙村党组织重视党风廉政建设。2012年,先后推行党员首议制、农村党员村务首议制、无职党员设岗定责、两票制评议党员、不作为党员告诫等制度。同时,加强对党员干部的监督管理,实行党员干部承诺考核、村干部报酬标准民主决议、村干部任期和离任经济责任审计等制度。

2013 年 3 月 24 日,召开全体共产党员和村民代表共 56 人参加的"三改一拆""两违"整治动员会,针对本村实际提出具体整治措施,要求共产党员做到"三带头"和"三不准"。

2016 年,全村共产党员设定爱心扶贫、突击抢险、安全监督、治安巡逻、纠纷调解、卫生监督、信息传递、政策宣传和村务、财政、党务等岗位,并将党员落实到各个岗位,明确职责,勤政为民。

(三)党建制度强管理,织密机制监督网

农村基层党建作为畅通服务的"最后一公里",是党联系农民群众的桥梁和纽带,因此加强基层党建监督尤为重要。

1.完善监督考核制度

白沙村党支部在建立完善党内民主生活会制度、党风廉政建设实施细则、党员联系户制度、党员干部教育管理等制度的基础上,2011 年又以创先争优活动为契机,创新运营机制,强化制度建设。先后实行两委成员双月度述职制度,网络化运营考核制度,重点事务领办承诺制度,党员骨干承诺服务制度等。同时白沙村建立了《党员村务责任制度》,要求共产党员模范执行上级组织和村两委作出的决策,无条件带头,做好村务工作,包括党员在计划生育、税费上缴、土地整理或征用、农村建房、水利、道路建设及扶贫救济、社会治安等,并当好宣传员和推动者。每年年初,党组织根据工作实际,对党员履行村务责任制情况进行考核,召开党员大会和村民代表会议进行联评,确定考核等级,将考核结果向党员个人反馈,在党员大会或"三务"公开栏中公布,接受群众监督。

2.明确责任主体

2008 年 5 月,白沙、水碓淤合并后,及时进行了村两委的换届选举。村党支部书记立即与镇党委、政府签订《社会治安综合治理工作目标管理责任书》,明确村党支部书记郑日福、村委会主任吴祥水为综合治理第一责任人,党支部组织委员兼治调主任吴钻强为直接责任人。

3.完善民主法治建设标准

按照民法治村建设的标准,村里先后成立由村党支部书记任组长、村两委干部为成员的综治领导小组和调解委员会,并制订《白沙村治保调解工作职责》《白沙村村级调解委员会主任职责》《白沙村治调工作人员六大纪律六项注意》等制度。同时,建立健全矛盾纠纷排查调处工作月例会和季度例会制度,

追踪排查调查处理结果,做好矛盾纠纷调处工作台账;实行村级综治网格化管理,确保农户反映渠道畅通,信息上报及时,矛盾化解及时。

三、党员先行:为民工程,党群同心

党员、干部来自群众,必须回到群众中去。初心源自民心,初心回归民心。白沙村两委建立了广泛的群众基础,带领白沙村一步步从小山村走成了"蝶变"的美丽乡村。

(一)书记引领,争当乡村振兴"引领者"

村庄要发展,村班子是关键,村支书是核心。白沙村从一个"一穷二白"的移民村,到今天的美丽风貌,离不开奋力打造最美白沙村的衢州市人大代表、村党总支书记郑日福。

郑日福牢记 2004 年时任浙江省委书记习近平同志调研白沙时提出的"百尺竿头更进一步"的殷殷嘱托,提出每个村民提留一分地,建设发展经济园地,将提留出来的近 80 亩旱地集中在一起,建起第一个经济发展平台——蛤蟆垄园区。但是,当时的村民都不怎么看好这个建议,认为是他自己想谋私利。为了打消村民顾虑,他挨家挨户地上门走访,耐心细致地做工作,终于得到了村民的支持,园区也得以建成。

园区刚刚建成,村民心里都没底:是否能赚到钱?这怎么办呢?自己先上!郑日福带头合力从银行贷款 500 余万办起木材加工厂,头一年,木材加工厂就赚了 40 多万元。在他的带动下,村民们纷纷加入创业大军,2004 年,全村新建木材加工厂 11 家。2007 年,郑日福又带动部分村民骨干筹资 1500 多万元创建了江山市郎峰木业有限公司。现在,村里的木材加工厂已有 32 家,村里 90% 的劳动力实现了在家门口务工创业。

作为人大代表,郑日福在调研中发现,白沙村虽然屋舍俨然,道路纵横交错,但还是有很多环境问题需要改善。比如,池塘的水质不是特别清澈,也没有洗衣服的地方;停车场很少,车只能停在路口;缺乏体育设施⋯⋯人代会期间,郑日福及时将相关情况撰写成建议提交人代会,并积极争取上级支持。近年来,一批项目落地白沙村,实施了白沙村共富产业园、村庄道路白改黑、污水管网建设、村庄主干道沿线绿化亮化等多个项目,为白沙村未来乡村建设注入新动能。2023 年,白沙村被评为省第三批未来乡村创建村。

作为一名人大代表,郑日福积极参加"网格＋代表"、代表日进站接待选民等活动,广泛收集群众的意见建议,并经常深思如何将白沙村经济提升与人大代表的职责使命更好地融为一体。

在白沙村担任将近 20 年的村支书,郑日福是白沙村发展的"领头雁",他始终坚持为民办事,积极投入白沙村的建设,为村集体经济与产业的发展以及村特色品牌的建设,甘心扎根基层,为民服务。

(二)党员示范,当好乡村振兴"守护者"

"党员联户",上门入户包事、为民排忧解难。衢州市发动全市 75061 名村(社)党员力量,每名党员就近联系 8～10 户群众,全面推行联户"五上门"机制,即"群众生病要上门看望、群众红白喜事要上门帮忙、群众有矛盾要上门劝解、群众有不满要上门疏导、群众有突发事件要上门解难",联户党员每月一次电话联络、双月一次固定走访,帮助基层群众排忧解难,推动了解掌握群众户情,在一些大战大考中经历了实战检验[①]。

白沙村持续深化组团联村、两委联格、党员联户三大制度,以优质高效的服务密切党群干群关系。联村组团实行"12530"工作法,指导村里加快落实基层党建、网格管理、重点工作、服务群众、解决矛盾等五大工作任务,通过周一排清单、周二聚服务、周五晒成效,实现服务提效、执行提速、工作提质,被评为衢州市先锋团队。围绕党课讲授"难点"、党员关心关注"热点"、国家时事"重点",白沙村精挑细选党课主题,让党员愿意听、听得进、记得住。以"追寻习近平总书记足迹"为主题,组建"五老宣讲团"以大白话专题宣讲"白手起家 沙聚成塔"主题党课,详细讲解白沙村在习近平总书记指引下百尺竿头、更进一步的新农村变化,筑牢全市基层党员服务乡村振兴的思想基石。

(三)干部带头,做好乡村振兴"践行者"

为群众做实事,党员一定要真正接受和担负起全心全意为人民服务的责任,用担当的责任精神在实现党和人民的事业中贡献自己的光和热。在白沙村建设的过程中,涌现出了很多杰出的干部,他们为白沙村的建设默默奉献。

爱村如家,热心公益,毛兆成数十年如一日。1991 年,《白沙村志》编纂结

① 杨安琪.浙江省衢州市:实施"三联工程" 打通联系服务群众"最后一米"[EB/OL].(2001-01-13)[2024-06-24].https://www.12371.cn/2021/01/13/ARTI1610532587794141.shtml.

束,急需一大笔钱才能出版。毛兆成得知后,踊跃带头捐款 50 元,是捐款数额最多者之一。2003 年 4 月,白沙村响应省委、省政府"千村示范、万村整治"的号召,开展新农村示范村建设,有 28 户村民因经济较为拮据,建房进度较慢而暂未竣工,也无能力配合统一刷外墙涂漆。毛兆成得知后,自告奋勇为村分担解决遇到的难题,与建房户做思想工作,并为经济困难户毛旭云、吴德水、郑恒昌垫付搭架费、外墙涂漆材料费及人工费。2004 年 1 月,白沙村发起募捐兴建健身体育场所及配置健身设施。毛兆成带头捐出了自己省吃俭用下来 500 元钱。2006 年 12 月,毛兆成和吴中昌、丁洪献三人倡议,在白沙村办公楼前的水塘中央建造两层六角聚贤亭,及 80 余米长的青石雕花护栏曲桥。毛兆成带头捐款筹集建造资金,共收到 96 位白沙村民 6.743 万元捐款。2008 年 5 月 12 日,汶川地震,毛兆成和其他白沙村民共捐款 2 万多元。2009 年,白沙村成立老年协会,毛兆成当选为会长。村里成立老年协会基金会,拨给基金会 5 万元。老年协会的具体工作,皆由毛兆成和其他人义务来做。

毛兆成爱村如爱家,爱村民如爱家人,他用实际行动诠释了村干部为人民服务的初心。

第二节 产业富村,激发村强民富"新动能"

一、因地制宜,特色产业促丰收

遵照习近平总书记走山区"要坚定不移走特色发展之路"的指示,白沙村以提高农民收入为目标,大力推进木材加工产业、菌菇生产、军旅旅游等产业的发展,持续完善产业链,培育新业态,不断拓展农民增收的渠道。

(一)龙头引领,推进木材加工产业高质量发展

产业振兴是乡村振兴的重中之重,推动乡村产业高质量发展是促进乡村全面振兴、实现农业农村现代化的必然要求。木材加工产业是白沙村的重要产业之一,搬迁以后,白沙村的木材加工产业纷纷涌现,规模不断变大,出现了像郎峰木业为代表的大型木材加工企业。2023 年,白沙村有郎峰木业有限公司 1 家,其他工业企业 32 家,木材加工业年产值破 4 亿元。在木材加工上,白沙村不断向全屋定制领域延伸,努力推动从"一扇门"向"一间屋""一套房"转

变,从"木门"时代成功跨越到全屋定制的家居时代。

1. 强强联合,实现规模生产

传统的木材加工产业以个体经营为主,2008年郎峰木业兼并多家规模小、技术含量低的木材粗加工企业,开启了白沙村木材加工厂规模化经营的路子。2010年,郎峰木业等其他4家企业强强联合,成立郎峰木业有限公司,统一经营、统一管理。郎峰木业采用规模化、现代化的管理模式,积极考察,严把质量关,先后评为浙江省林业龙头企业、衢州农业龙头企业、衢州市级扶贫企业。2023年被评为"浙江省省级骨干农业龙头企业"。

在郎峰木业的带领下,白沙村涌现了像邱孝忠木材加工企业这样的大型木材加工厂,木材加工产业逐渐从粗放型的私人企业转变为集约化、规模化的大型木材加工厂。

2. 政策助力,产业发展提质增效

江山市有"中国木门之都"的荣誉称号,木材加工产业是江山市的特色产业。为整合集聚门业产业创新服务资源,江山市搭建了集技术研发、创意设计、技术市场等功能于一体的"一站式"公共创新服务平台,内设林业服务中心、林产品检验检测中心等22家机构,为江山传统产业智能化改造、实施产品智能化专项、推动数字经济发展提供方案。2023年5月30日,中国(江山)家居行业高质量发展大会、中国(江山)门业 & 全屋定制博览会暨长三角全屋定制活动吸引了全国各地的客商700多名。大会举行了"定制家居高质量发展示范基地"授牌仪式,同时举行了《全屋定制家居安装与验收规范(团体)标准》项目启动仪式,颁发了首届江山市全屋定制设计人才奖。国内顶尖全屋定制设计师代表们在会上进行了全屋定制前沿理念交流分享。江山市还连续两年举办工业设计大赛,多渠道、多举措推进行业设计制造一体化能力提升,进一步推动了传统木门向智能家居领域延伸①。

在江山市服务平台搭建的基础上,白沙村的木材加工产业承接产业转移的方向,加快推进木材加工产业生态化、智能化发展。目前郎峰木业公司生产的生态板成为兔宝宝和江山欧派两家上市公司的供应链产品,公司近九成产品销往两家上市公司。

---

① 浙江省林业局.江山木业致富经 从"一扇门"向"一套房"转变[EB/OL].(2024-01-29)[2024-06-24]. http://lyj.zj.gov.cn/art/2024/1/29/art_1277853_59065743.html.

郎峰木业(戴永芬提供)

3.转型升级,推动技术创新

2012年,郎峰木业攻克技术难关,借鉴马六甲原切割的工艺,高标准、严要求地生产生态板。胶合板料使用无醛的复合蛋白豆胶,购置导热油锅炉,架设管道,将热油输送到压机,不使用油漆,改贴三聚氰胺面纸,液压生态板。企业配备专门的质检员,购进甲醛测试机,对进仓库或出厂的板材,不仅在长度、宽度、平整度、含水率上严格要求,而且严格控制甲醛释放量大的板材出厂,使自主生产的板材环保级别一直保持 EO 级别,被衢州市评为免检产品。

全村木材加工企业依靠科技进步,对机械设备普遍进行改良革新,陆续更换国内先进的多片锯、指接、梳齿、拼板、热压等机器 110 台,提高木材利用率和产品质量,降低生产成本,增加企业利润 10% 以上。在江山市木材加工产业智能化方向的指引下,目前白沙村的木材加工产业正在向智能化的方向发展,从"一扇门"到"一个屋"。

(二)技术赋能,推进菌菇产业智能化生产

食用菌产业是江山市五大特色产业之一,被列入 2020 年度省级乡村振兴产业发展示范项目。菌菇产业也是白沙村的特色产业之一,借助政策和技术

支持,2023年白沙村菌菇产值达1500万元。

一是成立食用菌产业基地。2013年,白沙村引进恒昇生态农业公司,打造了江山市最大的食用菌工厂化栽培示范基地。2016年,白沙村启动食用菌大棚建设,该项目是以拓宽移民就业、增加移民收入、壮大集体经济等为目的的一项移民扶持项目,共建大棚4个,以及一些配套工程,食用菌产业基地的建成初步发挥了集聚效应。二是构建菌菇数字化生产模式。菌菇的数字化生产指的是生产过程的智能化、科技化。传统的菌菇生产车间是"空调式"管理,通过数字化改造,目前从菌种培育到菌包生产,从温度控制到生长过程,全程电脑操控,人工只介入采摘环节就可以完成。与传统技术相比,这种用现代机械化的方式种出来的秀珍菇不仅保质期更长、几乎不受气候环境影响,品质也更稳定,更重要的是省去建冷库的场地和投资,同时降低人工成本,每袋秀珍菇直接降低生产成本0.1元,更具备市场优势。三是运用政策服务好产业。江山市税务部门全程跟进服务恒昇生态农业公司,从企业土地流转、智能大棚建设到产品上市,江山市税务部门全程跟进辅导,推出便民机制,很大程度上减轻了企业的资金压力和办税负担。

(三)布局优化,推进茶叶产业规模化生产

江山茶,始于唐,兴于宋,盛于明。早在北宋时期仙霞山区所产之茶,已成为江南名茶之一。茶产业是江山市农业特色主导产业之一,在发展山区经济、促进农民增收、推进生态建设等方面发挥了重要作用。茶叶是白沙村的重要产业,也是提高村民收入的主要来源之一。

在白沙村实行茶叶产业规模化发展以前,茶叶加工是以手工炒制为主,产量低,效率低。20世纪70年代中期,村里投资建成了茶叶加工厂,安装了变压器,添置了制茶机器。21世纪以来,村民周洪美、周可可建立茶叶加工厂房,引进先进茶叶加工机器,实现了自动化制茶。2010年底全村茶园面积达到320亩,仅茶叶就为村民人均增收近320元,涉及农户268户,920人,茶叶给全乡茶农带来的年总收入达到29.44万元。2016年白沙村全年加工产业34.8吨,为茶农和村民增加收入近70万元。2023年,白沙村茶叶加工达90吨,产业产值达900多万元。

二、军地共建,军旅融合谱新篇

白沙村是浙江省军区共建单位、军民共建文化示范村,也是省政府授予的

省级国防教育基地，是浙江省首个以村为单位的国防教育基地。2012 年 5 月，由省军区支持、白沙村自筹，投资 140 万元建设文体广场及军民共建文化大楼。8 月 7 日，时任省委常委、省军区政委的王新海一行来到白沙村考察检查军民共建文化示范村建设工作。8 月 10 日，时任衢州市委书记陈新带领所属各县（市）书记考察白沙村，推广军民共建文化示范村经验。依托军地共建，白沙村与省军区在全国率先开展"军民共建文化示范村"结对活动，实施了占地 20 亩的军民文化苑建设项目，打造了军民文化长廊、文化苑接待服务中心、文化礼堂、军事主题餐厅等场馆。白沙村组织发动村民广泛开展军民共建文化活动，创作《幸福白沙好声音》《明天更辉煌》等群众喜闻乐见文艺作品，把军事元素和乡土气息相融合，让群众在享受文化大餐的同时增长国防知识，增强爱国情怀。

（一）立足资源优势，做好"军旅＋产业"文章

白沙村是浙江省国防教育基地、中国国防文化第一村。国防教育基地主要由军民文化长廊、文化苑接待服务中心、文化礼堂、军事主题餐厅（军民文化特色农家乐）、教学办公区、室外训练区、生活保障区和装备储管区等场馆组成，主要用于保障现役官兵、民兵预备役部队、人防专业分队和大中学生的军事训练，以及党政企事业单位过"军事日"活动。国防教育基地还可举办大型军事课目汇报表演和国防动员演练。国防教育基地设施一流，功能配套，是集教学办公、军事训练、国防教育、军事旅游、生活保障、装备储管于一体的现代化、园林式、多功能基地。浙江岳峰集团在充分深度发掘国防军事教育文化体系的基础上，紧紧把握海、陆、空等国防军事的内涵与特色，凸显项目的要素和亮点，对项目进行整体规划、主题开发、项目布局、整体环境打造，同时将"国防教育"和"娱乐互动"巧妙地融为一体，建设成为全国范围内概念模式最创新、技术形式最先进、参与体验感最强的国防军事教育"前沿阵地"。

白沙村持续发起举办"军旅＋产业"白沙峰会、重走初心之路——退役军人精准创业就业论坛，成立锦绣江山"军旅＋产业"联盟，并联合杭州粉象家科技、杭州将仕体育文化、军律（广东）教育、宝库（杭州）文化、黄河宿集等企业，签署了白沙村军旅直播电商基地、军旅主题网红基地、教官体系培训总部基地等战略合作协议。以白沙村省级国防教育基地为平台，在各自擅长的领域，做好"白沙＋"和"军旅＋"的文章，让大家一起从白沙村走向全国。

(二)强化融合发展,擦亮"国防基地"品牌

江山市自古军事地理位置显要,素有拥军优属、拥政爱民的光荣传统,连续八次荣获"省双拥模范城"、四次荣获"全国双拥模范城"称号。2015年来,江山市深入开展送文化送科普进军营、援建军营图书室、共建学习型军营等活动,开展了"唱响双拥文化,共建幸福江山"文化双拥系列活动,促进军民鱼水情深。在江山市"双拥在基层"政策的引领下,在江山市"军旅文化"的影响下,白沙村切实落实"双拥"工作,推动军地融合发展,加大农村文化事业建设力度,丰富群众文化生活,共投入320万元用于推进军民共建文化示范村建设,建成露天舞台、户外高清LED屏、多功能活动厅等文体设施。

2013年衢州市军民共建文化示范村推进部署会在白沙村召开,开展军民共建文化示范村是创新双拥工作的重要平台,推进农村文化建设的重要载体。2013年3月,驻江部队官兵与白沙村民一起,在水碓淤自然村共建全长2000米军民"双拥林"。

白沙村与省军区共同开展社会公益活动,如为村民提供医疗、教育等方面的帮助,以及开展国防教育、征兵宣传等活动,增强了村民的国防意识和军民之间的团结。通过白沙村军民共建活动的开展,不仅推动了村庄的经济、文化和社会发展,更加强了军民之间的团结和合作,实现了军民融合深度发展的目标。

在军民共同努力下,白沙村探索出了一条以融合为主导,有效激发了拥军爱民原动力;以产业支撑,不断扩大双拥工作影响力;以活动为载体,持续增强双拥工作塑造力;以人才为保障,着力提升双拥工作持续力的军民融合发展的"白沙模式"。

(三)延伸文化链条,推动"军旅＋研学"融合

红色研学是充分发挥红色资源优势、培育和践行社会主义核心价值观、开展革命传统教育和爱国主义教育、践行党的二十大精神的重要抓手。目前军扬凤林国防实训基地已经成为红色研学基地的重要打卡点,也是大学生暑期实践的主要基地。一是推进军旅研学产品时尚化。结合当前旅游中的"打卡"现象,江山市结合未来乡村打造,围绕大学生暑期市场,提出了3条大学生暑期实践旅游线路,旨在从大学生的视角、大学生的亲身体验来进一步推进未来乡村业态及旅游产品的时尚化、年轻化发展,力争成为大学生暑期实践线路。

白沙村作为江山市级未来乡村梯度培育点,是"世遗江郎"未来乡村研学线路中的一个重要打卡点。具体路线为:清漾未来乡村→白沙未来乡村→枫石未来乡村→浔里未来乡村,首先前往世界自然遗产江郎山脚下清漾未来乡村,探寻清漾毛氏文化,感受"历史悠久、人才辈出、耕读传家、贵而不富"的文化底蕴,体验爱国主义教育、廉洁清风特色。第二站是白沙未来乡村,在"军扬凤林国防实训基地"体验真人 CS、室外射击射箭、军事林下训练、水上体能训练等,进行沉浸式的军旅体验。二是将国防教育与实践研学相结合。中小学生研学旅行是由教育部门和学校有计划地组织安排和指导推动,以培养学生生活技能、集体观念、创新精神和实践能力为目标,主要通过学校组织的集体旅行或家庭亲子旅行、安排在外食宿等方式开展的研究性学习和旅行体验相结合的校外实践教育活动。军扬凤林实训基地拥有千人床位和相配套的餐饮场所,是一个能够给研学提供一站式服务的实践基地。沉浸式的军旅体验促进了"军旅＋研学"的深度融合,军旅研学有助于大中小学学生培养国防观念,提升他们保家卫国的意识,对落实新时代国防教育具有重大意义。三是提供定制化的团建服务。军扬凤林国防实训基地不仅是大中小学生的实践基地,还可以为成人军训、公司团建、亲子活动、职工疗休养、党建等提供定制化的服务。

【案例 4-1】军扬凤林共富工坊:白沙人军民共建的成功实践

军扬凤林国防实训基地位于浙江省江山市凤林镇白沙村,是一个以国防教育、军事体验、素质拓展为主题的场所。江山市军扬凤林国防体育实训基地,拥有深厚的国防文化底蕴和丰富的国防教育元素,依托白沙村的浙江省国防教育基地这一金字招牌,计划总投资 1.5 亿元,是我省首个以村为单位的国防教育基地,更被授予了"中国青少年国防体育发展联盟浙江省工作部发展基地""儿童爱国主义教育基地""浙江省中小学生研学实践基地""衢州市中小学研学实践教育基地"等称号。目前基地共有员工 50 名,其中职业教官 15人,医护人员 2 人,后勤保障人员 6 人,基础服务人员 20 人,管理及行政人员7 人。基地可同时容纳 320 人住宿,1500 人就餐,800 人培训,拥有体验项目16 项,休闲草坪 20000 平方米,大型室内场馆 1000 平方米。

"基地以国防教育、军事体验、人防疏散、消防演练、应急救援、素质拓展、研学教育、学生军训、社会实践、休闲旅游为十大定位,由大型武器展示区、轻武器展示区、军事训练拓展区、团建项目体验区组成。"基地负责人黄江水表示,实训基地承接中小学生军事类夏令营、冬令营、军训,还有企业、行政单位的研学、团建类活动。2022年全年,该基地已接待学员8万人次。

该基地拥有大型武器展示区、轻武器展示区、军事训练拓展区、团建项目体验区等区块,提供中小学生军事类夏令营、冬令营、军训,以及企业、事业单位的研学、团建、党建类活动。军扬凤林国防体育实训基地拥有标准的室内外训练场地及完善的后勤保障,确保为营员提供安全的学习、生活与训练环境,营地可同时容纳3000人的食宿和训练。在军扬凤林国防实训基地,游客可以参与各种军事体验项目,如步战车体验、越野车体验、扫雷体验、爆瓶机体验、阵地炮体验等。这些项目旨在让游客亲身感受军人的勇敢和坚韧,培养他们的团队合作精神和领导能力。此外,军扬凤林国防实训基地还配备了专业的教官团队,为游客提供专业的指导和讲解。同时,基地还注重环境的营造,以军旅元素为主题,打造了具有深厚军事氛围的环境,让游客在参与活动的同时,也能感受到军人的严道和纪律性。军扬凤林还提供研学、团建、党建等活动,满足学校、企业、事业单位等不同群体的需求。通过定制化的课程设计和专业的教官团队,军扬凤林为参与者提供了高质量的研学体验和拓展培训,促进了个人成长和团队发展。白沙村在军扬凤林的带动下,发展了旅游农业产业,通过农业与旅游、教育的融合发展模式,不仅提高了农业附加值,也为村民增加了收入来源。军扬凤林的发展模式注重社区参与和共享发展。通过提供就业机会、培训和支持当地企业等方式,军扬凤林促进了当地社区的经济发展和社会进步。同时,基地还注重与当地社区的互动与合作,共同推动当地的经济、文化和社会发展。

2022年1月,拥有住宿、餐饮、景区观光、文娱休闲、康养等一站式服务的项目如期完成,投入接待运营,至8月底,已接待多个训练项目,其中衢州市公安局6批次团建拓展训练30000多人次;江山市人武部民兵训练多批次30000多人次;衢州市有钴新材料有限公司员工培训10多期,20000多人次;2022年8月13日至9月1日,新建成的灯光秀项目对外开放,公司举办首届星空不夜城全民夜游欢乐之旅。

目前基地二期、三期工程正在建设中,整体工程将于2025年底建成。届时,基地将成为省内乃至华东地区县(市、区)域"版块齐全、内容丰富、训练规范、底蕴深厚"的一流国防教育基地。

案例解析:

白沙村充分发挥军民共建的优势,打造了以军扬凤林为代表的国防实训基地。军扬凤林的共富模式通过军事体验、国防教育、研学活动以及农业产业等多元化发展的方式，实现了经济、社会和环境的协调发展。这种模式不仅为当地创造了经济效益和社会效益，也为参与者和游客提供了高质量的体验和学习机会。

三、多措并举，集体经济促壮大

中国式现代化是全体人民共同富裕的现代化。发展新型农村集体经济，有利于提高农民收入水平、促进农村农民共同富裕。白沙村聚焦村级集体经济提升，充分盘活各类资产资源，发挥产业优势，探索村集体经济发展的"白沙模式"。

（一）落实村民安居计划，完善移民发展规划

白沙村深刻落实坚持把提高移民生产条件、加快产业发展、促进移民增收、整治生活环境、提高生活质量作为首要工作来抓，为移民增收创造条件，加快推进移民村美丽家园建设，不断地完善下山搬迁政策措施，确保村民移得出、留得下、富得起，实现了从"山民"到"村民"的身份转变。

1. 细化村民搬迁计划，让村民移得出

作为江山市水库移民新农村建设的样板村，白沙村搬迁之初，"重集镇轻村庄"的现象普遍存在，对村庄规划重视不够。相当多的乡镇对村庄建设放任自流，片面认为只要经济上去了，小康就奔成了。白沙村根据村民的实际情况和需求，结合江山市的政策，制定了科学合理的搬迁计划，确保搬迁过程有序、安全。在搬迁过程中，积极与村民进行沟通，避免出现"集体退场与山地游击"的情况，既尊重村民们"安土重迁"的思想，又打消村民的顾虑。村干部实地调研了解群众需求，让村民们了解搬迁的好处和必要性。同时积极为村民讲解搬迁补贴、临时安置等政策支持，减轻他们的经济负担，让他们能够顺利搬出。

2. 打造宜居环境，让村民安得下

在新居点规划建设时，充分考虑村民的居住需求和生活习惯，打造宜居的生活环境。在白沙村移民之初，按照规划，打造统一房屋建设，加强新居点的道路、供水、供电、排水等基础设施建设，确保村民的基本生活需求得到满足。为了解决村民们的顾虑，白沙村干部积极组织为搬迁村民提供就业指导和培训，帮助他们尽快适应新的生活环境，实现稳定就业。

3.拓展增收路径,让村民富得起

江山市整合大中型水库移民后期扶持、山区经济、物业经济、一事一议财政奖补、农村电子商务、美丽乡村建设等多个项目扶持易地搬迁安置村建设,全面提升安置小区基础设施,促进村民创业创新,增强扶贫对象自我发展能力,确保搬迁群众尽快脱贫致富。

移民之初,蛤蟆垄园区建好后,两次对外招投标未果,闲置一年无人问津。村两委动员党员带头承包,合伙办锯板厂,当年获利 20 万余元。村民们看到获利后,疑虑得以打消,热情得到激发,进而引发白沙木材产业的强势崛起,正是因为村干部的示范作用,给白沙村民吃了一颗"定心丸"。

白沙人敢闯敢干,村民们不畏艰难、敢于挑战、勇于创新。2002 年 2 月 11 日除夕夜至 14 日大年初三,白沙村 206 户村民度过搬迁前的最后一个春节。2002 年 11 月 2 日,经江山市人民政府批准,占地 120 亩的凤林镇盛山初具规模的新村庄被命名为江山市凤林镇白沙村。

(二)补齐土地资源短板,打造土地流转"跳板"

为了弥补土地短缺的短板,白沙村坚持做好土地流转这篇文章,促进产业结构调整、推动产业的集约化规模化经营,让土地流转,流出了活力,转出了一条致富之路。白沙村以"加快科学发展,促进村强民富"为目标,致力于盘活各类资源,从而实现了村域经济社会持续发展。移民之初,就克服移民搬迁土地资源紧缺瓶颈,从政府划拨给移民户的旱地中留出 80 亩作为村民创业用地创建郎峰木业,带动村民发展木业加工企业 32 家,年产值达 4 亿元。

1.尊重村民意愿,实行分配自主化

白沙村通过召开群众座谈会,协调群众意愿等方式,改变群众对于土地的传统观念和印象,加强村民对于土地政策的深层次宣传和科普,引导村民做好土地流转和乡村振兴的推动者。在白沙村,土地流转的具体实施方式包括整体流转、分片流转、互换流转等,以满足不同主体和项目的需求。通过土地流转,土地由不合理的碎片化使用变为规模化经营,提高了土地的使用效率,进而增加了农民的收入。

通过土地流转实现了农村土地资源的优化配置,土地可以更加优化地配置到具备先进技术和管理水平的人手中,使土地更加高效地利用。这有助于推动农业现代化和农村产业结构调整,促进农村经济的整体发展。白沙村的土地流转也得到了江山市政府、企业和农民等多方面的支持和参与。企业参与了土地流转和农业项目的开发,农民则通过土地流转实现了农地规模经营、转移就业和增加收入等目标。

让村民从传统的土地中解放出来,自主选择务工、创业,以工资性收入成为村民主要的收入来源,是村两委做的又一篇文章。2005 年,村党组织将全村所有土地集中整合,分区块编号,并分为村民自种和集中经营两类。村民自愿从其中一类随机抽取自己的地块。最终五分之四的农户选择了集中经营,统一交由两户种植大户承包。通过这种方式,白沙人实现了从山民到"市民"的华丽转身。如今,白沙村 7 户农户中就有 1 户办厂经商。

2. 扩大产业规模,实现经营规模化

白沙村打破自身土地资源的限制,打破村村壁垒,实现规模化经营。一是提留旱地发展集体经济。2002 年白沙村移民之初,村集体提留 80 亩旱田承建工业园,2006 年租用附近村庄土地,形成土地经营合力,打造"白沙村创业园"。二是村外建厂扩大规模。白沙村移至凤林镇之后,走出了一条在村外办厂的新路。2006 年山溪蓬园地建立,其中就有到目前产值早已过亿的郎峰木业。三是村村联合,形成发展合力。为产业升级提供场地和基础。滕头村的"领头人"傅平均代表在分享发展乡村产业的经验做法时,他提出因地制宜能充分发挥当地资源优势,提高市场竞争力;与时俱进可更好满足市场需求,提高产值。两者有机结合,就是发展乡村产业的良方。近年来,白沙村跟随江山市"一扇门"向"一间屋""一套房"转变的政策,木材产业不断从粗加工到全屋定制延伸。同时,依托文化优势,不断发展旅游业,旺季时每天能吸引游客近千名。此外,投资近 2 亿元的创业园项目正加速推进,建成后能为村集体增收1000 余万元。"白沙村有地,滕头村有产业有项目",村支书郑日福向滕头村支部书记傅平均发出邀请,希望能够实现村村联合,扩大白沙村发展规模。

3. 鼓励资本入驻,实现资源循环化

白沙村依托土地流转的契机,引进资本,在共谋发展之路的同时,促使产业发展与大学生返乡创业、农民返乡就业之间形成良性循环。一是借助"两山银行",探索强村富民路径①。江山市政府加快打造全国乡村振兴先行区,在

---

① 江山市政府办公室.江山市"两山银行"试点实施方案[EB/OL].(2021-05-18)[2024-06-24]. http://www.jiangshan.gov.cn/art/2021/5/18/art_1229077371_1621711.html.

生态系统服务功能价值不降低的前提下,引导更多发展要素、金融资源配置到乡村产业,加快构建农民利益联结机制,鼓励以集体经济、股份化、公司化方式发展乡村经济,健全利益分享和风险保障机制,让改革成果更多更公平地惠及广大农民。江山市探索和创新推出了"两山富民贷""两山资源贷""两山创业贷"等一系列特色生态信贷产品,并配套出台了生态资源资产增信融资操作办法。白沙村在江山市"两山银行"政策的支持下,更有助于整合资源,壮大集体经济的发展规模。二是引进社会力量发展村级集体经济。2022 年白沙村引进社会资本共建江山国防体育实训基地,实现"军旅＋体育"深度融合,包括陆地军事、水上军事两大板块,野外拉练、军事丛林露营、水上救援实战演练、真人 CS 体验等项目,深受年轻人青睐,最多时日接待近千人,为村集体及村民增收提供更多途径。三是凝聚村民力量,助力村民致富。白沙村是移民村,早年外出务工、求学的村民多,近年来发展势头越来越好,积累了丰富的寓外人士资源。白沙村的"全家福"不仅是村民们的团圆照,也是凝聚村民力量,吸引寓外人士的重要契机。2022 年白沙村参与凤林镇第一届寓外人士联谊大会,为回归搭建平台。

4. 依靠政府力量,实现资源优化

白沙村的蝶变不仅有白沙村干部和群众的协同一心,更少不了江山市的政策的支持。2022 年,江山市每年安排 500 万元用于土地(不含林地)集中连片流转,对通过村集体经济组织流转集中连片 50 亩、期限 5 年以上(不含林地),给予村经济合作社一次性 100 元/亩补助;对经济型、复合型乡镇(街道)集中连片流转 200 亩,生态型乡镇集中连片流转 100 亩以上,期限 5 年以上(不含林地),给予村经济合作社一次性 200 元/亩补助。对整村流转率达到75％标准,给予村经济合作社一次性奖励 20 万元。对通过村集体经济组织流转集中连片 100 亩以上、期限 20 年以上的林地,给予村经济合作社一次性100 元/亩补助。

(三)依托股份合作改革,探索集体发展变革

作为社会主义公有制的重要组成部分,农村集体经济在新时代如何适应市场经济生态,构建农村共同富裕的长效机制,是重要的时代课题。

白沙村经济合作社集体资产产权制度改革后,新的经济组织名称为白沙村股份经济合作社,继续承担原村经济合作社的有关职能。股权设置为单一

形式的人口股,人口股股权份额占总股本的 100%。股权界定对象的认定,遵循"依据法律、尊重历史、实事求是、公平合理、宽接受、广覆盖"的原则。

经过界定,有股东 405 户、1452 人,享受村集体经济资产收益分配的股权。量化到人的集体资产股权仅作为股东享受村集体经济收益分配的依据,所有权仍属股份经济合作社集体所有。

股份经济合作社在年终分配编制财务决算时,以国家、合作社和股东三者搞好收益分配,上级专项拨款不列入分配,村民福利、医疗保险及救助、经营管理性支出均在收益分配前列支。经营性净收入原则上按提取公积公益金和福利费不少于 30%,股东红利分配不超过 70% 的比例进行分配。每年的分配方案由董事会提出,报凤林镇政府审核后,由股东代表会议讨论通过后执行。如果年度股份经济合作社收益较少,经股东代表会议讨论通过可暂不分配。

2014 年年底,白沙村基本完成经济合作社股份合作制改革。2015 年,开展查漏补缺和扫尾完善工作,建立"确权到人(户)、权跟人(户)走"的现代农村集体经济产权制度,逐步实现集体产权股份化、收益分配股红化、运行管理规范化、股权交易市场化。

(四)激发集体经济活力,提升集体共富动力

发展壮大村级集体经济,是强农业、美农村、富农民的重要举措,是实现乡村振兴的必由之路。江山市采用多种举措聚焦村级集体经济提升,完善三资管理、项目管理、组账村管等制度,充分盘活各类资产资源。江山市陆续制定村集体经济"一村一策"增收方案,推动农村宅基地制度改革,激活闲置农房及土地资源,探索推进抱团项目、强村公司等村集体经济增收模式。

1."一事一议",打造乡村共富联合体

2024 年省财政厅公布 2024 年度一事一议财政奖补支持打造共富乡村试点项目实施地区名单,江山市再次成功入围,将获得 2000 万元试点补助资金。一事一议支持打造共富乡村试点是浙江省财政厅通过竞争性立项择优选择进行试点建设的项目,旨在发展乡村产业、壮大集体经济、促进农民增收、提升宜居环境、优化乡村治理。通过以产业、资源、交通、人文等要素为纽带的多个行政村联结共建、抱团协作,打造相近产业共兴、相邻地域抱团、资源共享共创、

强村辐射带动等模式的乡村共富联合体,带动村民共同致富①。江山市充分运用这一政策优势谋划产业合作新模式,加大对农业农村的扶持力度,补足村集体经济发展"造血"不足的短板。白沙村在江山市政策的引领下,重视集体经济的发展,不断提高集体经济的造血能力。

2002年2月11日,白沙村206户村民在深山坞里度过了搬迁前的最后一个除夕夜。搬迁下山白沙人不等不靠,变土为金,从一个下山搬迁的"三无村"走向了幸福生活:全村劳动力外出打工率从2002年的67%降至目前10%,目前全村90%的劳动力实现家门口就业创业,村民人均收入逐年大幅度上升。村民人均收入:2002年3150元,2007年8561元,2023年40000元。

白沙村年均收入变化

年份	1949	1957	1972	1982	1989	1996	2002	2007	2023
收入(元)	≤50	58	75	166	447	1439	3150	8561	40000

2.搭建平台,形成产业集聚效应

2002年,白沙村从大山里迁出时,全村移民户建起200多幢房屋,每户农家建房虽有政府补助,但还是欠了债,少则一万,多则三五万,村集体也入不敷出。当时担任村主任的郑日福提出要发展集体经济,将提留出来的近80亩旱地集中在一起,建起第一个经济发展平台——蛤蟆垄园区,在这个园区里做产业,谋发展。在村干部的带头下,集资建立的木材加工厂获得了可观的收益。从村民的怀疑踟蹰,到最后木材加工产业成为白沙村的核心产业,白沙村的集体经济实现了从0到1的转变。

2019年,白沙村依托该园区区位优势,谋划了物业经济性用房项目。目前,物业经济用房建设一期项目已基本建成。这一块占地面积1300多平方米,两层出租以后,一年有19万余元的租金收入。凤林镇白沙村党总支书记郑日福表示:"我们对整个园区都有规划,计划建设6栋物业经济性用房,建成以后,这个园区一年租金收入可以达到近千万元。"

3.盘活资源,增强"造血"功能

2016年5月上旬,杭开电气公司成立杭开(江山)光伏科技有限公司,涉

---

① 江山传媒集团.共同富裕新征程 | 江山市再次入围省财政奖补试点名单,将获得2000万元补助资金[EB/OL].(2024-04-03)[2024-06-24].http://www.jiangshan.gov.cn/art/2024/4/3/art_1206575_59168720.html.

足江山开发建设户用光伏电站,并将白沙村作为第一批建设屋顶光伏发电的示范工程。白沙村农户房屋顶安装的发电系统由 2 片不足 1.7 平方米的太阳能电池板和 1 只逆变器组成。农户屋顶安装具有自动保护装置的太阳能电池板,无论是在强烈的太阳光照射下,还是在零下低温的雨雪天气,都不存在安全隐患。安装了太阳能电池板,等于为屋面加盖保护层,使农户房屋更加冬暖夏凉,还延长瓦片的使用寿命。更值得农户欣喜的是,农户斜坡面积一般都超过 25 平方米,多的达 60 平方米以上,在闲置的屋顶上安装光伏电池板,农户不需要增加任何费用和物资,就能按面积和容量,每年增加一定的收入。

白沙村两委抓住凤林镇是太阳能光伏发电浙江第二批特色小镇的机遇,全力配合杭开电气实施全屋顶光伏富民工程,鼓励村民出租屋顶,安装户用光伏电。

2016 年 11 月起,杭开公司增派安装队,每组 4 人,内安装 3 人,领班兼技术指导 1 人,至白沙村进行分户安装。安装完毕后,当场验收,当场支付安装后第一年的租金。租金按月计算,不足一个月的按一个月结算。截至 2016 年底,杭开公司共为白沙村 53 户农户安装屋顶光伏电站,装机容量 239.14 千瓦。

【案例 4-2】"蛤蟆垄"小微工业园区：白沙人就地创业的成功实践

坐落在白沙村东边、205 国道旁,离村 0.75 公里。2000 年创建,因内有 20 家木材加工厂,拥有锯板机、开锯机、清边机、开齿机、齿接机、压创等各种机械共 136 台。主要生产产品是方料板材、细木工板、齿接档、装潢材料。木材加工后运往贺村、绍兴、山临海、黄岩、江苏、上海等地销售。

2005 年,村党组织商议决定,从政府划拨给移民的旱地中每人提留出一分地,共计近 80 亩,建起白沙村蛤蟆垄园区。园区建好后,两次对外招投标未果,荒了一年无人问津。村党组织动员党员带头承包,合伙办锯板厂,当年获利 20 万余元。村民们看到后,纷纷加入,先后孵化出 16 家木材加工厂。

目前,在村党组织的筹划下,白沙村已经完成对原来蛤蟆垄园区进行提档扩园方案。

"蛤蟆垄"小微工业园区在江山市凤林镇白沙村的发展中起到了积极的推动作用。作为白沙村重要的经济增长点,它吸引了许多小微企业入驻,为村庄带来了多方面的影响和变化。首先,小微工业园区的建设为白沙村提供了大量的就业机会。园区内的企业为当地居民提供了丰富的工作岗位,使得村民可以在家门口就业,减少了外出务工的需求。这不仅增加了村民的收入来源,还促进了村庄的人口稳定和经济发展。其次,小微工业园区的兴起推动了白沙村产业结构的升级和转型。园区内的小微企业多以加工制造业为主,这些企业的入驻使得白沙村的产业结构逐渐由传统的农业向工业和服务业转变。这种转型不仅提高了村庄的经济效益,还为村民提供了更多元化的就业机会和发展空间。此外,小微工业园区的发展还促进了白沙村基础设施的完善。为了支持园区的运营和发展,白沙村加强了道路、供水、供电等基础设施的建设和维护。这些设施的改善不仅为园区内的企业提供了更好的生产和经营环境,也提升了村庄的整体形象和居住条件。小微工业园区的成功运营还为白沙村带来了税收和财政收入的增加。企业的税收和利润为村庄提供了更多的财政收入来源,这些资金可以用于村庄的基础设施建设、公共服务提升等方面,进一步推动白沙村的全面发展。这些积极的影响不仅提升了白沙村的经济实力,还为村民的生活带来了更多的便利和福祉。

案例解析:

"蛤蟆垄"小微工业园区是白沙村提升集体收入的重要举措。白沙村在土地资源不足的困境找到了新出路,让村民实现了从外出打工到家门口就业的转变,成为白沙村集体经济发展的一大亮点。

第三节　生态美村,塑造和美乡村"新面貌"

一、聚力人居环境提升,共建乡村美丽家园

2003 年 6 月,时任浙江省委书记习近平同志亲自部署启动"千村示范、万村整治"工程,以改善农村生态环境、提高农民生活质量为主要目标,从全省范围内选择 10000 个左右的行政村进行全面整治,并把其中 1000 个左右的中心村建设成为全面小康示范村。20 多年来,"千万工程"坚持以人民为中心,直面农村发展最迫切、农民反映最强烈的农村环境问题,着力开展农村人居环境整治,努力挖掘乡村人文景观,深入推进乡村生态文明建设,深刻改变了浙江乡村的发展面貌。随着"千万工程""美丽乡村"等工作的推进,白沙村致力于改善人居环境,彻底改善了白沙村的面貌,一幅村美景秀的白沙画卷已经徐徐展开。

(一)高质量编制科学规划,优化村庄生活空间

乡村振兴,规划先行。村庄规划是推进乡村振兴的第一步,高质量编制村庄规划,优化乡村生产生活生态空间,统筹安排各类资源,补齐乡村发展短板,是实现乡村振兴的重要举措。近年来,白沙村两委多措并举高质量推进村庄规划编制,助力乡村振兴、产业发展,着力打造宜居宜业和美乡村。

白沙整体搬出大山后,在凤林镇盛山 120 亩土地上重建新家园。按照"布局优化、道路硬化、四旁绿化、路灯亮化、卫生洁化、水塘净化、住宅美化、服务强化"的标准,村民采用市建设局规划所设计的图纸,着手建造住宅。全村 205 座房屋,计 64377 平方米,人均占有面积 89.6 平方米,均坐北朝南,单家独户,排列整齐。一是消灭赤膊墙。住宅都庭院设计建造,围墙栏杆、铁大门统一用黑铸铁制成,外墙粉刷好后,以村西、村中、村东 3 个小区,统一涂上银灰色、红色、绿色 3 种颜色的外墙漆,屋面用红、绿琉璃瓦结顶。屋内要求粉白,大都按卫生间、厨房、主卧室、大厅等不同要求进行批灰,涂内墙漆,贴地砖等装潢。整个村庄住宅,粉墙彩瓦,别墅型,优美舒适。二是统一安装栏杆。村里对各农户住宅的外墙涂漆粉刷、围墙栏杆和门头花格砖铺砌,实行适当的补贴。水碓淤自然村的住宅建设,在原有基础上得到提升,形成了新的格局。新民居相对集聚,鳞次栉比,外观漂亮大方,内部设施更趋合理。2015 年 12 月,村里投资 50.65 万元,为 116 户农家的围墙统一安装栏杆,重新进行油漆,共建设不锈钢栏杆 2011.92 米、围墙涂刷油漆 6297 米,制作不锈钢门 86 套。

(二)高水平完善基础设施,改善村庄居住环境

白沙新村建设之初,按"井"字形框架分设东西向村主干道 2 条、西北向村主干道 2 条。2008 年至 2014 年,白沙村先后投资 40.2 万元,为水碓淤村片区硬化水泥路面 2000 余米。

2009 年 8 月,白沙村又出资 4 万元,水碓淤片区每户出资 700 元,为每家每户安装自来水管,使村民喝上清洁的自来水。2014 年 5 月,村里投资 122 万元,加强水碓淤自然村的基础设施建设。安装排污主管 1500 米、排污支管 8000 米,新建污水处理池 6 个,与污水无害化处理网对接。

2019 年 7 月 23 日,白沙村家宴放心工程竣工。白沙村道路广场相继完成改造提升和村史党建馆建设等。2023 年白沙村对村中的水塘进行了改造提升,完成了水塘硬化。

(三)高颜值实施绿化提升,提升村庄村容村貌

白沙村搬迁新址后,先后在村域种下杜英、银杏、柏树等树木 8000 余株、麦冬草 1300 平方米;在农户房前屋后种植桂花、紫薇、牡丹、菊花等 7000 多株。全村人均绿化面积 41 平方米,绿化率达 35%。

在幸福乡村建设中,村里实施绿化提升工程。2013 年 3 月,全村党员干部与部队官兵一起,在村主干道两边栽树 2000 余株。后又购置绿化修剪机,不定期地对树木进行修剪。还在屋后、路旁等闲置空地栽树种花,绿化面积 50 余平方米。

2016 年,白沙村把主干道原杜英树种更换成从福建采购来的丹桂树种。每株丹桂的地径在 10 厘米以上,高度 3.5 米左右。还采购 1600 多盆盆栽花卉,低价卖给 200 多户村民。整个村庄实现庭院盆景化,道路绿荫化。

村里还重视亮化工程,投资安装 1 台高容量变压器,在纵横井字形的村庄主干道两旁及通向村办公楼门前,共安装伸臂自控路灯 24 盏,全村亮化率达 90%。

二、聚力生态环境优化,共建乡村绿色家园

(一)统筹管理,高标准打造白沙碧水

白沙村自 2008 年至 2014 年先后投资为水碓淤片区硬化水泥路面和建筑排水排污渠,并拆除露天厕所 17 个,新建公厕 2 座、垃圾房 1 座,设垃圾箱 35 个,使水碓淤片的环境得到改善。

2011 年 5 月,白沙村设立村庄环境卫生管理领导小组,由村党支部书记郑日福任组长,村主任吴江明任副组长,两委成员为委员,制定实施联户管理制度。同时,聘请 2 名专职清洁工,负责两个自然村每家、每户每一天的生活垃圾清运工作。他们每天上午 9 时前,按时清扫、清运垃圾,做到日铲日清,确保垃圾池不满溢,同时做好垃圾分拣工作。2014 年 5 月,村两委成员专题研究水碓淤生活污水处理工程建设。

(二)循环利用,智慧化推行垃圾分类

白沙村设置了垃圾分类收集点,引导居民正确分类投放垃圾。同时,村庄还引入了专业的垃圾处理设备和技术,对垃圾进行分类处理和资源化利用,减

少垃圾对环境的污染。白沙村于 2021 年成功创建农村生活垃圾分类处理数字化动态监管试点优秀村,分别有 218 户、209 户农户参与智慧化垃圾分类。2023 年,江山市结合实际,坚持"最大限度减少农村垃圾总量,实现垃圾循环资源化综合利用"的总体目标,实行网格管理,强化技术支撑,加强督查考核,有序推进农村生活垃圾资源化利用长效运维工作,实现农村生活垃圾减量化、资源化、无害化处理。白沙村等 4 个村入选省级高标准农村生活垃圾分类示范村。

1.划分垃圾分类责任片区

2014 年 12 月,以村民小组为依托,将全村分成 6 个责任片和 12 个责任片区,由村两委干部任各片片长,各村民小组长任各区责任人,分片跟进、分区负责。同时,建立严要求的卫生监督队、高水准的村庄保洁队、喜参与爱卫小能手队 3 支队伍。每家每户的小孩也参与爱卫小能手队伍,注意自己的言行举止,不随地吐痰,不乱扔纸屑,养成及时清扫、垃圾分类处理的良好习惯,把自己家的房屋前后打扫干净,还在每个星期天帮助村里打扫公共厕所。

2.开展垃圾分类试点

2014 年年底至春节这 2 个月,开展垃圾分类试点。通过试点,创立"户分类、组收集、村运转、镇处理"的农村生活垃圾集中分类处理模式,实现垃圾"分类化、减量化、生态化、资源化"处理。在这同时,建立监督考核的长效机制,把垃圾分类与清洁家园相结合,每月对各户的卫生和垃圾分类情况打分评比,并在村务公开栏公示。根据年底根据评比结果,选出最优清洁户和垃圾分类示范户各 10 户,给予表彰。制定村保洁员监管制度,每月对评比情况进行汇总分析,对保洁员的工作进行督促指导。

3.创新垃圾处理方式

2015 年 3 月,完成生物发酵堆肥设施的招标采购、建设施工等工作。配齐各组、各片的保洁员、监督员和负责人。根据垃圾分类规模、常住人口数、自然村的集聚性等因素,村里又增加设置 60 多个垃圾桶,配备好垃圾车等硬件设施。结合实施畜禽养殖禁养区限养区划分方案,与村民签订禽畜圈养协议书和"文明九禁止"协议。

对分类投放后的垃圾处理,有四种办法:一是村民的生活污水、猪场排泄物作为有机肥料,由村民或者家庭农场主统一收集上山利用;二是由村清洁员将每家每户的厨余垃圾收集起来,统一运送到有机处理场进行粉碎加工,制造有机肥分发给村民种花、种菜等；三是把有害的垃圾和卫生间废纸等难以回收的废弃物品统一运送到镇垃圾中转站集中处理，减少环境污染；四是将可回收利用的垃圾通过兑换超市进行兑换收集。不同的废塑料袋、易拉罐、塑料饮用瓶、旧电池、香烟壳，以及农药瓶、酒瓶，根据不同的数量，可以兑换酱油、盐、鸡精、牙刷、牙膏、肥皂、洗洁精等食品和日常用品。50 个塑料袋可换一包酱油，40 个易拉罐可换一支牙膏，15 个饮用塑料瓶可换一包盐，3 根香烟蒂可换一块肥皂，等等。

（三）专项整治，高格局创建环境卫生

近年来，江山市人大常委会把提升生态环境质量作为重点工作，综合应用专项报告审议、执法检查、"工委一件事"等手段，开展全方位、全链条、立体式监督，积极推进生态文明建设，绘就生态发展新蓝图。白沙村积极响应生态文明建设的口号，深层次推进生态文明建设。

2016 年 4 月 10 日，组织全村妇女到新塘边镇东亭、日月、永兴坞和毛村山头等村参观，并学习垃圾分类的做法与经验。8 月 15 日，白沙村民委员会召开村民代表大会，39 位村民代表一致同意向所有村民每人每年收取卫生管理费 20 元。此后，在白沙片 206 户 763 口居住人员中收取卫生管理费 15260元，在水碓淤片 198 户 726 口居住人员中收取 14520 元，作为全村环境卫生和垃圾分类的保洁资金。

2018 年 11 月，白沙村着手水塘整治建设，进行水塘清淤和引水渠、启闭设施改造，工程总投资 8.18 余万元，2019 年 11 月 27 日竣工。

2020 年 6 月底，白沙村贺峡线沿线节点打造整治提升工程，由浙江浩川环境建设有限公司承建，8 月底竣工，共投入资金 914689 元，工程主要项目为景观建设、道路绿化、围墙铺装等。

2022 年，全村先后开展保护环境卫生宣传和专项整治活动。在抓好白沙、水碓淤自然村环境卫生工作的同时，村志愿服务队多次参与镇里组织的环境卫生专项整治活动。

三、聚力人文环境赋能，共建乡村和谐家园

白沙村在村两委的带领下，引导家家户户践行文明家风家训，形成了尊老敬贤，团结和谐——幸福乡村美好生活的时代画卷。

(一)从"全村福"到"全村富"

2006年3月11日《人民日报》刊登了一幅白沙村的全村福，全村570多口人，男女老少欢聚一堂。孩子们在前边抱着，老人在中间坐着，青壮年人在后边站着，个个都穿着新衣，人人都带着笑容，这是白沙村幸福的缩影。移民之初，他们相互保护、相互交流、相互关心、相互帮助。在白沙的建设中，他们先富帮后富。一些勤于学习、敢于探索、勇于创新、精于经营的致富带头人，经过艰苦努力，找到了一条适合本地资源和优势的致富之路。他们毫无保留地把自己的技术、经验、种子、资金、市场等提供给本村的父老乡亲。通过传帮带，一个新型的行业便迅速在全村扩散开来，几十户、几百户同操一业，同营一品，一个村就形成了一个工厂、一个市场、一个经济共同体。全村福是新时代"村情"的传递手段，村民在共富路上，利益相关、心情相近。

第一张全村福（毛永耿提供）

(二)从"移民村"到"幸福村"

白沙村注重打造新时代的美好家园，村内陆续建成拥有篮球场、排球场、游泳池的健身广场以及面积1300平方米的室内综合体育馆、融入军旅元素的文化礼堂、占地面积3500平方米的幼儿园等场所。白沙村多次邀请医生下乡为村庄老年人统一安排体检，为村民提供贴心服务，提高村民生活幸福感。邻里中心建设完工后，将打造综合性服务场景，进一步补全民生服务短板，优化群众民生服务体验。此外白沙村还开展新春农民运动会、村歌赛等一系列文体活动，丰富了村民生活。老有所养、幼有所教、青有所创的乡村新图景已然绘就。2020年，白沙村建成了集安全、智能、文化等功能于一体的"移民智慧村居"项目，涵盖户外发布大屏、"移动之家"电视平台、视播结合监控、无线Wi-Fi、为村民办事平台、便民服务平台、留守老人儿童一键报警及"智慧乐园"留守儿童之家等9大功能模块。此外村里的养老照料中心、家宴中心等一应俱全。

(三)从"人心散"到"人心齐"

白沙村因地制宜,因村施策,着力完善文化基础建设,加快推进移民村和美乡村建设步伐,让村民人心齐聚,合力共富。

1.建设文化长廊,展现白沙"三绝"

白沙村文化长廊,被称为江山市第一长廊,总长185米。长廊两边有村史村情、国防双拥、爱国主义教育三大板块内容展示。村史村情板块,展示白沙村的建村理念。通过新老白沙照片的鲜明对比,勾起村民的回忆,看到美好未来。全国最早公开发行的《白沙村志》,是白沙村的三绝之一,在这里展示一个村址,一个村域发生巨大变化。全国第一张全村福,村民们洋溢着喜悦的笑容,是白沙村的三绝之二。村民们可以在巨型合影照片里,寻找自己的身影。"全村福"把全村人的心凝聚在一起,融合在一起。白沙人还有明代《山图》,此为白沙村第三绝,也在这里展示。白沙人历代重视教育,重视文物保护,吸引不少远近乡镇村庄仿效。国防拥军板块,展示国防和军队建设成就,涵盖海、陆、空、武警部队、国防后备力量建设以及航空航天事业的崭新风貌。军民共建、拥军优属、拥政爱民、关爱教育、军民联欢,组成一系列教育内容。

2.建设文化空间,彰显乡村特色

立足城乡特点,打造有特色、有品位的公共文化空间,扩大公共文化服务覆盖面,增强实效性。移民之后,白沙村陆续建成了文化大楼、图书室、图书流动点、电子阅览室、老年活动室等,打造乡村多样化的文化空间。2014年,面积5200平方米的军民文化苑竣工,文化礼堂、体育场馆、接待中心、特色餐厅设施同时落成。其间,还建成占地6000平方米的文娱广场,包括篮球场、排球场、游泳池。

第四节 文化兴村,引领精神文明"新风尚"

一、文化礼堂,培树白沙精神地标

实施乡村振兴战略是党的十九大作出的重大决策部署,党的二十大继续对乡村振兴战略进一步发展,提出要全面推进乡村振兴。其中文化振兴是乡

村振兴的重要内容和力量源泉,也是乡村振兴的思想保障和灵魂所在,为乡村振兴提供了强大的精神动力和文化支持。文化振兴需要载体,而农村文化礼堂恰好是一个重要媒介和展示平台。农村文化礼堂能够打造农村思想文化阵地,形成最贴近群众文化需求的平台,丰富了人民群众的精神文化生活,完善了农村的公共文化服务体系,进一步助推了乡村振兴。

2013 年浙江省正式启动农村文化礼堂建设工作。至 2023 年,文化礼堂的数量已达到两万余间,并实现了 500 人以上行政村的全覆盖。江山深耕本地特色资源,打造文化礼堂村歌、村运、村晚"三大"品牌,探索"文化治村"新路径。

(一)体育活动让文化礼堂"动"起来

农村文化礼堂的基础设施设备包括:具有一定规模并配有舞台的礼堂、能灵活开展培训的多功能室、体现当地文化传统的文化活动室、满足藏书看书学习和交流的农家书屋、能展现村史或民风民俗等的展览展示室、定期开展主题活动的"春泥计划"活动室、广播室和一定数量的体育活动设施等。随着时代发展,文化礼堂的设施设备也在不断优化升级。2019 年开始,浙江省启动体育进文化礼堂活动,大力推进"体育+文化礼堂",探索在农村文化礼堂建设百姓健身房,掀起了农村体育文化新风尚。白沙村文化礼堂是白沙村文化事业的重要组成部分,它为当地的文化发展注入了新的活力,也为村民们提供了更加丰富多彩的文化生活。近年来,江山一直在推动农村体育设施与文化礼堂建设相融合。2013 年至今,每年有 100 多个行政村在文化礼堂举办新春农民运动会,形成"百村万人体育过大年"的繁荣景象,成为江山群众体育的品牌活动。

(二)艺术活动让文化礼堂"活"起来

江山市凤林镇白沙村文化礼堂是白沙村的一个重要文化场所,也是当地开展各种文化活动的重要平台。它集文化、教育、娱乐等多功能于一体,为村民提供了丰富多彩的文化活动和服务。

在文化礼堂内,可以举办各种形式的文艺演出、展览、讲座等活动,让村民们在欣赏文化艺术的同时,也能增长知识、拓宽视野。此外,文化礼堂还配备了各种现代化的设施和设备,如音响、灯光、舞台等,为举办各种大型文化活动提供了良好的条件。

白沙村文化礼堂还经常开展各种形式的传统文化活动,如民间艺术表演、手工艺品展示、传统节庆活动等,让村民们更好地了解和传承当地的传统文化。2018 年白沙村文化礼堂被评为五星级农村文化礼堂。

(三)多元活动让文化礼堂"乐"起来

"土"味运动会,趣味运动会等多元化的活动举行,让文化礼堂充满着欢乐气氛。2022 年"宣传二十大精神 唱响新时代乡音"凤林镇村歌大赛在白沙村文化礼堂落下帷幕。2023 年以"乡约亚运 活力礼堂"为主题的衢州市迎亚运农村文化礼堂运动会在凤林镇白沙村文化礼堂举行,来自 6 个县(市、区)的近 1000 名选手齐聚白沙村,用运动赋能乡村,浓厚亚运氛围。江山市凤林镇承办的"理论溯源""共富有我"主题宣讲活动在衢州江山市凤林镇白沙村文化礼堂举办,郑日福书记向 8090 理论宣讲员们讲述"志在白沙"的故事。

二、初心讲堂,解锁白沙"共富密码"

2004 年 10 月 10 日,习近平同志来到白沙村调研,并对村民提出了"百尺竿头,更进一步"的殷切嘱托,近年来,白沙村一直牢记习近平总书记嘱托,依托党群服务中心,打造集党员教育、文体培训和产业培育等要素于一体的"初心"讲堂,不断解锁白沙治村兴村强村的"共富密码"。

(一)"党建十讲堂",解锁美丽乡村治理密码

"我们有啥事都愿意到讲堂里坐坐,大家一起谈谈看法,好多事情在讲堂里就能解决好。"村民毛爱英说道。白沙村每周根据群众需求,依托"初心讲堂"开设邻里矛盾纠纷调处、村庄未来建设谋划等不同主题的"书记曰你听"协商议事会,群众的事情群众商量着办、共同参与办,讲堂也就成为白沙村解决村里大事小事的"好去处"。议事会开设以来,收集"一米菜园"、亲水平台等村庄建设建议 17 条,优化"未来乡村"项目设计 12 处。

(二)"文体十讲堂",解锁文明新村幸福密码

为了丰富村民的农闲生活,白沙村又在讲堂里推出了文体休闲的"七点课堂",邀请市文化馆工作人员、市老年大学教师为村民们提供排舞、腰鼓等文体培训,让大家逐渐养成"忙时搞生产,闲时搞文体"的好习惯,更为村里杜绝了赌博和封建迷信等不良风气,引导村民过健康向上的生活。"七点课堂"开课

以来,由村里自编自导自演的村歌《志在白沙》获浙江省山区县村歌故事会"十佳村歌故事",并在 2020 年获评全国文明村。

(三)"产业＋讲堂",解锁富民强村发展密码

作为移民村,如何促进村民就业,带动村庄发展是关键,白沙村紧紧依托乡村振兴讲堂,积极探索"产业＋讲堂"模式,通过理论宣讲、专家授课、技术培训,推动传统木材加工产业转型升级,带动民宿、餐饮、土特产品销售,增加村民收入 20 多万元。"村里良好的发展前景是我放弃大城市回村工作的原因","90"后大学生吴鹏程选择回村入职木材加工企业。目前,白沙村 85％的劳动力实现家门口就业创业,村民人均年收入较搬迁初期翻了三倍以上,村集体年经营性收入超百万元。

2019 年白沙村与浙江省外国语学院建立结对关系,依托讲堂成立"青年学子学青年习近平"学习教育实践基地,发挥浙江省外国语学院的师生资源力量开设思想政治、电子商务等培训。浙江省外国语学院老师通过云端为大家带来《习近平的七年知青岁月》《青年学子学青年习近平》等课程。讲堂灵活运用讲课办法,打破时空限制,开设"书记曰你听""红色跑团"等网络课堂,实现讲师在云端,讲堂也在云端,通过"云讲堂"向群众传授知识,也让更多在外的村民加入到讲堂中来。

白沙村充分发挥自身的生态、文化和产业优势,依托初心讲堂,开展全方位、宽领域的教学活动,让村民们既"鼓"口袋也"富"脑袋,全面推动乡村振兴,讲好共同富裕路上的白沙故事。

三、文明新风,提升白沙精神气质

白沙村民心系集体、热心公益,形成了"众人拾柴火焰高"的局面。白沙人热心助人,是村民们长期保持的优良美德,他们将文明做到细微处,体现了白沙人独特的精神风貌。

(一)勤奋坚韧,培育文明乡风

乡村振兴,乡风文明是有力保障。培育文明乡风不仅能从精神生活上满足广大农民对美好生活的需要,形成推崇文明、崇尚科学的良好社会风气,而且能够提升农民群众的精神动力,推动乡村经济、乡村法治、乡村治理和乡村

生态全面发展,营造有利于乡村振兴的社会氛围。

20世纪80年代大办乡镇企业风潮盛行,白沙村集体办的织布厂,因经营不善,没过几年就倒闭了,村里欠了银行16万元贷款,一直还不上。2006年,搬迁至凤林镇的白沙村经济情况有所改善,郑日福书记在一次党员和村民代表会议上旧事重提。银行没上门追,村委也早换了茬,白沙却要把积攒了数年的"老本"一下子全拿出来还账,村民能答应吗?"欠债还钱,天经地义。这笔钱,就算是砸锅卖铁,我们也要还上!"当年,白沙将16万元欠款全部还清。一笔陈年欠款的归还,让白沙村发展迎来了新契机,源源不断的"金融活水"流入白沙,浸润着人们的生活,也帮助不少人走上创业道路。在白沙,每7户人家就有1户在创业,如今在外务工的村民比例不及10%,真正实现了"老人不空巢,夫妻不分居,儿童不留守"。

(二)尊老敬老,培育良好家风

白沙村素有尊老敬老的良好家风,村里建立老人协会,设置老年人基金,春节为60岁以上老人发放慰问品。在全村上下,形成了尊重老人的习惯。

2013年3月5日下午,凤林镇团委和白沙民兵文艺队一行40余人来到镇属夕阳红托老院,开展"学雷锋献爱心"系列活动,为院里的100多位老人们送去了一份关心、献上一份关爱。2016年,据调查统计,全村有80岁以上老人50名。2020年6月10日,凤林镇政府筹资在水碓淤自然村旧村部创办居家示范养老中心。2021年10月,开展"久久重阳节,浓浓敬老情"活动。

(三)乐善好施,培育淳朴民风

白沙人对公益事业的支持由来已久,历史上的义务修桥铺路,捐资宗祠、造众厅、办学堂,举不胜举。迁址后,在新村建造曲桥阁亭、洗衣埠头、健身活动中心等公共设施,村民们都踊跃捐款。

白沙人心系集体,热心公益,邻里和睦,敬老爱幼,村里办公益事业,村民们纷纷捐款;汶川地震时,村民们慷慨解囊;村里有人患重病急需献血,村民们不约而同地赶往省城,无偿献出鲜血;村里老人外出迷路了,全村人热心帮忙四处寻找;抗疫期间,全村男女老少争先恐后地抢着值勤守岗;甚至在外出途中,遇上危难之人,白沙人也会奋不顾身地施救。文明新风处处荡漾,白沙村民以实际行动生动诠释着社会主义核心价值观。

亲情石讲述热心肠

亲情石是白沙村刚从定村乡迁来不久,村里20多个青壮年自发从老家搬来的,有的刻"文明",有的刻"诚信",提醒村民不忘本,把白沙的老传统守住。村子搬迁的第二年,要进行统一的外墙粉刷,有28户人家连4000元的粉刷费都拿不出。正当大家为钱发愁,村民代表、党员主动找上门和他们结对,垫付费用。亲情石见证着白沙人热心互助的温暖。在白沙村村部,挂着一张"有礼"榜,点赞在面对突如其来的新冠肺炎疫情防控中,团结拼搏的白沙人。村民群众在党员干部的示范带动下,主体意识得到充分激发,先后有400多人参与志愿服务,累计捐资捐物10万多元。

【案例4-3】自发赴杭献血的村民:白沙村淳朴民风的典型示范

2011年8月,村民吴忠昌患了重病,送到杭州医院治疗,急需输血。消息传回白沙村,自办锯板厂的吴晓伟,第一个驱车300多公里赶到杭州,为吴忠昌献上了第一个治疗单位的血小板。村民廖仙珠也乘快客到杭州,为吴忠昌献上1.5个治疗单位的血小板。时任村委主任的吴祥水到杭州,在献血检测时被告知,体重不足不宜抽血,但吴祥水执意要为热心村公益事业而积劳成疾的吴忠昌献血,表达对他的敬意,医生拗不过,只得抽了吴祥水200毫升全血。青年周军是个献血志愿者,2010年11月25日,曾向江山市中心血库献过300毫升全血,听说德高望重的吴忠昌病危要输血,与在白沙幼儿园教育的妻子冯萍一起去杭州,分别为吴忠昌献了一个治疗单位的血小板和300毫升全血。其时,原村党支部书记吴钻强,一心想为吴忠昌献血,赶到杭州时,被医院告知超过了《献血法》规定的无偿献血法定年龄,这使他感到失望。比他年纪轻的吴钻富、吴钻瑶身强力壮,各献1.5个治疗单位的血小板,令人刮目相看。

2012年12月初,当村民们得知毛兆成在浙二医院住院时,大家纷纷自发前往献血探望。毛兆成住院期间,白沙村民远道去杭州,排队为一个普通病人踊跃献血,成为浙二医院从未出现过的情景,令住院部医生、病人和陪护赞不绝口。据统计,毛兆成住院期间,白沙村民有200余人次,来来往往,赴杭探望。

案例解析:

白沙村民"一人有难,多人支援",他们团结友爱、热心助人,正是像吴晓伟、廖仙珠、吴祥水等热心村民的出现,让人感受到了白沙村民的"可爱",也让人们深切地感受白沙村的文明乡风。

本章小结

本章主要介绍"把大变化写进新村志"的实践效应。浙江省自 2003 年全面推进"千村示范、万村整治"工程,从美丽生态到美丽经济、美好生活,一些乡村走过清晰的"三美融合"脉络,成为率先振兴的"全面小康建设示范村"。20多年来,在"千万工程"的引领下,白沙村在实践中不断探索和创新乡村振兴路径,通过因地制宜发展特色产业、推进人居环境整治、加强基层党建引领等有力措施,实现了经济快速发展和生态良性循环,村民收入不断增加,村庄面貌焕然一新。

第五章 "志"在美好生活:白沙共富向未来之"志"

回望过去,白沙有"志",牢记嘱托,砥砺奋进。殷殷嘱咐有回响,白沙村把村里搬迁的大变化写进新村志,村志兴村的新路径引领白沙村在共同富裕道路上取得了较为突出的成绩。展望未来,白沙志在打造更高水平的乡村振兴和共同富裕,一是志在富裕,做精、做深、做优三产,打造高质量产业经济先行村;二是志在宜居,践行绿水青山就是金山银山的理念,打造高颜值生态宜居示范村;三是志在传承,文化铸魂赋能乡村振兴,打造高素质村志文化第一村;四是志在善治,积极探索"四治"融合模式,打造高水平和谐有序样板村;五是志在共享,坚持以人民为中心,打造高品质美好生活幸福村。

第一节 志在富裕,高质量打造产业经济先行村

乡村要振兴,产业必先行。乡村产业振兴是乡村振兴的重要内容之一,也是乡村振兴的重要基础,只有产业发展了,才能让各方面资源得到充足有效的利用,才能切实让农民享受到乡村发展带来的红利。在高质量发展产业经济共富道路上,白沙要紧紧围绕做精做深做优一、二、三产业,形成三产融合、高效、共享、提质的产业发展体系,发展白沙新产业新业态,壮大白沙产业,推进白沙村民持续较快地增加收入。

一、提质增效做精一产,开创发展新局面

农业作为第一产业,是国民经济的基础,与人的生产生活最为紧密,事关国民经济能否良性循环。白沙村要走一条提质增效、提升农产品附加值的道

路,做精食用菌等优质农产品,做好稻果茶生态农业,从泥土里、从农产品中"掘金"。

(一)"小蘑菇"撑起"大产业"

白沙村应以恒昇生态农业公司为基础,推进食用菌产业上下游一体化,打造"繁育技术研发＋智能化栽培＋精细化加工＋智慧物流展销＋科普培训观光"全产业链的食用菌智能栽培区。

一是以技术创新为引领,做好食用菌繁育技术研发,保障食用菌种源质量,选择种性明确、推广应用效果好、适宜白沙村栽培的优良品种。优良品种和技术研发是食用菌产业高质量发展的重中之重,通过技术赋能白沙食用菌品种选育、栽培技术、加工技术,标准化定制,繁育高端菌种、良种。

二是新质生产力推动食用菌智能化栽培。新质生产力的提出为新时代新征程加快科技创新、推动高质量发展提供了科学指引。白沙村应引进现代化技术,进行珍稀菌工厂化生产、农业设施栽培、菌花果药立体化栽培、培养料和菌包生产,使白沙食用菌产业生产走向智能化、精准化和高效化,提高劳动生产率和土地产出率。通过以科技创新之力拓展产业边界,推动不同产业之间的交叉融合,引领食用菌产业转型升级。

三是精细化加工,延伸产业链,提升附加值。"开发森林食品"被写入2024年中央一号文件。食用菌作为来自乡野田间的"土特产",利万物而不争,"小菌菇撑起大产业"成为各方共识,而发展白沙食用菌产业为白沙开发森林食品提供了新思路、新方法。做好白沙食用菌初加工产品、精加工产品、深加工产品等,将食用菌从原料变成商品,加快精深加工产品开发步伐,如方便休闲食品、调味品、饮料、功能保健产品等。

四是积极探索利用物联网、云计算、大数据、人工智能、5G、区块链等新一代信息技术,塑造食用菌智慧物流展销,构建从食用菌采摘、加工生产到仓储、物流、交易等一系列标准化体系,建立专业化服务平台,助力食用菌产业发展。

五是产业融合新业态,推动产业提质增效,白沙需做好"土特产"文章,打造三产融合新业态,以食用菌科普培训观光为抓手,开展科普展示、观光游览、绿色康养、运动休闲、多元游憩、人文旅游等活动。

(二)"一片叶"沏出"新路子"

一是提升茶叶品质,建设高质量茶园。充分挖掘和保护白沙村优质茶树种质资源,引进适宜的优质茶树新种质,建设区域性茶树良种繁育基地。加大特早、抗性突出、适合机采机制等高产优质茶树新品种选育,构建"育、繁、推一体化"种业发展新模式,推动茶树品种更新换代。对选育出的优良茶树品种加大繁育推广力度,进一步提升白沙村茶品质和市场竞争力。

二是打响茶品牌、做强茶产业。结合既有茶园的天然资源,塑造白沙"绿牡丹"品牌,让绿牡丹茶香飘八方。积极推进茶叶市场以及茶文化体验的建设,举办形式多样的品牌宣传推广活动,持续提升白沙茶品牌价值、知名度、影响力和竞争力,为茶文化宣传造势。

三是拓宽茶旅融合之路,打造茶韵飘香观光区。全面挖掘、系统整理、深入研究,推进茶产业与旅游、教育、文化等产业深度融合。加快进行现状民居的升级改造,提升摄影写生基地、茶艺馆、采茶制茶体验中心、禅茶文化研学中心等功能,开发茶园景观、艺术写生、极限运动、亲子活动、婚庆摄影等项目,打造"茶田观光+禅茶研学+制茶体验"的观光休闲体验区,加快推动茶文旅融合发展。

(三)"小绿果"变身"致富果"

江山是"中国猕猴桃之乡",规模栽培猕猴桃历史悠久,是浙江省大型猕猴桃商品化生产基地、中国猕猴桃无公害科技创新示范县、中国猕猴桃产业技术创新战略联盟成员单位十大主产县之一、华东地区大型猕猴桃销售市场和全国猕猴桃重要集散地。白沙村作为江山猕猴桃重要的生产基地,应持续以"小绿果"引领致富路。

一是推进共享农场,打造城乡融合发展新业态。依托现有果园、田地,做到"农业+采摘+艺术"的创新融合,打造共享农场体验区。通过吸引城市居民下乡认养土地,以新农人的身份与原乡民共享产权、产品、生活和生态,形成城乡融合发展新业态,以至于作为乡村振兴的破题抓手。筑牢乡村经济社会发展的"产业内核",促进原乡民持续增收和集体经济发展壮大,打造新村民与原乡民共建共治共享新农村。

二是补充林下经济、林下景观,增加果蔬娱乐活动策划项目。将林下资源与休闲农业、乡村旅游有效结合,充分利用白沙村猕猴桃资源优势,结合林下经济产业发展情况,大力打造猕猴桃水果基地的"采摘游"路线,并举办时节采摘、时节科普、时节美食活动,开展科普教育,农事体验多种休闲娱乐活动等新型旅游业态,全面打造"吃住行玩学"于一体的农业观光园。

(四)"一粒米"闯出"新稻路"

一是打造"农业＋"现代产业链条体系。与科技产业、创意产业叠加,赋予农业更多的品牌内涵、新型文化特征,延伸农业产业链条,形成"农业＋新技术""农业＋加工研发""农业＋商业批发""农业＋互联网""农业＋乡村旅游"五大现代农业发展方向,形成现代化全农业产业链条。

二是农业＋新技术。依托规模化、立体化种植技术、基因培育技术和科技化管理技术,着力发挥技术集成、产业融合、创业平台、核心辐射作用,发展智慧农业,并利用农业大数据在农业的产前、产中环节充分对接市场对农产品量、质的需求,提高农业产量产值。

三是打造农业科技试验园区。结合农业技术培训基地,科研设施农用地,用于新技术应用试验、新型农产品研发试验,致力构建现代化农业科技试验园。

二、提速扩量做深二产,开启发展新篇章

回望过去,白沙村深入推进"产业强村"发展战略,白沙村的木材加工业已成为白沙村林业产业脱贫攻坚、乡村振兴的引领产业。展望未来,立足丰富的本地资源,不断加大对木材加工企业的培育力度,做深共富小微园的来料加工,"换挡提速"开辟白沙村产业发展新蓝图。

(一)集聚发展,增强木材加工业竞争实力

一是以基地建设为突破口,绘就工业原料支撑版图。首先,要做大资源增量。按照科学规划、稳步推进的原则,出台优惠政策,鼓励骨干企业参与商品林基地建设。其次,要盘活资源存量,把优惠政策用足用活,争取采伐限量的实质性突破,逐步缓解原料供需矛盾。再次,要控制资源流量,保护地方资源,引进外地资源。要推行重点加工企业与周边乡村、农户签订长期联营或供销合同,巩固地方资源供应渠道。最后,要采取灵活的财政补贴及税收优惠政策,努力形成价格竞争优势,扩大周边地区竹木原料进口量,弥补本地资源缺口。

二是以资源整合为突破口,提升木材产业发展层次。通过整合政策资源,重点支持郎峰木业作为骨干企业,助力其主动加大技术改造力度,增加科技含

量,提高企业竞争力。对一些规模小、能耗高、产品附加值低的企业,要运用市场手段和有关质量、环保标准,进行兼并或淘汰,实现资源向优势企业集中。整合原料资源,发展中级产品。对现有的中小企业实行股份制改造,促进投资主体多元化,扩大企业生产规模,以骨干企业的大发展带动林产加工业的大突破。

三是以强化服务为突破口,优化经济发展环境。要在白沙村树立一种亲商、安商、富商的意识,为企业、企业家营造和谐的良好氛围。要建立一套灵活高效的体制机制,营造投资创业的宽松环境。必须在制定和落实有关政策上,在解决项目用地、环评、审批、资金等要素问题上,真正体现灵活高效,为做大做强企业提供体制机制的有力保障条件。

(二)优化整合,激发小微创业园共富活力

一是助推村民发展经济,增加集体经济收入。结合白沙村现有资源及村级集体经济发展计划,整治白沙村现有的蛤蟆垄木材园区,提升"白沙军民融合共建物业园"建设水平,并在此基础上,扩大园区范围,优化小微企业园。立足江山市工业企业发展,瞄准上海及杭州、义乌等发达经济体,由省军区及地方政府引导,引进培育一批材料、电子、机械制造等企业,参与军品的研制和生产,进行零部件的配套研制和生产,加快白沙村产业发展,提高村集体收入水平。

二是依托贺峡线,通过厂区巴士进行交通联系,实现江山市郎峰木业有限公司和共富小微园在生产、研发、销售链上的资源共享。

(三)科技赋能,夯实特色产业区创新能力

科技创新是驱动发展的主引擎,是建设现代化产业体系的必要条件,也是推动经济社会高质量发展的重要动力。针对白沙村低小散工业,加快提质升级,融入三产体验、参观、展销等功能,增加木制文创产品展销中心、木产品制作体验工坊、小微园参观培训中心和科创研发中心等功能,打造"来料加工＋科创研发＋制作体验＋参观培训"一体化共富特色产业区。

一是通过来料加工有效解决乡村妇女、闲散劳动力的就业难题,帮助村民发展富民产业。白沙村要进一步推进来料加工共富工坊建设,不断扩大来料加工产业的辐射面,形成示范引领、梯次开花的生动局面,为稳经济促发展、助力乡村振兴、共同富裕贡献巾帼力量。

二是搭建科创研发中心,推动科技创新成果惠及广大农民,以科技下乡助力乡村振兴。围绕白沙村发展实际,突出重点,瞄准"短板"和"痛点",有针对性地邀请专家为白沙村把脉问诊,下好乡村振兴科技服务"精准棋",为白沙村农业农村提供亟须的科技培训、科普讲座、产业指导等科技服务,实现科技服务与服务需求的精准对接,让科技人员把论文写在田间地头,让科技下乡真正赋能乡村振兴。

三是围绕白沙村特色文化资源,通过文化挖掘、文化活化、文化创新、文化传承四个维度来盘活白沙村文化资源。推进木材产业与白沙文化深度融合,建设木制文创产品展销中心、木产品制作体验工坊,创新和推广具有白沙地方特色的木质文创作品,展现白沙本土文化新活力。比如白沙里的村志文化、茶灯文化等,通过木制文创产品,还可以丰富村民的精神文化生活,增加村民的收入,实现共富。

四是扩展参观培训新业态。依托共富特色产业区,立足资源优势打造共富产业基地,做好资源盘活、项目引进、技能培训三篇文章,持续助力白沙"移得出、安得下、富得起"。

三、提档升级做优三产,激活发展新动能

回望过去,白沙村依托村志、体育、军旅三大文化优势,不断发展旅游业,带动了整个白沙村致富。展望未来,白沙要深入推进一、二、三产联动,做优国防文旅、运动休闲和乡村康养,让其正成为白沙村经济发展提档升级的助推器。

(一)用活国防资源,打造军民融合文旅区

一是打造新时代国防文旅特色 IP。因地制宜,建设游客服务中心和邻里中心,改造提升军扬凤林国防实训基地,改造提升军民融合白沙村数字化未来社区,利用白沙村现有建筑改造提升规划村民创业基地和电商培训中心,打造"国防教育＋未来社区＋智慧服务"军民融合文旅区,形成新时代国防文旅特色 IP。二是对表军民融合文化示范村建设要求,加强各区块间之间的联系,通过区域游线串联国防体育教育展示、游客服务中心、田园军旅未来社区、未来军事科技体验和沉浸式战争体验五大主题片区。三是引进主体,引入社会资本,共建江山国防体育实训基地。推动"军旅＋体育"深度融合,深度开发陆

地军事、水上军事两大板块，野外拉练、军事丛林露营、水上救援实战演练、真人 CS 体验等深受年轻人青睐的项目，打造具有白沙特色的主题商业、品质民宿等新业态和新载体，为村集体及村民增收提供更多途径。四是加大宣传推广，全面激活军旅市场。依托网络新媒体进行宣传，积极参加省、市文旅产业推介会，组建文旅新媒体宣传矩阵，拍摄制作军旅宣传片，多角度、多形式、多渠道开展网络宣传推广，结合不同时间节点，有侧重地做好重要时段的新媒体工作，将动态信息与阶段性工作结合起来，压缩篇幅、增加频次，多措并举，提升新媒体宣传的针对性和实效性，全面激活军旅市场。

（二）用好"体育＋"，打造未来休闲活力区

一是明确工作思路，推进"体育助力乡村振兴工程"建设。推动体育元素融入乡村振兴战略，大力发展户外运动，推动体育与旅游、健康、养老等产业融合发展，带动村民就业创收。二是利用白沙村现有园地林地，植入休闲运动中心、公园广场和相关休闲娱乐新业态，改造贺峡线两侧现状民居，将其更新为商业与居住混合用地，建设健身休闲绿道、户外营地、汽车自驾营地、徒步骑行驿站、研学旅行基地、体育培训基地、训练基地等，打造具有田园风光、乡土风情的体育特色村庄。三是因地制宜举办群众喜闻乐见、丰富多彩的体育赛事活动，实现跨区域联合举办，致力打造 50 项"最美乡村体育赛事"。开通体育短视频账号、体育旅游小程序等平台，打造乡村体育旅游精品线路。培养面向基层的社会体育指导员，加强乡村体育健身指导，强化村民主动健康意识，提升身心健康水平，丰富精神文化生活。四是构建城乡体育一体化建设，满足城乡居民到乡村开展全民健身、运动劳作、趣味休闲运动等需求，打造老少皆宜的乡村休闲运动目的地。擦亮"运动休闲乡村"金名片，掀起健身运动＋娱乐休闲＋文创集市多元化休闲娱乐新体验。展现乡村生活的小康之美，实现体育赋能乡村文化振兴。

（三）用新"康养＋"，打造田园乡居慢享区

一是打造康养综合体。将白沙村空闲地修整改造为留白用地，现状工业用地改造为康复理疗中心，现状民居改造提升为颐乐庄园，打造集工会疗养、康复理疗、养生度假于一体的"养生田园＋颐乐养老＋康养度假"综合性康养片区，打造康养综合体，为白沙村乡村老人提供离家近的养老服务。如：提供健康咨询、测血糖、康复、理疗、紧急出行陪伴等服务。二是建设养生田园。组

织策划田园瑜伽、田园太极、田园漫步等养生活动,提供绿色、无污染食材的养生食品,形成有机养生,提高现代化乡村产业附加值。三是"康养＋"助力"农康旅"融合发展。以"三农"为载体,以多产业融合为手段,以科学养生方法为指导,构建游客康体保健体验、乡村休闲度假、农业观光教育等健康养生目的的新兴农业旅游新模式。

第二节　志在宜居,高颜值打造生态宜居示范村

生态宜居是提升乡村发展质量的保证,是建设美丽乡村的题中之义,也是增强村民获得感、幸福感的重要路径。实施乡村振兴战略、实现共同富裕,是建设美丽中国的关键举措。因此,白沙村要高颜值打造生态宜居示范村,不断完善村庄建设体制机制,推动人居环境持续改善,创新提升白沙风貌。

一、建立规划引领未来乡村建设机制

谋定而后动,先规划,再建设,无规划不建设。白沙村要进一步规范乡村规划管理,优化白沙整体形态,推行规划下乡,增强全民规划意识,锚定产业发展方向,实现村民物质与精神都富裕。用好"多规合一"实用性村庄规划,绘就乡村振兴发展新蓝图。

(一)村庄规划引领,加强"多规合一"实用性

一是以规划促布局优化。构建一轴二廊八区五中心结构布局。建设贺峡线发展轴,卅二都溪生态廊、西干渠生态廊,发展军民融合文旅区、未来休闲活力区、共富特色产业区、食用菌智能栽培区、田园乡居慢享区、共享农田体验区、茶韵飘香观光区、现代农业示范区,建设旅游服务中心、综合服务中心、产业服务中心、运动休闲中心和食用菌生产中心。

二是以规划促生态保护。结合农田、林园、一溪一渠等生态资源和人文资源,总体构建"三区三廊道"的生态保护格局。建设保证区域生态过程完整性重要生态基质的现代农业示范区,融合自然生态系统资源和人文资源,打造具有生态旅游资源特色的果蔬茶田体验区和茶韵飘香观光区。作为连接"农田—居民点—城镇功能区"的重要廊道,充分发挥河流廊道传输物质、净化污染、为动植物迁移提供通道等作用,保护水资源和生态完整性。推进道路廊道

与绿化带相结合,减少交通污染、降低噪声和美化环境的廊道。

三是以规划促产业兴旺。白沙村要继续把产业发展摆在突出位置,推进白沙一、二、三产深度融合,充分挖掘红色教育、休闲旅游、绿色发展方面的优势资源,大力发展富民产业和特色经济,壮大集体经济,带领村民增收致富,打造"生产、生活、生态"三生融合内涵的共富亮点,夯实乡村富民产业基础。坚持以政府为主导,以产业为支撑的村庄发展模式。

四是以规划促文化活化。白沙村要深度挖掘红色文化、村志文化、茶灯文化等,加强文化传承,提升品质和创作水准,树立特色文化IP,推动白沙"出圈吸粉"。依托科技手段创新传承模式,开发创意产品,激活文化内容,推动白沙优秀传统文化创造性转化、创新性发展,使白沙优秀传统文化焕发出新的生命力。在创新发展的基础上,采取村民喜闻乐见的方式,扩大白沙优秀传统文化的传播广度和影响力,满足村民文化需求,让村民领会其文化内涵、认同其文化价值、增强其文化自信,激发村民参与文化创建的热情。

五是以规划促风貌提升。围绕新建居住建筑建设指引,制定整治措施,统一控制沿线的建筑外立面风貌,梳理室外庭院,形成室外休憩空间。对公共建筑风貌进行改造提升,打造浙派民居的建筑风格。持续以仿古江南乡村建筑风格打造村内公共建筑风格,体现江南传统民居的特点,营造新中式的建筑风貌。做好重要节点改造提升指引,提升改造入村节点,以"共富之门"为构思,开启初心之路,体现白沙特色,彰显以白手起家、沙聚成塔为抓手,体现锦绣江山、共富白沙主题。改造提升村口池塘节点,增加休憩空间,改造提升水碓淤入口,做好道路交叉口景观化处理,提升水碓淤入村标志性节点。

(二)高效利用土地,破解未来乡村土地制约

一是做好用地规划。整合白沙村各类规划,如土地利用规划、产业发展规划、环境保护规划等,形成一张蓝图,确保各类规划在目标、内容、时序上的协调一致,避免规划间的冲突和重叠,提高规划的科学性和可操作性,为乡村振兴提供统一、明确的指导。清晰了解白沙村的资源禀赋和发展潜力,优化资源配置,提高资源利用效率。例如,可以根据白沙村的实际情况,合理安排土地用途,确保农业用地、建设用地、生态用地的科学布局。紧密结合白沙的产业发展需求,明确产业发展方向和目标,为产业发展提供空间保障。促进白沙产业结构优化升级,培育具有白沙特色的产业,提高白沙村的经济实力和竞争力。合理规划白沙的住房布局、基础设施建设、公共服务设施等,改善白沙的

人居环境,提高村民的生活质量和幸福感。加强生态环境保护和修复工作,促进白沙生态环境的改善和可持续发展,加强规划的实施和监督工作,确保规划得到有效执行。

二是做好用地布局。让各地区适应乡村人口的变化趋势,优化村庄布局、产业结构、公共服务配置是2024年一号文件的重要内容。优化白沙用地布局必须坚持人口、资源、环境相均衡,经济社会、生态效益相统一的原则,做好农村居民点用地、农村产业用地、农业设施建设用地、交通设施用地、农村公用设施用地、村庄留白用地,为村民打造一个集约高效的生产空间,营造一个宜居适度的生活空间,为村民保护山清水秀的生态空间,让人和自然有机融合。

三是做好用地调整。乡村要振兴,需要发展产业,而土地作为乡村产业发展的重要载体,做好产业布局用地,可以为农村产业的规模化发展提供条件,促进农村经济的升级和转型,有助于加强农村一、二、三产业的融合发展,推动农村产业结构的优化升级。整合农业资源,对高标准农田整治建设,对农村居民点整理,通过对村庄开发边界、乡村建设用地边界线的优化调整,积极推动农村居民点内闲置、低效用地整理。满足产业发展需要,腾挪现状低小散工业,打造共富特色产业区。提升服务,改造提升军扬凤林国防实训基地,新建游客服务中心和邻里中心。利用现状建筑改造提升规划村民创业基地和电商培训中心,利用现状园地林地新建休闲运动中心、公园广场和相关休闲娱乐进行业态植入,将沿贺峡线两侧改造现状民居,更新为商业与居住混合用地,空闲地修整改造为留白用地,现状工业用地改造为康复理疗中心,现状民居改造提升为颐乐庄园,打造军民融合文旅区、未来休闲活力区、田园乡居慢享区。

(二)优化空间格局,推进未来乡村有序发展

一是明确总体目标定位,落实空间格局优化目标促进耕地、居民点集中连片提高土地集约利用和用地保障水平。白沙村是集聚建设型中心村,明确以军事融合为文化特色,以共富小微园为产业依托,以乡村体育为旅游带动,打造集红色科普、加工制造和运动休闲三产融合发展的共富未来示范村为规划目标。建立规划指标体系,包括生态保护、农业发展和村庄建设等类型的15个具体指标。明确规划期内要努力实现或不突破的约束性指标、预期性指标。

二是做好国土空间管控。落实上位规划的三区三线划定,即坚守生态保护红线、保护永久基本农田、明确城镇开发边界。全面梳理整改,坚持永久基本农田面积不减、质量提升、布局稳定的原则,保护基本农田和生态空间。坚

持无坚守不大拆大建的基本原则,对村庄现有建设用地进行整合,盘活粗放低效利用的农村建设用地。

二、推动未来乡村人居环境持续改善

一草一木皆风景,一言一行显文明。白沙村要以人居环境整治为抓手,补齐基础设施短板,夯实和美乡村根基,扎实推进"三大革命",打响"蓝天碧水净土"三大环境保卫战,提高村民生活质量,全力打造生态宜居、乡风文明的美丽乡村,为百姓创造宽敞、整洁、绿树成荫的出行环境,擦亮乡村振兴的幸福"底色"。

(一)补齐基础设施短板,夯实未来乡村根基

一是梳理乡村道路。融入区域大交通规划,加强白沙村绿道与江山港绿道连接增加与江山港东侧的沟通联系;完善道路系统规划,建设提升主村道、次村道、机耕路,建好"四好农村路";做好道路交通设施规划,纵深推进城乡一体化公交,实现"村村通"客车全覆盖。针对白沙村无人行道,步行体验性差、沿路居住院落空间大,未有效利用等不足,依托西干渠,可利用亲水景观资源,对贺峡线道路进行整治,加强沿线景观改造提升,增加玩乐、交往、运动空间、沿路遮阳休憩节点空间。

二是补充公共设施。构建二类五级生活圈体系,形成城镇社区生活圈。打造以步行为主导形成半径依赖型空间配置＋乡村社区生活圈;借助电动车自行车,依托村镇公路,形成网络依赖型空间配置。健全行政管理及综合服务、公共教育、医疗卫生、文化体育、公共交通、农村社区服务、公用设施、公共安全等村级生活圈配套。

三是完善环卫设施。根据白沙村生活垃圾产生量,因地制宜,持续做好白沙村生活垃圾,经收集清运至镇垃圾压缩转运站统一处置。维护"村收集—镇转运"的镇村生活垃圾清运系统。充分发挥白沙村垃圾收集房和凤林镇垃圾压缩转运站作用。

(二)扎实推进"三大革命",提高人民生活质量

一是推进"厕所革命"。小厕所关乎大民生。白沙村应将改厕工作作为重点"民生工程",因地制宜、因户施策,破解难点、精细服务,致力走出一条独具

特色的白沙"厕改"之路。通过网格化管理,实现精细化服务为村民提供最优质的服务,消除村民"有厕不想用,有厕不能用,有厕不敢用"的后顾之忧。因户施策,突出改厕精准化。白沙村围绕"为谁建、谁来建、怎么建",不搞"一刀切",坚持宜水则水、宜旱则旱原则,引导村民由"要我改"向"我要改"转变。紧盯考核,严把工程质量关。农村厕所革命是全面实施乡村振兴战略的一项重要内容,只有久久为功才能抓好,而抓好其工程质量则显得尤为关键。白沙村应坚持质量为王,通过建立落实"捆绑"责任、靠实"验收"责任、移交管护"责任"的一体化考核机制,严把工程质量关,让农村改厕工作真正惠及更多群众。

二是推进"污水革命"。推进"二提一建"工程实施。白沙污水提升工程、水碓淤污水提升工程、小微园污水新建工程。大力推行垃圾就地分类、源头减量,从根本上破解垃圾处理难题。持续抓好白沙生活污水治理工作。深入开展农村生活污水治理"强基增效双提标"行动。完善白沙村生活污水处理设施建设,安排专人维护保养,保证设备正常运转。深化"肥药两制"改革,抓好畜禽养殖污染治理等面源污染治理工作,针对白沙生猪养殖户,村民环境保护意识相对薄弱,偷排畜禽养殖粪污时有发生等情况进行集中整治。可通过典型案例曝光处理、加强巡逻检查、封堵排污口、修建集中化粪池,改善村面源污染情况,杜绝河道排污现象的发生。推进畜禽粪污资源化利用以及化肥农药减量化行动。白沙村应加大监督力度、签订承诺书以及建立废弃农药包装回收站等一系列工作,要求养殖户将畜禽粪污还田还林,推进粪污资源化利用以及化肥农药减量。建立和完善河长制,开展河道巡逻,严守生态底线。可每月定期组织开展巡河,定期对河道垃圾进行集中清理,对河道两岸的排污口、建筑垃圾等进行清理整治,严禁捕鱼,严禁排放未达排放标准的污水。高标准进行饮用水水源地环境整治,保障村民饮用水安全。

三是推进"垃圾革命"。白沙应突出"清垃圾、保净土、守底线"重点,整治村民人居环境,大力推行垃圾就地分类、源头减量,从根本上破解垃圾处理难题。强化土壤污染管控,打造干净雅致、鸟语花香的田园风光。开展白沙农用地土壤污染状况详查,规范企业无组织排放与物料堆场堆存,开展固体废物白沙专项行动。利用环境网格化监管,加大巡查密度,以铁的决心、铁的手腕,全力以赴打击非法转运、倾倒、填埋固体废物行为。

(三)持续打响"蓝天碧水净土"三大环境保卫战

清新的空气、清洁的水体、洁净的土壤既是群众关切、社会关注,又是发展之基、治污之要。白沙村应对标美丽乡村建设要求，深入分析白沙村情，以打造美丽乡村为目标，明确白沙污染防治攻坚思路。应在"持续和深入"上下更大功夫，集中力量持续深入打好蓝天、碧水、净土三大保卫战这三场硬仗，让白沙的天更蓝、山更绿、水更清、景更美。

一是齐头并进，多措并举，坚决打好蓝天、碧水、净土三大环境保卫战。坚决打好三大环境保卫战，是我们当前环境保护工作的重中之重。应坚持习近平生态文明思想，坚持贯彻新发展理念，坚持走"生态优先，绿色发展"之路，高颜值打造生态宜居村。在蓝天保卫战方面，让蓝天白云成为白沙的"标配"，成为一种常态。在碧水保卫战方面，持续打好"五水共治"，做好水污染防治、水生态保护。在净土保卫战方面，坚决守住美丽白沙净土。

二是明确责任，守住底线，坚决打好蓝天、碧水、净土三大环境保卫战。坚守底线，以高度的战略定力坚决打赢蓝天碧水净土保卫战。保持加强生态环境保护建设的定力，不动摇、不松劲、不懈怠。要树立正确的政绩观，咬定绿水青山，守住生态底线。主动求变，以稳重的改革魄力坚决打赢蓝天碧水净土保卫战。要坚持底线思维，划定并严守生态保护红线、环境质量底线、资源利用上线，给自然生态留下休养生息的时间和空间。要坚定不移推动结构优化，发展高效农业、先进制造业、现代服务业，从源头上为生态环境减负。着眼全局，以完善的系统思维坚决打赢蓝天碧水净土保卫战。

三、创新推进未来乡村风貌稳步提升

乡村风貌提升是农村人居环境整治工作的重要一环。展望未来，白沙村要创新推进乡村风貌提升，进行微改造、精提升、立长效，实现村容村貌外在美、内在美、持久美，致力打造现代版"富春山居图"。

（一）微改造，实现未来乡村外在美

一是微处整治，精描细绣扮靓村内"微空间"。细处着手提升环境整治水平。开展环境综合整治，优化村庄环境，加强村庄周边、道路两边、河道沿岸综合整治，全面清理私搭乱建、乱堆乱放、乱贴乱画，规范农村户外广告设置，打造干净整洁有序美丽的公共空间。同时引导鼓励村民在村旁、路旁、水旁、宅旁植树种花，利用村庄闲置空间建设小微公园和小微公共绿地，打造优美村庄环境。加强对新建农房样式、体量、色彩、高度等的引导，迭代优化农房设计通

用图集,让村民住得放心、住得舒心、住得暖心。推动乡村由"一处美"向"处处美"、"一时美"向"持续美"、"外在美"向"内在美"转变。

二是用"微更新"解决"小难题"。整合白沙村庄资源,以满足居民美好生活需要为基本方向,对节点改造提升,彰显乡村人文美。对村庄进出村路沿路、边角地块、闲置地块、房前屋后和卫生死角、脏乱差地带等局部区域进行清理整治后加以充分利用,打造景观小品、停车场、休憩场所等。因地制宜创作乡村"微景观""微田园""微墙绘""微广场""微庭院"等人文空间节点。

三是"微改造"中施展"绣花"功夫,以"烹小鲜"的耐心和功夫,擦亮青山、绿水等诸多乡村要素的原色,还原宜居宜游"美丽乡村"的本色。发挥公共空间外延效用。结合村庄特点,发展特色产业,带动当地经济发展,增加村集体和村民收入。以美丽乡村建设为契机,策划建设生态农业旅游区,推进乡村文化旅游、创意农业、农事体验等多种休闲娱乐活动,从而提升当地的知名度,促进经济发展,带动农民增收。

白沙雪景(戴永芬提供)

(二)精提升,实现未来乡村内在美

一是在精雕细琢中提升村庄颜值,将富有白沙特色的美丽村景、精美河道、休闲场所等串点成线、连片成带,打造美丽乡村风景线。加快美丽乡村建设,打造现代农业示范区、共享农场体验区、茶韵飘香观光区、共富特色产业区、军民融合文旅区、未来休闲活力区、田园乡居慢享区等重点项目,将白沙村打造为"推窗见绿、抬头赏景、起步闻香""望得见山、看得到水、记得住乡愁"的美丽新农村。为乡村美丽、产业兴旺、农民增收增添动力。

二是注重涵养乡风文明"内在美"。将家风家教、道德风尚等思想阵地建设工作相结合,让环境建设延伸到家庭建设,将小庭院变成精神文明建设大舞台,通过树立典型,辐射带动形成良好氛围。引导村民积极参与文明乡村建设,调动村民参与乡村治理的积极性、主动性、创造性,实现从"独角戏"到"大合唱"、从"要我干"到"我要干"、从"局外人"到"主人翁"的转变。

(三)立长效,实现未来乡村持久美

一是建立长效管护机制。白沙村要坚持把《村规民约》与人居环境整治标准有机结合,对全村环境卫生进行月度评比,设立"红黑榜",对每月排名靠前的村户进行奖励,加强管理力度。还可通过开展庭院微景观设计、打造特色庭院、旧物改造扮美等活动,巩固和扮靓农村庭院环境,推动"美丽庭院"创建,实现"一户一品""一户一韵",通过表彰典型、选树先进,引导群众养成良好的卫生和生活习惯,确保环境卫生整治常态长效。

二是制定重难点问题专项整治机制。白沙村要对重点、难点进行问题进行集中攻坚,在生活污水治理、垃圾分类、村容村貌等领域持续发力,实现乡村环境整治精细化、专业化、常态化管理,确保村民人居环境持续提升。

第三节　志在传承,高素质打造村志文化第一村

文化是一个国家、一个民族的灵魂。中华民族五千多年文明历史所孕育的中华优秀传统文化,是中华儿女向前的不竭动力。村志贵在编修,重在致用。白沙村应立足新时代,对村志事业,进一步提高使命认识,拓展编修范围,调动多方力量,发挥最大化服务效能,为深入推进农村精神文明建设提供持续强劲的动力,致力打造中国村志文化第一村。

一、探寻村志文化印记,守护乡村文化根脉

一本本村志,不仅是传承乡风文化、留住乡愁根脉的重要载体,更成为文化赋能乡村振兴的生动蓝本。白沙应充分探寻村志文化印记,守护好乡村文化的根脉,通过保护好、开发好、利用好村志文化资源,筑牢文化根基;凝聚村

志文化力量,赓续乡土文脉;守护好村志文化根脉,留住乡愁记忆,从而促进乡村文化建设。

(一)梳理村志文化资源,筑牢文化根基

一是保护好村志文化资源,打造白沙文化新高地。首先,寻根溯源挖掘白沙村志文化资源。续写白沙村志,进一步梳理和挖掘白沙村志文化中的"白手起家、沙聚成塔"的"白沙精神"内涵,赋予白沙村志深刻的历史意义和当代价值,更好发挥村志鉴古知今、鉴往知来的作用,使其成为推动白沙持续发展的精神动力。唤醒白沙红色文化记忆,依托白沙军民文化楼、健身文化广场、文化长廊和文化苑等重要设施场所,深入开展国防教育工作、军民共建活动,引进主体业主,依托军扬凤林国防教育实训基地,促使红色文化以新的形式呈现。其次,整合资源支持白沙村志文化的保护。对内,通过出台相关政策鼓励支持开展白沙村志文化研究工作,积极培育村志文化研究型人才,切实保护好白沙的村志文化。对外,通过邀请省内外知名的村志文化研究专家,对白沙村志文化编写、研究、保护、推广等进行专业指导培训,助力白沙打造中国村志文化第一村。

二是开发好村志文化资源,打造白沙研学新高地。首先,构建村志文化研学产业链。可以依托白沙国防教育基地,继续开展省军区与白沙村结对共建文化示范村活动,开展村志文化研学活动,白沙村志文化特色的"研学＋吃、住、行、游、购、娱"为一体的"1＋6"产业链,打造研学新业态,提升研学旅游品质,并持续优化白沙研学全产业链条。其次,打造村志文化研学生态圈。以白沙村志文化研学为引领,推动农业研学、体验研学、生态研学、科技研学、红色研学等全面融合,助力新型研学产品落地生根。最后,创新思路,推出村志文化研学文创产品。充分利用白沙村志文化优势资源,依托白沙自有产业——木材产业,引进研发团队,就地取材,创造出具有白沙特色的研学衍生产品。比如:文创产品、手工艺品等。

三是利用好村志文化资源,打造文化传承新高地。首先,创新传承方式。数字化赋能村志编修,推进村志工作数字化转型。依托现代化科技手段,打破以往传统村志续修时间较长、资料保存不易等问题,让村庄历史文化得以"活"起来。通过现代化智能化信息化的编修手段,提高村志编修效率,通过现代化技术赋予村志更加生动的表现,通过图片、音视频等形式直观让读者感受村史、村情、村韵,沉浸式体验读村志。其次,搭建传承载体,突出白沙村志文化

特色。彰显白沙村志文化主题，打造一批具有白沙特色的主题餐饮、精品民宿、研学基地、乡村直播等新业态和新载体。最后，创新传承机制。明确政府投入机制，制定相关政策，为白沙村志文化工作提供全方位支持。给予财政支持，为村志文化项目提供强有力的资金支持。加强人才队伍建设，为村志工作提供人才保障。

（二）凝聚村志文化力量，赓续乡土文脉

一是弘扬村志文化精神，增强文化自信。作为"一方之全史""一地之百科全书"的村志，它在记录乡村文化、留存文化根脉、传承历史文明等方面发挥着其他书籍不可替代的作用。白沙村志有助于传承发展乡村文化，让悠久的乡村文化在新时代展现出无穷魅力和风采，为乡村全面振兴提供丰厚的精神文化滋养。一方面要广泛动员白沙村村民回顾、追忆各自家庭、家族的历史，总结归纳家风、村风，梳理"创造了什么"；另一方面以"入书为荣""有书为证"，让自己家庭、家族的事迹能够写入村志，成为非常光荣的事情。

二是整合乡村文化资源，构建村志文化矩阵。推动新时代白沙村志文化建设实起来、强起来，深挖白沙村志文化内涵，积极整合村志文化资源，全方位、立体化传播村志文化，构建辐射全域、多元融合的村志文化矩阵。积极引导周边乡镇、行政村挖掘整理本村村志文化特色资源，串点成线，创设基层村志文化阵地，实现"一地一品"全面布局。在大力建设有形阵地的基础上，不断创新村志文化传播载体，依托 8090 青年宣讲团，将村志文化宣讲纳入新时代理论宣讲的重要内容，切实打通村志文化建设"最后一公里"。

三是充分发挥寓外人士群体浓厚的文化情怀，鼓励寓外人士向农民传授村志文化的核心内涵，使其带领村民感受村志文化魅力并激发农民传承村志文化的热情，为传承村志文化造就本土文化人才。引导广大农民见贤思齐、体悟践行。凝聚寓外人士力量，发挥寓外人士作用，对促进村志文化传承、推进乡村治理现代化、实现乡村振兴具有非常重要的意义。积极培育寓外人士工作室和寓外人士项目，发挥人才回归、技术回归、资金"回流"的"聚合效应"。借助村志搜集、整理、宣传的古今寓外人士事迹，收集、展示、传承寓外人士文化。讲述寓外人士奋斗故事、寓外人士奉献精神、寓外人士家国情怀，厚植寓外人士文化，形成学寓外人士、颂寓外人士、做寓外人士的鲜明导向，助力人才回归、产业兴旺。积极展示传承寓外人士传统文化，开发白沙品牌文化节寓外人士大团聚活动，打造白沙品牌文化节，塑造寓外人士回乡新风貌。

(三)守护村志文化根脉,留住乡愁记忆

一是继续编撰村志,将村志文化传承下去。编写村志文化是记住乡愁,延续文脉,发展地方文化事业的重要举措。继续撰写好白沙"文化建设篇",让白沙乡村居民亲身感受到白沙历史的厚重、传统的优良、民风的淳朴、人物的优秀、红色的闪亮,做到以文化人、以史育人,培育白沙民众爱乡、爱国、爱党、爱社会主义的情怀。

二是志载农耕文化,展现农耕文明。中华民族创造了源远流长、灿烂辉煌的农耕文明。农耕文化不仅是我们民族的重要非物质文化遗产,也是我们民族精神和文化自信的重要源泉。在全面推进乡村振兴中,要传承中华优秀传统文化,高度重视农耕文化的重要作用。要因地制宜大力挖掘好、保护好、开发好、利用好白沙的农耕文化资源和优势,为乡村振兴提供精神支撑。推进农村精神文明建设,让有形的乡村文化留下来,让活态的乡土文化传下去,展现中国农耕文明的魅力和风采。

三是基于村志的丰富记载,搭建乡愁记忆平台,挖掘村史馆"造血功能",使其成为寻找乡愁记忆的窗口、展示乡土文化的平台。利用白沙现有旅游资源优势,采用实景再现的方式,原汁原味地还原过去生产生活场景,将村史馆与休闲娱乐等服务形成互动,产生经济效益,发挥村史馆"造血"功能。延续历史文脉就要充分发挥好村史馆的作用,增强村民强烈的自豪感和自信心,要发挥村史馆教育功能。村史馆里的每一个老物件都述说着在移民后的白沙村发生的巨大变化,激发村民爱家乡的美好情感。加大宣传力度,充分利用现代化技术手段,比如抖音短视频、微信公众号、快手直播等,加强传播,扩大影响,提高宣传教育效果。利用和整合现有的文化礼堂、村志长廊、档案馆等文化设施服务平台,利用媒体的宣传,结合白沙当地民俗、传统节日等,开展主题鲜明、形式多样、与村民生产生活息息相关的活动,使乡情村史馆真正"活"起来、"动"起来,为广大村民提供"一站式""全方位"的文化教育宣传服务,成为普通村民身边具有"现实价值"的历史文化传承基地、人文历史的宣传站、民俗风情的展示点,更好地为推进农村城市化、建设美丽乡村服务。

白沙村史馆(周瑜珍提供)

二、加强村志文化引领,丰富村民精神生活

"土味"的背后,是扎根乡土、接通地脉;"村味"的背后,是热在乡村、乐在群众。要充分发挥村志文化引领作用,利用文化阵地资源,保障优质文化有效供给,优化特色文化活动,丰富村民文化生活,健全公共文化服务体系,满足村民精神文化需求,让农民乐于参与、便于参与、主动参与,才能增强乡村文化感召力,增强农民获得感。

(一)利用文化阵地资源,保障优质文化有效供给

以文育人,以文惠民。通过整合现有公共文化资源,拓展广度深度,打造更多亲民惠民公共文化服务阵地,打造"15 分钟文明实践服务圈",为群众就近就便参与文化活动提供阵地支持,着力建设群众心有所系、情有所寄的精神文化家园。

一是以村志文化为引领,充分发挥国防教育基地等文化阵地效能,探索新时代文化惠民新路径。通过活化利用、有机更新,充分发挥新时代国防教育实践阵地的效能。加强品牌化建设,精心打造国防文旅品牌,以品牌化建设把国防教育基地打造成多功能军民融合文化空间。加强一体化建设,打造白沙国

防教育实践基地。充分盘活白沙国防教育实践资源,定期组织开展丰富多彩、群众喜闻乐见的教育实践活动,盘活白沙国防教育基地,更好地服务群众,致力打造浙江省国防教育第一村。

二是以村志文化为引领,建好、管好、用好白沙"农家书屋"这一平台,努力打造传递传统文化好声音的前沿阵地,群众读书学习的"精神粮仓"。突出"实"字,以村志充实书屋内涵。宣讲"白手起家、沙聚成塔"的"白沙精神",展示全体村民齐心协力、创业创新的丰硕成果。激励大家更好地以志为鉴,继续前行,创造美好未来。并以书屋为中心发挥辐射带动作用,推广乡村阅读,感染、鼓舞越来越多的群众爱上阅读、铭记历史、回馈家乡。着眼"合"字,以各方力量推动书屋建设。广泛动员、凝聚社会各界力量参与农家书屋建设,充分整合村内文化礼堂、文化长廊、档案馆等文化资源,把农家书屋打造成为集文化娱乐、体育健身和志愿服务于一体的新时代文明实践点,让越来越多人爱上"家门口"的阅读。

三是以村志文化为引领,全面提升农村文化礼堂,配置新时代文明实践站、百姓戏台等,推动县级图书馆、文化馆在白沙村设立服务点。建好乡村文艺传承队伍,培育好乡村文化产业,打响"我们的村晚""我们的村歌""我们的村运"等乡村文化品牌。鼓励高校、艺术团体在白沙村设立实践基地。高水平建设等级幼儿园、义务教育标准化学校。依托乡镇成人学校(社区学校)建设农民学校、老年学校(学堂)、家长学校等。

(二)健全公共文化服务体系,满足村民精神文化需求

一是加强文化产品供给,满足村民日益增长的文化需求。要不断丰富白沙村村口体育场、文化长廊、文化大礼堂等公共文化服务场馆免费开放内容,切实提高白沙公共文化服务设施的利用率。继续推进电视户户通、广播村村响、百日消夏、全民阅读、"家门口"电影等惠民工程提质增效。调动村民的积极性,鼓励社会文化力量积极参与公共文化建设,为广大村民提供更多更好的精神文化服务。

二是创新公共文化服务供给方式,提供精准的公共文化服务。加强对白沙村民文化需求的实践调研,提高公共文化服务的供给有效性。创新公共文化服务供给方式,坚持人民群众的主体地位,依托现代化技术手段,采用线上线下相结合、虚拟现实等方式,采取"超市化"供应、"菜单式"服务、"订单式"配送的模式,为广大村民提供精准有效的公共文化产品和服务。依托数字技术,

实现文化与科技的深度融合，将传统文化内涵以更有趣、更时尚、更易接受的方式呈现出来。打造"互联网＋"文化服务云平台，延长文化数字化产业链条。

（三）优化特色文化活动，丰富村民文化生活

一是推动文化活动创新，让村民的文化生活更加丰富。通过深入了解村民对文化活动的需求和偏好，确保文化活动创新的方向和内容能够正确满足村民的需求。结合白沙村特色，创新和推广具有白沙地方特色的文艺作品，如将村志文化融入民间艺术之中，丰富村民的精神文化生活。鼓励和支持村民自办文化活动，提高村民的文化参与度和创造力。充分挖掘和整理白沙村传统文化资源，如：村志文化、茶灯文化等，通过文化展览、文创产品、文化旅游等形式，加强对白沙文化的保护，从而提高村民对传统文化的认同感和自豪感。通过加强与周边村落的文化交流与合作，引进优秀文化资源，丰富村民的文化生活，鼓励村民参与文化活动，提升村民的文化素质和审美能力。

二是开展多元的文化活动。积极开展传统节日文化活动，持续开展春节、元宵节、端午节、中秋节等"我们的节日"等民俗文体活动。通过舞龙舞狮、灯会、赛龙舟、吃团圆饭等形式，增强村民的节日氛围感和文化认同感。开展乡村文化艺术节，根据白沙特色，设定如"农耕文化""村志文化""手工艺术""民间艺术"等主题，吸引村民和游客参与。结合乡村实际情况，开展适合村民参与的体育项目，如拔河、田径、篮球、乒乓球等。在活动中宣传健康运动理念，鼓励村民积极参与体育锻炼，提升身体素质。开展乡村读书会，定期组织读书分享会，让村民分享阅读心得，促进村民之间的交流与互动。开展乡村旅游文化节，设计富有白沙特色的旅游线路，让游客在旅游中体验白沙乡村文化，如农耕体验、村歌、村志、民俗表演、手工艺品制作等。

三、激发村志文化活力，推进乡村文旅融合

当前，乡村蕴藉的丰富文化资源、城市不断扩张的文化消费市场、各级政府出台的扶植政策和社会资本的大幅下乡等有利因素，使得乡村特色文化产业的快速发展呈现出可行性和可期性。[①] 白沙村应充分发挥村志文化优势，探索文旅融合路径，让乡村发展充满活力，促进乡村文化振兴。在乡村旅游

---

① 刘金祥.发挥乡村特色文化产业对乡村振兴的助推作用[N].黑龙江日报，2019-03-05.

中,利用村志的编修成果,增强产业文化内涵,提升产业文化品位,扩大文旅品牌知名度。

(一)"文化＋"助力乡村共富,促进文化产业发展

一是以村志文化为抓手,打造特色文化产品和服务。以体验经济展现村志文化魅力,通过将乡村生产、生活、民俗、农舍、休闲、养生、田野等加以链接,构建特色文化产业链,创造新的价值增长空间。要立足于资源禀赋和民俗风情,组织开展乡村歌舞、乡村竞技、乡村风情、乡村婚俗、乡村观光、乡村耕织、乡村喂养等表演活动,为外来游客提供具有浓郁乡土气息的文化服务①。要注重以农为本、以乡为魂,突出乡村旅游的乡土性、特色性,打造具有地方特色的菜品、住宿、娱乐等,搞好旅游产品开发和营销,在一定范围内把旅游要素聚集起来,以便吸引更多的游客,打造具有地方特色的文旅项目和旅游文化产业。要在发展乡村特色文化产业过程中,坚持以保护环境、建设生态文明为重点,把握和处理好生产、生态与资源开发利用的关系,通过"绿化""美化""规划"等措施,努力实现乡村特色文化产业与生态文明建设的有机结合,实现乡村经济社会的永续发展。②

二是促进乡村经济多元化,重构乡村旅游业发展格局。通过文化资源的开发和利用,吸引更多游客前往乡村,推动乡村旅游业发展,增加当地收入。借助优秀传统文化推动乡村建设,挖掘当地的文化旅游资源,带动乡村旅游业发展,促进当地的经济发展,为乡村振兴的实现打下基础,借助优秀传统文化,将其融入产业当中,开创主题精品民宿、文化展示活动、开发文创产品等一系列新兴业态,进一步延伸与此相关的产业链,并辅以电商直播等传播形式,带动当地经济的发展,实现农村产业的有机结合。

(二)"以文塑旅、以旅彰文",推动文旅产业深度融合

一是整合资源,重构文化产业空间。以文化产业赋能乡村共同富裕,是发展广大乡村丰富的自然资源和底蕴深厚的人文资源,创新发展,保护传承传统文化重要渠道。以白沙村现有的地域空间格局为依托,结合白沙村志、村歌、村运、村晚文化资源,建立文化资源数据库,为文化产业的发展提供充足的素

---

① 刘金祥.发挥乡村特色文化产业对乡村振兴的助推作用[N].黑龙江日报,2019-03-05.
② 刘金祥.发挥乡村特色文化产业对乡村振兴的助推作用[N].黑龙江日报,2019-03-05.

材,促进文化产业与旅游业深度融合,布局规划"一轴两心三大功能区"的总体空间布局。以共同富裕发展轴,以中心村为核心打造综合服务中心、素质拓展中心,形成农业观光区、文化集会区、休闲度假区三大功能分区,进而促进白沙村产业发展。

二是提升科技支撑水平。聚焦白沙本土文化和旅游发展的需求,通过科技赋能,全面提升文化和旅游科技创新能力,推进文化和旅游深度融合发展。优化科技创新生态,构建以企业为主体、市场为导向、产学研相结合的文化和旅游科技创新体系。加快信息化建设,推进文化和旅游数字化、网络化、智能化发展,推动 5G、人工智能、物联网、大数据、云计算等在白沙文化和旅游领域应用。

三是以白沙共享农场体验区、军民融合文旅区、茶韵飘香观光区、未来休闲活力区、田园乡居慢享区建设统揽白沙发展全局,用好白沙村志文化 IP,进一步强化企业招引、主体培育、品牌创建,擦亮"进白沙、住白沙、品白沙、赏白沙"的白沙民俗旅游名片,奋力推动农文旅融合发展。

(三)整合文旅资源,打造特色文旅品牌

一是塑造特色文化旅游品牌。深度挖掘村志文化的内涵,传承其内在的精神内涵。基于乡村振兴进行农村建设,需要有意识地规划历史文化保护,通过建立健全相关制度,实现对历史古迹、文化遗产的有效保护。一方水土一方文化,在深入挖掘村志文化价值的过程中,要尤其注意文化的地域性,避免文化趋同发展,因地制宜,做出科学的发展规划,突出各地不同的特色,塑造"一村一品""一村一艺""一村一景"特色品牌,形成具有区域影响力的乡村文化名片,提升乡村文化建设品质,充分开发民间文化艺术研学游、体验游等产品和线路。

二是以资源整合实现品牌聚合。白沙不断做强文旅品牌,以打造文旅品牌 IP 为突破口,打造白沙国防文旅 IP,康养度假 IP、茶韵观光 IP、未来休闲活力 IP、田园乡居慢享 IP,将文旅资源开发出多重价值,转化为游客可感知、可参与的文旅产品,活用村资源,厚植文化内涵,大力拓展文旅市场"宽度",升级打造白沙生态康养游、特色乡村游、文化深度游、沉浸体验游、红色研学游,形成特色旅游发展格局。从文旅项目建设、文旅品牌创建、新业态培育等方面对白沙旅游产业发展进行谋划。依托优异的自然资源禀赋和丰富的白沙文化资源,深化"全域旅游、特色产业"发展战略,高位谋划和高效推动全域旅游创建

工作,强化特色优势产业与文旅产业深度融合,进一步构建文旅融合发展新格局。

第四节 志在善治,高水平打造和谐有序样板村

全面推进乡村振兴,治理有效是基础。乡村治理是实现国家治理体系和治理能力现代化的重要内容,也是实施乡村振兴战略的基石。实施乡村振兴战略,必须把夯实基础作为固本之策。展望未来,白沙要积极探索自治、法治、德治、智治"四治结合"融合模式,确保乡村社会充满活力、和谐有序,确保广大农民安居乐业、农村社会安定有序。

一、突出本色,乡村自治更完善

增强自治能力,前提是村民愿意自治,能够自治,关键是发挥村民主体作用。乡村是乡亲、村民的乡村,村民是乡村发展的内生主体,是乡村村落的生命力,是乡村治理中最活跃、最有力的要素。展望未来,白沙要提升村民自治能力,促进村民更好更全面地发展,也是以人民为中心的价值取向在乡村场域的具体体现。

(一)提高村民自治意识,增强自治能力

一是激发村民自治意识。意识是行动的先导,只有村民树立起自治意识,才能自觉自发参与乡村治理,投身乡村振兴,达到身心融于乡村。白沙村可以通过宣传、培训、潜移默化等手段,让村民充分自觉认识到乡村振兴、乡村治理是村民自己的事,要振兴、要治理的是自己生产、生活于其中的乡村,村民自治是乡村持续发展的有效路径。

二是构建自治平台,拓宽自治渠道。有渠道参与和有效能参与是发挥村民主体作用,实现乡村自治的条件。白沙村要结合现代化技术手段的利用,优化白沙"乡村公众号",建构各项自治委员会,比如村民理事会、参事会、监督委员会、社会治安综合治理委员会、纠纷调解委员会,建构村民参与平台,拓宽参与渠道。白沙村应在乡村治理和发展的各事项、各方式中充分尊重村民意愿,符合村民生产生活习惯。包括乡村产业发展、传统村落保护、生态环境治理、社会事务管理等,要想村民所想,做村民愿做,实现村民自治的有效参与。

三是加强乡村自治组织建设和管理,提升自治能力。这是健全乡村自治的根本。白沙村应重视乡村社会中自下而上的内生性自治组织的培育,鼓励、帮助村民组成新集体,实施村民主体性自我构建。一方面有助于凝聚村民对于乡村社会的认同感和归属感,理顺各种关系,化解各种纠纷矛盾,聚合建设乡村的力量,具有群众动员优势;另一方面是群众提升自我管理、自我服务能力的有力载体,有助于重建乡村社会和谐有序、守望相助的优良乡风。

(二)完善村民自治制度,深化自治实践

一是加强村民村委会规范化建设。规范化是现代化的应有之义,是制度化的核心体现,是自治成效显化的基础。当前,乡村治理体系和治理能力朝现代化方向迈进,必须加强自治组织规范化建设。自治组织成立要规范。自治组织要按照相关法律法规,按照《村民委员会组织法》要求,依规成立,条件合法、程序合法。在人员选择方面做到制度立在前,程序要公开。自治组织的运行要规范。要将党的领导贯穿到乡村自治组织运行全过程,将党纪法规置于前,处理各项事务集体决策,规范运转,做到公开透明、及时高效。自治组织退出、撤销要规范。建立自治组织撤销、退出制度,成立后不运转或运转不规范的自治组织,要及时清理,及时撤销、退出。

二是完善乡村自治机制。自治机制是协调乡村自治系统各个部分之间关系以更好地发挥作用的具体运行方式,是确保乡村自治有效实施的前提和保障。在白沙村发展上,让村民参与决策和组织过程,而不是履行简单的信息供给角色,要让村民更多分享各项增值收益。只有让农民群众得到现实利益,看见远景利益,才能从根本上调动他们的参与性和积极性,才能解放潜藏的生产力。深入实施乡村党务、村务、财务"三务公开"制度。做到清晰公开,准确公开,利于村民理解,便于村民监督。

(三)激发基层治理活力,夯实自治基础

一是通过党建引领,让党的领导全过程、全周期、全领域地贯穿乡村共同富裕的战略目标中。将不同的治理主体整合到乡村共同富裕的实践中,确保各级党组织能够发挥总揽全局、协调各方的优势,牢牢把住打造面向共同富裕乡村治理共同体的价值导向,将党领导乡村发展落到实处。[1] 增强组织动员

---

[1]　陈新.打造面向共同富裕的乡村治理共同体[N].中国社会科学报,2022-05-25.

能力,健全村"两委"班子成员联系群众机制,经常性开展入户走访。加强群防群治、联防联治机制建设,完善应急预案。在应急状态下,由村"两委"统筹调配本区域各类资源和力量,组织开展应急工作。改进网格化管理服务,依托村统一划分综合网格,明确网格管理服务事项。[①]

二是坚持"以人民为中心",尊重人民群众的主体地位。坚持人民群众是历史的创造者的基本观点,充分发挥人民群众的首创精神。拓展村民参与村级公共事务平台,鼓励开展村民说事、寓外人士参事、民情恳谈、乡村夜话等各类协商活动,形成民事民议、民事民办、民事民管的良好局面。促使村民的自治基因活跃起来,才能激发村民主体参与共同富裕的使命感和责任感,激发乡村发展的最大内生动力。

二、彰显主色,乡村法治更健全

乡村治,社会安,国家稳。推进基层治理,建设平安乡村,是全面实施乡村振兴战略的关键一环,关系到农村改革发展、关系到农村社会稳定安宁。法治是乡村共同富裕得以保障的"硬约束"条件,能够保障村级集体和村民的合法权益,妥善处理涉农纠纷,为乡村治理提供安定有序、和谐共融的发展环境。

(一)做好乡村法治保障,筑牢平安乡村安全底座

一是增强法治宣传教育力度。白沙村应充分利用进村入户、大喇叭等方式大力开展法治宣传活动,邀请法律工作者向村民进行相关法律法规宣讲,通过活动的开展,村民尊法、学法、守法、用法蔚然成风。开展"法律明白人""法律带头人"培训,着力解决村民日常生产生活中的法律问题,打造法治宣讲队伍,让大家在日常工作中开展法治宣传,做到人人懂法、人人守法、人人普法。积极开展送法上门活动,通过乡村网格员常态化向白沙村民开展反诈、国家安全、打击整治非法集资等法律法规的宣传教育。同时成立法治宣传队,实现法治宣传教育无盲区、无死角,让法治理念日益深入人心。

二是开展多种多样的法治活动。白沙村要持续开展"民主法治示范村"创建活动,结合幸福乡村讲习,创设民主法治论坛。每季举行一次活动,每次选定一个主讲课题,发动村民自愿报名讲授。设立法律咨询站点,为村民提供法

---

① 中共中央 国务院.关于加强基层治理体系和治理能力现代化建设的意见[R/OL].(2021-04-28)[2024-06-24].https://www.gov.cn/zhengce/2021-07/11/content_5624201.htm.

律咨询和法律援助服务,解答法律疑惑,维护其合法权益。通过建立"法治图书阅览室""法律援助栏""法治文化墙"和"法治文化廊"等法治宣传栏将法律知识巧妙融入群众生活。营造浓厚的法治氛围。法在乡村图书室或文化活动中心设立法治图书角,提供法律书籍和资料供乡村居民借阅学习。

(二)推动乡村法治创新,打造平安乡村样板示范

一是创新"信用+"治理体系,推动全方位诚信、全数据入信、全社会用信在乡村落地。农村稳则全局稳、农村安则全局安。整治农村社会治安、推进平安乡村建设,是实现乡村全面振兴的必然要求和重要保障。

二是提升"数字乡村"治理效能。搭建"数字乡村"平台,不断加快推进数字乡村建设。"数字乡村"平台将相对成熟的一系列乡村治理模式从线下融入线上,打造线上政务共享平台及数字化乡村治理新模式,完善乡村治理体系,构建具有白沙特色、江山特点的数字化协同办案模式。

三是探索乡村法治创新实践,探索"村民说事"等制度,通过村民议事、民主决策等方式,增强乡村居民的参与感和归属感,推动乡村事务的民主管理和依法决策。探索乡村矛盾纠纷化解新模式,如建立"网格+调解"机制,实现矛盾纠纷的快速化解和有效预防。

(三)完善乡村法治体系,提升平安乡村建设效能

一是创新乡村法律服务模式,建立乡村法律援助体系。为乡村居民提供便捷、高效的法律援助服务,帮助他们维护合法权益。推广"法律诊所"等新型法律服务模式,为乡村居民提供全方位的法律服务,满足他们的法律需求。

二是深化乡村依法治理,完善乡村治理体系。加强乡村党组织建设,发挥党组织在乡村治理中的核心作用。推进基层民主法治示范创建,提高乡村居民的法治素养和参与能力。

三是加强乡村法治队伍建设,吸引法律人才,鼓励法律专业毕业生到乡村工作,为乡村法治建设提供人才支持。加强培训和教育,定期组织乡村法律工作人员参加培训和学习,提高他们的法律素养和业务能力。

四是探索以网格化管理为抓手、以现代信息技术为支撑,实现基层服务和管理精细化精准化。推进农村"雪亮工程"建设。

三、擦亮底色，乡村德治更深化

德治是乡村共同富裕得以持续的"软约束"支撑，为不同治理主体提供了道德准则，长久地维系和规范着内部行动者彼此之间的关系，在降低乡村治理成本方面具有重要意义。

（一）传承优秀传统文化，重塑村民道德认同

情感、道德、价值认同与文化认同相伴而生，因此乡村文化承载了村民共有的道德认同基础。然而面对乡村经济社会发展带来的精神危机，村民原有的道德认同式微，对乡村德治建设形成了阻碍，在此背景下，重塑村民共有的道德认同已经十分重要。因此，以深入挖掘优秀传统文化为起点，找寻并传承蕴含在乡土文化中的情感认同。对标农业农村现代化发展需求，让社会主义核心价值观渗透在乡村发展建设的各个方面，引导村民养成适应新时代乡村发展所需的现代理性精神，重塑村民共有道德认同，为推进乡村德治建设的深入发展提供动力支持。

一是深入挖掘优秀传统文化，发挥乡愁的纽带作用，重拾乡土文化中的情感认同。村民是乡土文化构建的主体，文化的挖掘和情感认同的充实，需要村民的积极参与。一方面，要调动村民参与挖掘乡土文化的积极性，通过生动活泼的文化展演形式，让村民在文化体验中重新领悟乡土情感的魅力，如设定白沙专属节日，提升村民对传统文化的认同，增加对乡土文化的情感寄托；另一方面，组织专业人才对白沙村志进行编撰整理，增强村志文化在村民道德引领中的向心力，凝聚村民的情感认同，从而提升道德认同。

二是积极探索文化改造方法，优化思想道德引领方式，强化对村民的社会主义核心价值观教育，培育村民现代理性精神。一方面，要发动群众力量，鼓励村民将社会主义核心价值观融入白沙村歌、村志、村晚、村运中，创作一批具有白沙特色的文艺作品，举办文艺汇演，弘扬向上向善风气；另一方面，要加强乡村公共文化补给，积极开展"文化下乡"活动，让村民在文艺熏陶中产生情感共鸣和价值认同，深化对社会主义核心价值观的理解与领悟，进而重塑道德认同，推动乡村德治建设的开展。

（二）重视宣传引导，助推乡村文明新风

要拓宽宣传范围，扩大社会主义核心价值观的传播范围，优化改善现有单

一的宣传方式,进而提升宣传的有效性,不断扩大文化滋养阵地。

一是多样化宣传道德模范,用榜样力量推动形成文明乡风、良好家风、淳朴民风。道德模范具有高尚的精神品质,和社会主流道德价值取向相契合,是对社会主义核心价值观的生动实践,体现了时代精神和民族精神,对村民的思想道德提升有示范和激励作用,有助于改善乡村整体的道德风貌。一方面,在道德模范评选的过程中,白沙村应加强乡村与文化宣传部门的互动,利用互联网技术,将评选道德模范入围者或候选人的权力适当下移,让村民参与到道德模范的网络评选中,使道德模范的评选过程更公开、更透明、更亲民;另一方面,利用新兴的网络媒体,借助互联网技术,以更加生动的形式提升道德模范宣传的感染力和吸引力。

二是发挥志愿服务队作用,通过印发倡议书、宣传单、面对面宣传等线下宣传的形式向白沙村民普及、宣传移风易俗的重要意义、陈规陋习的危害,此外,还可以通过主题演讲、文艺演出等通俗易懂的形式,营造移风易俗的浓厚氛围,提升乡村德治效能。

三是增加道德模范宣传时间,提高道德模范宣传实效性。要将特定节日期间举办的应景性道德模范宣传与长期性的宣传相结合,延长道德模范宣传在白沙村的周期,把道德模范的宣传作为白沙精神文明建设的一项长期工作来完成。

(三)加强基层干部管理,规范治理权力使用秩序

基层干部群体与人民群众的联系是最密切的,是推动落实国家各项政策的重要执行者,因此,必须规范德治的使用秩序。

一是切实履行职责,团结凝聚群众。以情感人,提高情感影响力。作为村干部要经常深入村民,了解村民的需求,体察村民的困难,帮助村民解决"急难愁盼"的问题。常态化向村民公开村党支部、村委会的工作情况,征求村民的意见和建议,争取村民对村里工作的理解和支持。以德服人,提高品格影响力。作为村干部要有"吃亏""吃苦""吃气"的精神,以身作则,要求村民做到的,自己必须先做到做好,要求村民不能做的,自己首先不能做。

二是注重乡村基层干部人才队伍建设。壮大基层干部人才队伍,引进专业管理人才,赋能乡村德治建设。要加强乡村基层管理人才的引进力度,为乡村德治建设储备人才。依据乡村德治建设发展的实际需求,坚持人才供给端和需求端匹配的原则,吸纳专业化的管理人才。要完善人才引进配套政策,优

化乡村基础设施建设,提高人才在职业晋升、社会保障等方面的保障,吸引人才、留住人才。加强基层工作人员的权力约束,引导干部正确使用权力,规范权力使用秩序。

四、打造特色,乡村智治更高效

"高质量发展是全面建设社会主义现代化国家的首要任务,要着力推动高质量发展。"数字乡村作为乡村振兴的战略方向,是数字时代乡村治理的重点内容。

"智慧村务"开启"未来式"乡村生活。搭建一个集党建村务、乡村产业、乡村服务、乡风文明、乡村治理等多位一体的综合平台,让数字赋能乡村治理,让乡村治理数字化、农民生活智慧化、农业产业智能化,努力提高基层治理水平,打造新农村发展新格局,真正实现让数据多跑腿、让村民少跑路,不断提升基层群众在白沙智慧乡村建设中的幸福感、获得感,实现"未来式"乡村生活。

(一)数字赋能主体协同,构建乡村善治网络

一是通过数字技术的嵌入,为多元主体的协同合作提供平台和方法,重塑乡村善治场域。提升完善江山市、凤林镇、白沙村三级智治网络体系,由江山市数字平台侧重统一部署,统筹协调白沙"三农"工作,着力推进农业农村数字归集共享,通过江山市、凤林镇数字平台承上启下,联通白沙域内村级数字平台,全面实时掌握乡村治理场景动态。通过村级数字平台扎根治理实践,服务广大村民,突出特色治理。

二是依托数字技术赋能,激发广大村民参与乡村数字治理活动、提升数字治理能力的积极性和主动性。承接"浙江乡村大脑 2.0 版"平台和应用,建立乡村地理信息多维立体"一张图",加快应用场景建设,推广应用"浙农码"。强化建设一批乡村数字新基建重大项目,推动城乡同步规划建设千兆光网、5G网络、移动物联网。打造移民智慧化村居,集安全智能文化等功能一体的"移民智慧村居"项目,涵盖户外发布大屏、"移民之家"电视平台、视播结合监控、无线 Wi-Fi、移民办事平台、便民服务平台、留守老人儿童一键报警及"智慧乐园"留守儿童之家等 9 大功能模块。努力实现全村域无死角监控,免费无线Wi-Fi 全覆盖,以数字化提升公共服务。

三是坚持和发展新时代"枫桥经验",顺应基层治理体系变革,全面实施阳

光治理工程,深入开展平安乡村建设和省级善治示范村创建,规范提升全域网格建设,推动自治、法治、德治、智治融合。广泛实行群众自我管理、自我服务、自我教育、自我监督,发挥好各类社会组织作用,强化农村集体资金、资产、资源"三资"云监管、党务、村务、财务"三务"云公开。

(二)数字赋能机制创新,促进乡村精准治理

一是依托大数据、物联网、人工智能等数字技术,创新乡村基本公共服务供给机制,提升服务供给质量。乡村治理的过程也是服务广大村民的过程,需要清楚了解村民的个体化、多样化需求,提供针对性较强的公共服务。首先,白沙应将数字化公共服务水平作为检验乡村治理能力的重要指标,进一步明晰乡村治理的目标是满足民众的利益诉求,数字技术嵌入与赋能的价值指向是提升服务效能。其次,建立需求导向的公共服务供给机制,以数字技术为保障,将村民的个性化、差别化需求精准传导至基层公共组织,有针对性地提供信息服务、政策服务、产品服务等,改变传统治理模式中存在的信息不对称、供给与需求不匹配的缺陷。

二是在基层治理实践中,党建引领居于关键性地位。首先,加强数字技术赋能党建工作的力度,创新相关机制,推动村级党建工作数字化、智能化,以提升党建事务管理的科学化、合理化水平。其次,依托数字技术赋能,建立健全党务、政务、村务、服务的融合治理机制,统筹协调各类资源,激活各种要素,促进乡村公共决策科学化、事务处理数字化、产业发展数据化、整体治理智能化。最后,更新乡村治理理念,利用现代技术手段,构建"资源数字化、应用网络化、流程规范化、治理智能化"的乡村智治机制,更好契合治理村庄、服务村民的需求。

三是运用数字技术创新考核机制,对乡村干部队伍作为表现、工作态度、权力行使等进行监督以促进村干部提升工作质量,规范权力运行。建立村干部积分管理系统、强化村干部惩戒约束机制、突出村干部考核指标精准化等措施以强化管理目标、明细奖惩依据,更准确清晰和客观评价村干部的工作成绩,有效调动其工作积极性。

(三)数字赋能权力规范,提升基层监督效力

一是依托数字化平台,党务、村务、财务等事务信息化,方便村民知晓和监督。借助网络信息技术,扩大公开范围,规范公共权力运行。常规性、一般性

的村级公共事务做到定期公布,对于与群众利益关系紧密、村民关注度较高的事项及时公开、如实公开、详细公开。二是改变传统的固定公开模式,按村民需求充分进行相关事项的公开,比如对村民普遍关注的财务收支情况、专项资金流向情况、支农惠农政策情况等,充分公开,保证村民的知情权。改变事后公开的模式为全程公开模式,村庄公共事务的处理从事前、事中到事后全方位无死角地向村民公开,接受民众监督,提升民众对村两委班子的信任度和认同感,对村干部廉洁自律进行刚性约束。三是借助数字技术和平台完善"乡村公众号"、探索打造官方抖音号,持续推进三民工程为民服务,村民有事情、村干部第一到场村干部等,为村民表达话语和监督村政提供保障,提升基层监督效力,优化乡村治理生态。

第五节 志在共享,高品质打造美好生活幸福村

生活富裕,是实施乡村振兴战略的根本出发点和最终落脚点,是农村广大群众对美好生活的向往和追求。围绕生活富裕目标,白沙在更高水平上实现幼有所育、学有所教、劳有所得、病有所医、老有所养、住有所居、弱有所扶,让发展成果更多更公平惠及全体白沙村民。展望未来,白沙村要继续凝聚多方合力,创新智慧服务,提升品质生活,共建未来乡村交流交融大场景,共绘未来乡村向上向美大场景、共享未来乡村乐居乐活大场景。

一、共建交流交融大场景,多方合力打造共享新图景

(一)政府引领,聚力兴村

一是加大政府引导和支持,加快白沙乡村发展速度。政府通过制定明确的白沙村乡村发展长期规划和短期目标,出台一系列支持白沙发展的政策,如农业补贴、税收减免、土地流转等,吸引更多的资本和人才入驻白沙。通过设立专项资金,支持白沙基础设施建设、产业发展、环境整治等关键领域。同时,鼓励金融机构加大对白沙的信贷支持力度,降低融资成本,为白沙乡村发展提供资金支持。通过政府的有效参与和全面支持,激发白沙乡村发展的内生动力,促进白沙经济、社会、文化等方面的全面发展。

二是发挥村集体力量,推动建设白沙美好生活。村集体是负责村级公共

事务和经济活动的主要组织。需要进一步完善白沙村级组织架构,明确村集体在白沙乡村建设中的核心地位,不折不扣落实白沙村村民自治制度,确保村民的知情权、参与权、表达权、监督权。同时,通过培训、集中学习等方式,进一步提升村干部服务能力、创新意识和团队协作意识,提高村集体的工作效率。充分发挥白沙村集体资源整合优势,深入挖掘白沙军民共建、木材菌菇、乡村体育等资源,形成具有白沙乡村特色的乡村产业链。

三是继续推进省军区与白沙村结对共建军民共建文化示范村项目。加强国防教育、训练、展览展示、军事体验于一体的军旅项目建设,继续为村集体及周边村民增加收入。继续与光谷小镇、南坞古村等周边村镇进行合作,实现有机联动,促进各景点之间的良性互动,为凤林镇的文旅产业发展奠定坚实的基础。

(二)村企带动,共创富路

一是产业带动村民共富。发展现代农业,通过投资现代农业项目,引入先进的农业技术和设备,提高农业生产效率和质量。同时,还可以与农户合作,推广订单农业、农超对接等模式,确保农产品销售渠道的稳定。进一步深挖农业、军民融合、休闲项目等资源和产业基础,加强产业链的融合和延伸,以及规模化和集约化的土地利用,提升全村发展的活力,为村民创造出更多家门口的就业机会,实现村民共富。

二是绿色生产带动生态保护。在乡村发展过程中要注重生态环境的保护,采取环保措施减少污染排放。同时,应该积极参与生态修复、水土保持等工程,改善乡村生态环境。推广绿色生产方式,引导村民采用绿色、生态、环保的生产方式,提高农产品的品质和安全性。加强与村民合作,推广有机农业、生态农业等绿色生产方式。

三是开展社会公益带动乡村建设。通过积极参与乡村公益事业,如教育、医疗、扶贫等。采用捐赠资金、物资等方式,帮助改善乡村基础设施和公共服务水平。通过建立健全企业社会责任体系,将社会责任融入经营理念和发展战略中。通过履行社会责任,树立良好形象和社会声誉。

(三)村民齐心,双向奔赴

一是坚持村民主体地位,把乡村振兴的战略转化为村民的自觉行动,成为农民群众自己想干、要干、能干的事情。村民作为乡村生活的主体,积极参与乡村事务,对于打造美好乡村生活至关重要。村民可以通过参加村民大会、成立合作社等方式,共同商讨乡村发展规划,提出自己的意见和建议。

二是积极参与乡村环境整治、文化活动,共同维护乡村的美好环境。诸如美丽庭院创建、房前屋后卫生清理、杂物整洁堆放、"门前三包"、垃圾分类等,可以通过"积分制"以及星级农户评选、宣传、表彰等方式,调动农民群众参与的积极性、主动性和创造性。

三是健全农民参与,做乡村建设的主人翁。要想提升农民的主体性,必须打破农民想参与但没途径参与的尴尬局面,建立健全农民参与乡村建设机制。在乡村建设行动中,落实村民全过程人民民主,实现村民全过程的参与,在项目建设、村庄规划、设施管护等重要环节中都要让农民群众真正参与进来,切实保障农民的各项权益,提升农民的"主人翁"意识。首先,在项目建设中要引导农民投工投劳,将农民的意愿与诉求反映到项目建设的优先序之中,组织农民就近就业参与项目的建设,同时支持农民参与项目的监督。其次,在村庄规划中农民也应参与规划的编制、审批、实施、监督等各个环节,编制的村庄规划也要让农民看得懂、能监督、好遵守。最后,在设施管护中注重吸纳农民这一管护主体力量,丰富农民参与管护的内容与形式,明确农民在其中的责任,共同维护乡村建设的成果。

(四)社会支持,激活动能

一是引导志愿者参与乡村服务。加强志愿者与乡村的互动,鼓励志愿者深入乡村,与当地村民建立联系,了解他们的需求和期望。组织志愿者参与乡村的传统节日、文化活动等,增进彼此之间的了解和友谊。

二是加强媒体对乡村发展的宣传报道,提高公众对乡村建设的关注度。新媒体时代,传播的广度和深度都得到扩展,为乡村文化的传承发展提供了广阔的舞台和渠道,助推乡村文旅融合发展。乡村拥有独特的历史、民俗、艺术等文化资源,但鲜少得到有效传播。可借助新媒体平台将这些特色文化展示给更多的人,增强乡村的文化魅力和影响力,引起社会各界对乡村文化的关注和认同,推动乡村文化的传承和发展。在新媒体平台上,乡村居民、艺术家等能进行实时互动交流,分享经验与智慧,助力乡村发展。社交媒体和在线视频等平台可用来推广乡村文化。以新媒体平台宣传乡村的文化活动与旅游资源,吸引游客和投资,实现乡村文化的转化和发展。

三是专家智库为乡村发展提供专业咨询和指导。充分发挥专家智库力量,深入理解和挖掘白沙文化资源的价值,包括村志文化、茶灯文化、村歌、村运等文化资源,挖掘白沙深厚的文化底蕴,白沙文化产业的发展提供了丰富的素材和灵感来源。推进文化资源与创新产业相结合,推动白沙文化产业的发展,进而促进乡村经济的增长和社会的繁荣。要充分发挥社科的智库作用,为白沙决策提供科学依据和支持,确保各项政策措施更加符合白沙发展的实际情况和需求。通过推广富有乡土特色的文化符号和文化记忆,打造一批具有地方特色的"农—文—旅"融合品牌,实现文化产业与乡村旅游、研学团建、实践培训等领域的有机结合。提升乡村文化的传承和创新水平,为乡村经济发展注入新的活力和动力。

二、共绘向上向美大场景,打通共享服务"最后一公里"

加快数字化技术、思维、认知在乡村的运用和普及,撬动乡村生产生活生态各领域系统变革。白沙村要加快智慧医疗、智慧教育、智慧养老等率先落地未来乡村,提升智能化服务适老化水平,让农民也共享智慧生活。①

(一)补短板,夯实数字基础设施

一是补齐乡村网络基础设施短板。加快推进乡村新基建,实现千兆光纤网络、5G 移动网全覆盖。以快速推进《浙江省数字乡村建设实施方案》落地为目标,加快 5G 基站建设,实现 5G 网络全村覆盖,基本实现与城市"同网同速",为全面形成数字乡村整体格局,全面提升乡村信息基础设施,壮大乡村数字产业,消除城乡"数据鸿沟"奠定基础。

二是协同推进传统基础设施数字化升级。推动更多农业生产、经营、服务、监管等多跨场景落地应用,形成"乡村大脑＋产业地图＋数字农业工厂(基地)"发展格局。完善农村电子商务配套设施,壮大社交电子商务、直播电子商务等新业态。迭代乡村教育、健康、养老、文化、旅游、住房、供水、灌溉等数字化应用场景,推动城乡公共服务同质化,基本实现村民办事不出村。建设乡村气象、水文、地质、山洪、旱情等数据实时发布和预警应用,实现农村应急广播和"雪亮工程"全覆盖。

---

① 王通林.未来乡村如何建设?看浙江"千万工程"再出发,打造共同富裕现代化基本单元金名片[N].(2022-05-26)[2024-06-24]. https://baijiahao.baidu.com/s? id＝1733858909937864000&wfr＝spider&for＝pc.

（二）强信息，提升数字惠民能力

一是健全乡村信息服务体系，提升乡村公共服务数字化智能水平。首先，有序推进乡村信息服务站点共建共用。推动各类服务站点"多站合一"，功能"一站多用"。高水平建设"四好农村路"，建制村公路原则上达到双向车道以上。加密城乡公交班次，推广公交数字化服务应用，提升城乡公交一体化水平。重视村内道路建设，科学布设停车场，满足户均车位，建设新能源汽车充电设施。设立快递综合服务点，收寄快递不出村，致力打造未来交通场景。其次，统筹用好各类农村信息服务设施。因地制宜在现有的白沙综合服务中心、文化礼堂、文化长廊等场所配备数字化设施设备，提升信息服务保障能力。探索客—货—邮信息化建设，推动客运、货运、邮政快递信息共享。最后，打造集社区安防、智能家居终端、社区 Wi-Fi 覆盖、智能门禁、社区智能中心、居家养老一键式呼叫中心、智慧停车等一体化智慧乡村社区。

二是拓展乡村信息服务内容。首先，持续推进乡村智慧教育。建设适应白沙教育需求的智慧书屋，整合乡村教育资源，搭建数字化乡村教育资源平台，创新场景应用模式。加强乡村学校与城市的交流合作，引导城乡教育资源共建共享。充分利用白沙"移民之家"电视平台，推送优秀的教育资源，提高居民文化素质，丰富居民精神文化生活，提升村居文明程度，营造全民学习、终身学习的浓厚氛围。其次，持续推进未来乡村智慧医疗。建设乡村医疗场所，利用互联网和通信技术，建立乡村远程医疗服务系统，使白沙村民能够享受到城市优质医疗资源的远程支持，包括远程会诊、远程诊断、远程手术指导等服务。探索为每个农村居民建立电子健康档案，记录其健康状况、病史、用药情况等信息，实现跨医院、跨地区的医疗信息共享，提高医疗服务的连贯性和效率。推广智能健康监测设备，如血压计、血糖仪、心电图仪等，设备可以与手机或电脑连接，实时上传患者的健康数据。最后，探索智慧养老模式。搭建一个集健康管理、日常照料、紧急救援、精神慰藉、文化娱乐等功能于一体的智慧养老服务平台。通过平台提供在线咨询、预约服务、健康管理指导、紧急呼叫等服务，让老年人及其家人能够方便快捷地获取所需信息和服务。推广适合老年人的智能养老设备，如智能手环、健康监测设备、智能家居设备等，实时监测老年人的健康状况、生活状态等，通过网络将数据传输到养老服务平台或医疗机构，以便及时获取医疗救助和日常照料。借助各种渠道开展智慧养老宣传教育，提高乡村老年人对智慧养老的认知度和接受度。宣传智慧养老的优势和便利性,鼓励老年人积极使用智慧养老产品和服务,提高他们的生活质量和幸福感。加强政府部门、医疗机构、社会组织等之间的合作与协调,推动养老资源的跨部门整合和共享。通过建立信息共享机制、制定统一的服务标准和规范等方式,提高养老服务的整体效率和水平。

(三)提素养,建设未来智慧乡村

一是深刻认识数字赋能对农村民生建设的全方位影响。村干部要认识到数字赋能的重要性,在实际的工作中加以应用,采用适当的方式进行宣传与引导,让村民认识到农业科技化与现代化是大势所趋。引进科技型服务企业,扶持乡村科技化和现代化发展,引入科技研发与服务的科技工作者为智慧美丽乡村建设建言献策。

二是提高村民的数字素养是提高数字科技赋能农村民生建设的关键。探索与专业技能培训公司合作模式,充分利用国家对农民职业技能培训的优惠政策,采取线上与线下相结合的方式加强对农民数字技术方面的免费培养。选取一部分农民骨干进行线下数字技能培养,让其尽快熟悉和使用各种农业生产与服务的智能设备,发挥示范作用。探索与农业数字设备企业合作培训模式,提升农民的数字素养和数字化应用水平。

三、共享乐居乐活大场景,机制保障打造未来乡村新模样

展望未来,白沙乡村建设要创新体制机制,做好组织、政策、要素保障,坚持以"基层党建治理"为统领,以"社会治理、公共服务"为主轴,围绕"产业更旺、集体更强、村庄更美、村民更富"的目标,大力打造品质生活,共享乐居乐活大场景。

(一)加强组织保障,为未来乡村建设"保驾护航"

一是坚持党建引领,做好组织建设。作为党的"组织细胞",党的基层组织不仅是党团结群众、组织群众、贯彻党的政策方针的"客户端",而且是紧密联系群众,发挥向心作用,推动乡村发展的桥梁和纽带。首先,要加强基层党组织的自身建设,在乡村建设中要充分发挥党组织的全面领导作用。要充分发挥白沙"两委"班子在全面领导白沙村集体经济发展壮大、基础设施建设、公共服务体系、精神文明建设和文化传承、矛盾纠纷处理、社会治安管理、村容村貌

整治和村民教育等方面发挥重要作用,坚持人民主体地位,深入群众,了解村民需求,不断探索和创新"白沙式"村民自治的具体形式,保障村民对农村各项事务参与权、受益权和监督权。其次,白沙村"两委"班子要在领导农村集体经济发展过程中,始终确保粮食安全,严格保护耕地,改善生态环境,切实保障村集体公平享有集体收益,在此基础上,基于资源禀赋、发展水平,因地制宜探索集体经济发展壮大的不同方式。

二是建设未来乡村,坚持上下一心。所谓"众人种树树成林,大家栽花花才香",未来乡村的建设关键在人。始终坚持从群众中来,到群众中去的群众路线,深入到群众中,从劳动人民中汲取智慧,从服务人民中充实思想,从团结人民中凝聚力量。首先,要充分听取民意,大事小事群众事,不搞一刀切,不搞统一模式,不搞层层加码,杜绝"形象工程",聚焦着力点和突破口,团结带领好群众,共同参与未来乡村建设中,集中力量推动未来乡村全面升级、未来乡村全面进步、未来乡村全面发展。其次,明确组织职能,构建多元主体参与的组织保障机制。在未来乡村建设过程中,需清楚村民自治组织、村集体经济组织、农业生产经营组织和各类社会组织的职责,通过创新机制和方法,指引各主体参与白沙未来乡村的建设中。比如,通过农业生产托管服务帮助老年人摆脱生产困境,通过互助养老等多种方式解决农村老年人的生活困难,满足农村老年人的情感慰藉需求。通过村民自治组织摸清村基础设施建设和村公共服务领域短板,组织动员村民通过以工代赈等方式积极参与未来乡村建设行动中,带动农民就业和增收。最后,完善有效制度,做好利益机制保障,让农村集体经济组织真正成为农村基础设施和公共服务的建设者、管理者和受益者。

(二)健全政策保障,为未来乡村建设"增财添才"

一是机制保障,招商引资。首先,完善多元化的投入机制,积极拓宽资金渠道,强化资金保障,引导更多的社会资金参与白沙乡村建设。积极发挥财政资金主导作用,放大财政资金杠杆效应,撬动社会资本跟进,带动村民筹资筹劳,形成多渠道、多层次、多形式的投入机制,确保有效筹集白沙美丽乡村建设资金。其次,强化激励机制,要围绕白沙乡村建设目标要求,不断加大资金支撑力度,优化白沙金融发展环境,打造"金融服务最后一公里"。最后,完善保障机制,鼓励和引导白沙地方产业发展,通过定期走访,加强"心连心"的沟通,及时掌握产业发展困难所需,协助解决难题。比如:生产用地审批,政策优惠,水电道路交通等方面。加强对白沙地方产业的政策引导和服务,优化营商环境,推动产业升级和转型。

二是机制健全,招才引智。首先,完善引进机制,因地制宜,依据白沙乡村发展需求,明确人才引进方向,进一步简化引进流程,根据现代化农业发展需要引进经营管理人才,根据"千万工程"要求引进环境治理人才、根据白沙村志文化、文旅产业发展规划引进文化传播人才等,同时对返乡发展特色旅游、电子商务和绿色农业的回乡民适当降低准入门槛,实施更加开放的人才引进政策。其次,创新激励机制,对致力于白沙乡村建设事业的实用型、科技型、创业型人才在用地住房、税费减免、金融服务等方面给予扶持,制定合理的收益分配政策,将技术、知识等要素纳入乡村人才评价体系之中,不断完善奖励办法,提高人才的收入水平。畅通流动机制,秉持"不求所有,但求所用"的原则,采用灵活的人才流动方式,一方面鼓励优秀企业家、科技达人、专家学者等利用空余时间到白沙实地讲学或投资兴业,畅通乡村基层人才向上流动渠道,为乡村人才提供更广阔的发展空间;另一方面以人才文化促进乡村振兴发展机制,探索白沙新型职业农民培育工程,探索田间讲堂、乡村讲堂、网络课堂等形式开展就业创业、农业科技、经营管理等培训,培养一批爱农业、懂技术、善经营的农民队伍,积极挖掘土专家、田秀才、致富带头人,扶持农业职业带头人、经纪人,提升人才凝聚力。

(三)强化要素保障,为未来乡村建设"换挡加速"

一是严守耕地红线。特殊保护永久基本农田,全面梳理整改,对永久基本农田做好储备区划定工作,预留足够空间,为永久基本农田整改补划,以及为未来重大项目建设提供空间。对农村违法占地情况,加大查处力度,做好典型案件督导督办,对土地执法动态巡查,实施常态化工作机制。

二是坚守规划引领。不折不扣落实"多规合一"要求,加强土地利用规划与城乡规划的深入融合。始终坚持规划引领,完善城乡一体设计工作机制,充分发挥规划对乡村振兴体现的指导约束作用。为避免"千村一面",应采取差异化规划策略,体现村庄特色,展现村庄风采,以村庄规划为依据,对农用地整理、农村建设用地加强整理,保护好修复好乡村生态。优化生产、生活、生态的"三生"空间格局,加强耕地保护和土地集约节约利用力度,旨在改善农村人居环境,为山区县的乡村振兴、实现共同富裕,提供可复制可推广的白沙样本。

三是强化要素保障。加大政府支持力度,做好资源配置工作。满足资源要素优先,改变以往资源要素多向城市流动局面,促进更多土地、资金等发展要素流向农村地带。在支持乡村振兴项目的过程中,通过为乡村项目开辟绿色通道的方式,做到专人负责、专项负责等,白沙建设用地报批工作提档加速。

本章小结

展望未来,白沙村牢记总书记嘱托,加快绘就"千村引领、万村振兴、全域共富、城乡和美"新画卷。一张蓝图绘到底,一任接着一任干,白沙村着眼长远、打牢基础,探索新工作方法和推进新机制,把推进乡村全面振兴作为新时代新征程"三农"工作的总抓手,坚持以人民为中心的发展思想,全面贯彻新发展理念,①继续加快经济发展、弘扬村志文化、促进乡村善治、持续推动美丽乡村建设,让村民生活更幸福。

---

① 中共中央 国务院.关于学习运用"千村示范、万村整治"工程经验有力有效推进乡村全面振兴的意见[R/OL](2024-01-01)[2024-06-24]. https://www.gov.cn/gongbao/2024/issue_11186/202402/content_6934551.html.

第六章　牢记嘱托:江山市文化兴村的探索与实践

江山市位于浙江省西部,自古便是文化昌明之地。时代一脉相承,江山锦绣依依。在习近平总书记的殷殷嘱托中,在"八八战略"的具体实践中,在"千万工程"的引领下,江山市的广大乡村在时代的巨轮中也焕发出新的生机,乡村文化全面振兴,"浙江有礼·文润江山"县域文明实践品牌持续打响,共同富裕先行示范区见行见效,精神富有基本单元落地生花,"文化共富村"实至名归。"浙江有礼"有江山,江山有礼有文明。如今的江山,风尚和美、文艺赋美、城乡大美、共富共美,江山如此多娇,前程锦绣多姿。沙聚成塔,点滴汇聚成江海;乡村有志,共同铸就锦绣江山。

第一节　"文润乡村"绘就振兴新路径

江山市通过文化兴村战略,将乡村的历史底蕴与江山的现代化发展紧密融合,形成了从"一村有志"到"村村"繁荣的百花齐放。村志的匠心编纂与推广,传承了地域历史文化,深化了乡土文化精神,成为乡村发展的灵魂;村歌的悠扬旋律,展现了乡村的独特风貌,激发了乡村的生机与活力,拓展了交流渠道;村运会的举办,增强了村民间的凝聚力,为乡村振兴注入了新动能,打造了具有地方特色的体育品牌;村晚作为乡村的文化盛宴,展现了乡土文化的独特魅力,村民的自编自演更是激发了创造活力,凝聚了乡民的力量;寓外人士的领航作用,为乡村发展树立了榜样,注入了正能量;家谱的编纂则串联起乡村的历史记忆与血脉亲情,让村民们能够追根溯源,增强乡民的凝聚力和归属感;一张全村福,定格每个村民的笑脸,将每个村民的心紧紧相连,展现了乡村大家庭的温暖与团结,成为乡村文化振兴的生动写照。正如《周易》所言:"观乎天文,以察时变;观乎人文,以化成天下。"文化兴则乡村兴,江山市正是通过文化的力量,引领着乡村走向更加繁荣的未来。

一、村志记述乡村振兴路

村志,是乡村文化的根与魂。修志问道,以启未来。江山市深入挖掘各村历史文化资源,匠心编纂村志,让乡村历史得以传承,让乡村文化焕发新生。村志的编纂,不仅是对历史的尊重与传承,更是对未来的期许与引领。它让村民在了解自己的历史文化中,增强文化自信,激发内生动力,共同推动乡村的繁荣发展。

白沙村作为江山市文化兴村的典范,其在村志编纂方面的探索与实践,为全市乃至更广范围的乡村文化建设提供了宝贵的经验与启示。白沙村以匠心编纂村志为起点,将历史文化与现代发展相结合,走出了一条具有特色的乡村振兴之路,为乡村振兴注入持久而深厚的动力。这种做法不仅值得其他村庄学习和借鉴,更为我们提供了一个深入理解乡村全面振兴战略和文化传承重要性的窗口。在未来,聚焦产业共富、文化共富和乡村振兴共同体,以《白沙村志》为代表的村志文化依然可以大有可为,大有作为。

(一)挖掘好村志文化,打造村志文化赋能乡村产业共富的物质文明高地

1. 建构乡村特色产业联盟,促进村志文化和地域产业"联起来"

一方面引进专业营销运营理念和团队,对以白沙村为代表的江山市现有乡村产业群组进行梳理策划,将白沙村志文化元素融入企业产品的宣传中,以村志文化品牌统筹区域特色经济产业,实现不同产业形式和经济业态之间的优势互补。另一方面,引入现代文化创意和科技手段,对传统产业进行再创造,提高现有产品的附加值和市场竞争力,提升农民收入。构建村志文化引领下的区域产业组团销售模式,助力乡村产业和产品走出大山。

2. 嫁接新媒体营销技术,助力传统村志文化资源"活起来"。

强化与新媒体团队和企业合作,依托专业 AI 直播技术和营销技术,利用现代科技手段,把虚拟现实(VR)和增强现实(AR)相结合,在展示白沙村文化

形象的同时，为顾客提供沉浸式体验，推广白沙村的文化服务的同时，助力销售白沙村的乡村特色产品。例如，白沙村目前已有的系列特色产业品牌包括菌菇、木材加工、军旅、手工制品、农产品等，可以结合线上线下的多元化渠道进行宣传和销售，运用数字化手段"活起来"。

3. 培育乡村产业新业态，助推乡村特色产业联盟"强起来"

以村志文化为媒介，与文创企业合作，开发以白沙村志为核心形象的文化创意产品，将村志文化与现代元素相结合，打造具有乡村特色的文创产品；同时，基于文化引领，充分利用江山市的青山绿水和丰富物产等乡土文化资源，创新农业经营模式，发展田园养生、研学科普、乡村民宿等休闲农业新业态；以村志文化引领江山市城乡融合发展机制，全面推进乡村振兴，助推缩小三大差距。利用文化产业推动城乡基础设施建设。以文化产业发展为导向，加大农村基础设施建设投入，提升农村公共服务水平，为城乡融合发展创造良好条件。完善文化产业政策，为农村文化产业提供政策支持和制度保障。同时，探索城乡一体化发展的路径和模式，推动文化产业成为城乡融合发展的支柱产业。

（二）传承好村志文化，打造村志文化赋能乡村文化共富的精神文明高地

1. 加强乡村公共文化服务建设，提升乡村文明程度

建设集村志展示、文化交流、活动举办等多功能于一体的文化地标，如"白沙村志博物馆"或"文化广场"等，提升村民对村志文化的认同感，丰富地方百姓文化生活品质。以村志文化为促进乡村文化共同富裕的平台和载体，提高农民的思想觉悟、道德水平和文化素养，培育文明乡风、良好家风、淳朴民风。

2. 借助社科智库，深化村志文化内涵，提升江山市文化辨识度

要支持村志文化创新发展，引进浙江省高水平社科专家，乃至国家级高水平社科专业团队，充分挖掘和传承村志文化，使其在乡村振兴中发挥更大作用。同时，深化村志文化的内涵研究，拓展村志文化外延内容，提升现有村志文化格调，为乡村文化振兴注入活力。

3. 深化新时代"千万工程"，打造江山市文化金名片

推动江山市城乡和区域产业与文化协同发展，提高区域文化产业一体化

建设。同时,借助各种宣传媒介,加大村志文化的宣传力度和传播广度,变白沙村志文化为江山市乃至浙江省的文化金名片,为乡村共同富裕营造良好的文化氛围。

(三)利用好村志文化,打造村志文化赋能乡村共同富裕的乡村振兴共同体

1.完善顶层设计,增强政策供应,为村志文化赋能乡村共同富裕提供制度保障

首先,制定一系列与村志文化相关的政策,包括人才培养、产业发展、知识产权保护等方面的政策,为村志文化发展提供全方位支持。其次,优化村志文化管理体制,建立健全村志文化管理机构,加强村志文化工作的组织协调和监督指导,确保村志文化发展有序推进。

2.制定远期规划,保证资金到位,为村志文化赋能乡村共同富裕提供物质保障

制定村志文化发展规划,明确村志文化发展的目标、任务和路径,将村志文化纳入乡村振兴总体布局,给予足够重视。同时,加大财政支持力度,为村志文化项目提供财政资金保障,支持村志编纂、文化传承、设施建设等方面的发展。

3.立足发展实际,加强人才队伍建设,为村志文化赋能乡村共同富裕提供智力资源

首先,通过有针对性地培训,提升本土人才的技能和素质,培育熟悉村志文化、具有专业素养的人才队伍,使其适应文化赋能乡村振兴的需要。其次,拓宽人才引进途径,与地方高校联合培养乡村文化振兴急需的各类后备人才。

4.区域协同发展,打造村志文化助力乡村振兴共同体,为村志文化赋能乡村共同富裕提供样本示范

首先,明确区域协同发展的目标,根据各村镇文化资源禀赋和产业特点,合理规划产业布局,确保各村镇在乡村振兴中发挥各自优势,实现优势互补、共同发展。其次,推动农村产业结构调整,创新以村志文化品牌统筹区域发展的合作机制,促进江山市辖区内政策、技术、资金等要素的自由流动和优化配置,为建设乡村振兴共同体释放活力。

二、村歌唱响乡村共富梦

村歌，是乡村文化的音与韵，是村庄文化的生动表达，是乡村的有声名片。江山市鼓励各村创作具有地域特色的村歌，村民自发创作的村歌，旋律优美、歌词朴实，深情地唱出了江山人民对家乡的热爱和对美好生活的向往。在江山，村歌不仅仅是一种音乐形式，更是一种文化的传承与展现。村歌以其独特的艺术风格和深刻的文化内涵，成为乡村文化振兴的有力抓手，也是乡村文明风貌的绝佳展示。一首村歌，团结起来一个村庄，凝聚起来一群民心，汇聚成共富之路的磅礴力量。在共同富裕的道路上，村歌以其独特的文化魅力，引领着村民们共同创造更加绚烂的未来，成为乡村振兴和文化传承的重要推动力。

（一）村歌创作，展现乡村风貌

江山市的每一个乡村，都有着自己独特的历史沉淀和文化底蕴。这些宝贵的历史文化资源，是村歌创作的源泉。在村歌的创作过程中，深入挖掘乡村的历史故事，将其巧妙地融入歌词，不仅能够传承和弘扬乡村文化，还能让村民更加珍视自己的文化传统。

以大陈村为例，大陈村的历史悠久，文化底蕴深厚。村民们自古以来就热爱歌唱，他们用歌声来表达内心的喜怒哀乐，抒发对美好生活的向往。随着时代的变迁，大陈村的村歌也在不断地创新和发展。如今的村歌，既保留了传统文化的精髓，又融入了现代音乐的元素，使之更加符合现代人的审美需求。从《大陈——一个充满书香的地方》到《大陈在心》，16 年精彩蝶变的新图景化为幸福大陈的嘹亮歌声。"大陈在心，人人风景，人人楼台庭院，人人相爱相亲；大陈在心，处处心景，处处村歌响不停。"唱响的奋进之歌，也是大陈的共富之歌。

石门镇溪底村的村歌《溪底有礼》依托底蕴深厚的婺剧文化，贺村镇溪淤村更是将村庄的发展故事融入表演。传统的文化得到后辈传承，年轻的想法得到时代验证，一首《和幸福相约》讲述着溪淤村的前生今世和独特魅力。①

村歌中蕴含着的深厚历史底蕴，让听众在欣赏歌曲的同时，也能感受到各个村庄的历史韵味和文化气息。村歌创作中对地域历史文化的挖掘，将乡村

---

① 林莹. 唱响共富之歌——江山市首届"江郎山杯"村歌大赛总决赛现场见闻［EB/OL］.（2023-05-11）［2024-06-24］. https://www.jiangshan.gov.cn/art/2023/5/11/art_1206570_59158447.html.

的历史故事、传统文化和民俗风情生动地展现出来,让更多的人了解和认识乡村的文化魅力。

(二)村歌传唱,激发乡村活力

村歌不仅仅是音符与旋律的交织,更是乡村历史、文化和情感的融合。如今,在"八八战略"的引领下,江山市的村歌传唱已成为激发乡村活力、促进共同富裕的重要载体。

1.老少咸宜,村歌成为乡村新风尚

在江山市,村歌不仅是一种音乐形式,更是一种深入人心的文化现象。这些歌曲以其朗朗上口的旋律和贴近生活的歌词,吸引了各个年龄段的村民。无论是年长的村民在田间地头哼唱,还是孩子们在校园里欢快地传唱,村歌都成为连接代际、传承文化的纽带。

江山市的村歌创作充分考虑到了不同年龄层的喜好和需求。对于老一辈村民来说,村歌中融入了许多他们熟悉的传统元素和乡土情怀,让他们在歌声中找回了年轻时的记忆。而对于年轻一代,村歌则采用了更加现代和时尚的编曲方式,以及富有教育意义的歌词,既激发了他们的兴趣,又在潜移默化中传承了乡村文化。

这种老少咸宜的特性,使得村歌在江山市的乡村中迅速流行开来,成为一种新风尚。村民们在茶余饭后、田间劳作之余,都会自发地组织起来唱村歌、跳村舞,享受着这种新颖而有趣的文化活动带来的乐趣。

2.节日庆典,歌声中传递喜庆与团结

在江山市的乡村中,节日庆典总是与村歌紧密相连。每逢春节、端午、中秋等传统佳节,或是村里的重要庆典活动,村民们都会穿上节日的盛装,欢聚一堂,共同唱响村歌。这些歌曲不仅为节日增添了浓厚的喜庆氛围,更在歌声中传递着团结与和谐的力量。

以大陈村为例,在每年的春节联欢晚会上,村歌都是重头戏。村民们自发组织排练,通过歌声表达对新年的祝福和对美好生活的向往。在歌声中,村民们感受到了浓厚的节日氛围和乡村大家庭的温暖与团结。这种喜庆与团结的氛围不仅增进了村民之间的情感交流,也为乡村的发展注入了新的活力。

3.媒体传播,让村歌飞出大山走向世界

随着信息技术的不断发展,媒体传播成为让村歌飞出大山、走向世界的重要途径。在江山市政府的支持和引导下,越来越多的乡村开始利用网络平台和社交媒体来推广自己的村歌和文化特色。

乡村通过与当地媒体合作,将村歌制作成音乐视频并在各大网络平台发布。这些村歌视频不仅展示了乡村的美丽风光和淳朴民风,更让村歌飞出了大山,传遍了世界各地。越来越多的外地游客被江山市的村歌所吸引,纷纷前来体验乡村文化和风情。这种传播方式不仅提升了乡村的知名度和美誉度,也为乡村旅游和文化产业的发展带来了新的发展机遇。

4.思想引领,唱响新时代乡村共富梦

村歌,这一深植于乡村的文化符号,既承载着厚重的文化和历史记忆,又在新时代焕发出新的生机,发挥着思想引领的重要作用。在江山市的广袤乡村,村歌已经超越了单纯的文化表达,成为一种激励人心的精神力量,它鼓舞着村民们携手共进,追求富裕和幸福的生活。

政府和社会各界对村歌的传唱与发展给予了积极的推动,视其为加强乡村思想道德建设、促进乡村社会和谐稳定的有力手段。通过村歌的广泛传播,村民们对社会主义核心价值观有了更深刻的理解与认同,这不仅增强了他们的道德观念,也进一步坚定了他们实现共同富裕的理想信念。

同时,村歌成为村民们抒发乡土文化情怀和传承民俗文化的有效载体。在嘹亮的歌声中,村民们表达着对家乡的深情眷恋,对美好生活的热切期盼,更唱出了新时代乡村共同富裕的宏伟梦想。村歌的思想引领作用,为江山市的乡村振兴注入了强大的精神动力和文化支撑,提升乡村的文化软实力,成为推动共同富裕路上不可或缺的力量源泉。家有喜事唱村歌,重大节庆唱村歌,客人来访唱村歌。村歌凝聚着老百姓的心,唱出了"村歌治村"的新法宝;村歌表达了老百姓的情,吟唱出老百姓对美好生活的向往和不懈追求,也唱响了产村人文融合发展的共富之音①。

---

① 江山市文化广电旅游局.江山上榜! 全国 2024 年春节"村晚"示范展示点名单公布〔EB/OL〕.(2024‐02‐05)〔2024‐05‐25〕. https://www. jiangshan. gov. cn/art/2024/2/5/art_1225980_59167652. html.

（三）以歌化人，拓展交流渠道

《论语·阳货》中言："诗可以群"。诗歌有着聚集人心、增进交流之奇效。村歌，作为新时代乡村的文化符号，同样承载着这份古老而深厚的力量。在江山市，村歌不仅唤起了村民们对乡土的热爱与自豪，更在村际交流中搭建起友谊的桥梁，成为拓展交流渠道、促进文化共享与和谐的重要工具。

1. 歌声搭起友谊桥——村歌在村际交流中的作用

"以歌会友，以歌传情"，歌声自古便是心灵的纽带，情感的通道。在江山市的村际交流中，村歌以其鲜明的地域特色和深厚的文化内涵，成为搭建友谊桥梁的重要媒介。

村歌不仅是音乐的流淌，更是文化的传承和展示。每一首村歌都蕴含着村落的历史记忆、民俗风情和生活智慧，是乡村文化的生动写照。在村际交流的舞台上，村民们通过演唱村歌，深情地讲述着自己的乡村故事，展示着独特的文化魅力。这种以歌传情、以歌会友的方式，极富感染力，能够迅速拉近村落之间的距离，引发深刻的共鸣。

此外，村歌的交流还促进了资源共享和村落间的互帮互助。在村歌的传唱中，各村之间相互学习、借鉴发展经验，共同探讨乡村振兴的路径。这种交流与合作不仅提升了村落的整体发展水平，更进一步巩固了村际间的友谊，为乡村社会的和谐稳定注入了强大的正能量。

可以说，在江山市的广袤乡村，村歌已经成为一种独特的语言，它超越了地域和方言的界限，让不同的人们在同一首歌中找到共鸣，感受到彼此的温暖和友谊。正如"浙江省村歌故事会""江郎山杯"村歌大赛这样的文化活动所展示的，村歌不仅仅是音乐的演绎，更是文化的交融和情感的传递。它用最美的旋律，搭建起了村与村之间、人与人之间最真挚的友谊之桥，为乡村振兴和文化发展注入了新的活力。

2. 文化共享促和谐——村歌在文化交流中的价值

江山市的村歌，作为乡土文化的瑰宝，承载着丰富的历史信息和文化内涵。这些歌曲在文化交流中发挥着重要作用，促进了不同文化之间的交融。

通过村歌的传唱，各个村落的文化特色得以展示和传播。这种文化共享不仅有助于增进村民对自身文化的认同感和自豪感，还能促进不同文化之间的相互尊重与理解。在村歌的交流中，村民们可以感受到其他村落的文化魅力,从而拓宽文化视野,增强文化自信。

同时,村歌的文化交流还推动了乡村文化的创新与发展。在互相学习和借鉴的过程中,村民们不断吸收新的文化元素,丰富和发展自己的文化内涵。这种文化交流不仅有助于保持乡村文化的多样性和活力,还为乡村社会的和谐发展注入了新的动力。

3. 唱响乡村好声音——村歌在对外宣传中的影响

江山市的村歌,以其独特的艺术风格和深刻的文化内涵,成为对外宣传乡村文化和旅游资源的重要载体。这些歌曲通过优美的旋律和生动的歌词,向外界展示了乡村的美丽风光和淳朴民风。

在各类旅游推广和文化交流活动中,村歌的演唱往往能够吸引众多游客和观众的关注。通过村歌的传唱,外界更加深入地了解了江山市乡村的历史文化、民俗风情和旅游资源。这种宣传方式不仅提升了乡村的知名度和美誉度,还为乡村旅游业的繁荣发展带来了源源不断的客流。

同时,村歌在对外宣传中的成功运用也激发了村民们对本土文化的自豪感和归属感。村民们更加珍视自己的文化遗产和乡村特色,积极参与到乡村文化的传承与发展中来。这种全民参与的文化自觉和文化自信为乡村的持续发展提供了有力支持。

4. 唱出时代新面貌——村歌在乡村振兴中的作用

践行"八八战略",唱响共富之歌。随着"八八战略"在浙西乡村的深入推进,村歌在激发乡村活力、塑造乡村新形象方面发挥着越来越重要的作用。这些歌曲以生动的艺术形式展现了新时代乡村的新气象和新面貌。

村歌的传唱激发了村民们的奋斗精神和创新意识。在歌曲的熏陶下,村民们更加积极地投入乡村振兴的伟大事业中来,为乡村的发展贡献自己的力量。同时,村歌也吸引了外界对乡村的关注和支持,为乡村汇聚了更多的资源和力量。

此外,村歌还成为乡村文化产业发展的重要推动力。通过村歌的创作、演唱和传播,乡村的文化资源得到了有效挖掘和利用,推动了乡村文化产业的蓬勃发展。这种以文化为引领的发展模式不仅提升了乡村的经济实力和社会影响力,还为乡村的可持续发展注入了新的活力。响起来的村歌,不仅是村民们归属感和自豪感的传递,更是江山地区的共富之歌。

(四)以歌治村,以歌兴村

多年来,江山市持续认真贯彻落实党中央、国务院和省委、省政府关于推进乡风文明建设的决策部署,自 2007 年两首村歌唱进央视和首届全国村歌大赛后,大陈乡大陈村找准优势赛道,深挖乡土特色,以歌化人、以歌治村、以歌兴村。截至目前,据不完全统计,全市累计创唱村歌 328 首,荣获国家级、省级荣誉 20 余项。2016 年江山村歌唱进人民大会堂,作为 G20 杭州峰会国礼唱响寰宇。11 首村歌获评 2020 年中国村歌大赛"百佳村歌",成功承办 2020 年中国村歌大赛总决赛、2022 年浙江省山区县村歌故事会等大型赛会,江山因此被誉为"中国村歌之乡""中国村歌发祥地""中国村歌创作基地",获评全国乡风文明示范县,入选第二批全国村级"乡风文明建设"典型案例。依托村歌铸魂塑形赋能的强大力量,江山成功培育国家级文明村 2 个,省级文明乡镇 3 个、文明村 15 个,省级善治村 185 个,初步探索出了一条以村歌提升乡风文明、推进自治法治德治智治"四治"融合、加快乡村振兴的路子。

1.发挥地域特色,让村民喜欢唱、乐意唱、齐心唱

一是厚植乡情。结合"一村一品、一镇一业",深入挖掘传统优秀古村文化、孝廉文化、红色文化等基因,将传统的文化和现代的文明相结合,创作《谜一样的廿八都》《丝路清三》等一批富有江山辨识度的村歌作品,让人一听就能引起共鸣。二是贴近乡亲。组织音乐工作者基层走亲、结对创作,同时吸收"土艺人""田秀才"积极参与,因村制宜制定村歌创作思路,实现歌与景融合、歌与情交汇,让村歌更加符合村情实际、贴近村民生活。三是记住乡愁。延伸村歌产品,创新开发不同演绎形式,讲好村歌背后的故事,截至目前共培育原创村歌 328 首,每年拍摄村歌 MV30 首,编撰《中国乡村好声音》系列村歌丛书 4 本,打造文旅融合村歌产品《你好江山》实景剧、《大陈见面》音乐剧等,深深触动归乡游客的心灵。

2.创新村歌传唱模式,培育文明乡风

一是干部带动。每个村在完成村歌创作后,村干部带头学唱、教唱,组建由村干部和村民充当村歌"主力军"的合唱队;开展文艺培训和辅导,建成坐唱、腰鼓、排舞等农村文体队伍近 600 支,引导村民亲身参与各类文艺活动,充实村民农闲时光,丰富精神生活。二是党员联动。利用党员连心"1+7"的传帮模式,在村级层面广泛开展村歌传唱、村歌走亲等活动,每年开展各类村歌

活动 300 余场次，参与群众 10 万余人次，实现"村村有村歌，人人唱村歌"的生动局面。三是全域驱动。以"一座礼堂、一首村歌"模式推进农村文化礼堂村歌全覆盖，先后承办或举办全国村歌之星大赛、全民合唱节、幸福江山村歌大赛等活动，推动村民逐步从村里唱、镇里赛、市里演，到走出江山秀文化，把"赛村歌"的劲头和激情转化为不甘落后、以村为荣的干事热情。

3. 推进村歌文化实体化，唱响幸福生活"同心曲"

一是拓展农特产品新销路。利用村歌的品牌影响力，提高农特产品附加值，并把村歌和直播带货平台相结合，拓展销售渠道。如上余镇李坪村把土榨红糖作为村庄特色符号，写进村歌《红糖飘香》，使土榨红糖卖价提高两倍，带动村民增收。二是推动影视产业新发展。以村歌《妈妈的那碗大陈面》为基础，改编成浙江省文化礼堂第一部乡村古装孝文化电影，在爱奇艺、搜狐视频等国内各大视频网站同步上线，并参加北京国际电影节网络单元展映，吸引《斗香》《半个月亮》《神雕侠侣》等一批影视作品在江山市拍摄。三是打造文旅融合新样板。借助村歌这块招揽游客的金字招牌"秀"文化、"卖"文化，建成最美村歌线，带动民俗文化游悄然兴起，大陈村随着村歌的唱响成功打造 3A 级旅游景区，开发"夜游＋直播""夜游＋体验""夜游＋赶集"等旅游业态，2022年共接待游客约 30 万人次，带动周边旅游产业创收 1000 多万元。唱村歌已逐渐成为江山地区民众喜闻乐见的一种文化娱乐方式，有效推动了农村环境整治和农民素质提升，形成了独特的村歌文化现象。

4. 寓教于乐，实现村民素质大提升

江山村歌集思想性、艺术性、群众性于一体，饱蘸乡愁、绽放乡情，又融汇社会主义核心价值观、科学文明健康的生活方式、优秀传统文化和村规民约、文明乡风、良好家风、淳朴民风，贴近生活、口口相传、简便易学，使农民群众潜移默化地感知、认同、领悟、践行，实现"村歌响、麻将息，舞蹈起、争吵止"，积极向上的新习俗、新气象覆盖全域。如石门镇长山源村以村歌"吹拉弹唱"工作法，增强了村民的归属感、认同感和责任感，促使全体村民心往一处想、劲往一处使，村庄凝聚力大幅提升。

5. 春风化雨，推动和美乡村大蝶变

充分发挥村歌文化的吸引力，引导村民参加排舞队、腰鼓队、锣鼓队等，在排练过程中，以"共学、共唱、共演"的文化纽带增进交流，连通感情，促使村民解开心里疙瘩、统一思想、推动发展，以"与歌比美"的激情投入乡村建设。如大陈村用村歌聚民心、谋发展、汇幸福,从脏乱差的后进村蜕变成全国文明村、中国历史文化名村、全国十大最美乡村;碗窑乡凤凰村通过唱村歌办村晚,将来自100多个村的800多户下山搬迁村民聚沙成塔,走出了人心涣散、村集体经济薄弱的困境。

6.润物无声,实现移风易俗大革新

以村歌为引领,将传统的民俗文化节赋予具有时代特色的文化内涵,组织开展村歌晚会、古村摄影展、麻糍擂台赛、风味小吃制作比赛、好媳妇好青年颁奖仪式等一系列文化活动,改变以往片面追求物质享受的现象,传承中华优秀传统文化,弘扬新时代文明乡风。如大陈村将传统的"老佛节"更名为"大陈麻糍文化节",移风易俗后的文化节不仅改掉以往大吃大喝、铺张浪费的陋习,还成功入选浙江省非物质文化遗产名录。①

村歌声声嘹亮,幸福冉冉升起。在村歌的引领下,江山人民共筑美丽家园,携手走向共同富裕的康庄大道。村歌,不仅唱响了乡村的新篇章,更在潜移默化中引领着乡村振兴的步伐,让幸福的种子在每个村民心中生根发芽,共同绘就一幅乡村振兴、共同富裕的美好画卷。

三、村运激活乡村新动能

在第一版的《白沙村志》大事记略中,有这样一段记述:"1985年正月初二,白沙村举行乒乓球、象棋、举重、自行车等农民文体运动会。"

1985年起,每年正月初一,白沙村都要举办农民运动会。

2002年,白沙村因白水坑水库建设需要整村搬迁至凤林镇。白沙村自古民风淳朴、善文喜武,从山区搬出时,唯一的"传家宝"就是一张做工粗糙、笨拙的乒乓球台。为让远离故土的村民"搬得出、住得下、乐生活、能致富",村两委抓住村民热爱体育的特点,发出倡议,村民自发捐款2万元建了江山首个农村水泥篮球场。随后相继建起了网球场、游泳池、全民健身广场及室内体育馆,同时继承传统,每年举办"泥田赶猪""花样插秧"等融竞技、娱乐、健身等于一体的"原生态"农民运动会。

2005年,江山市在凤林镇白沙村试点举办新春农民运动会。

---

① 邵梦婷、程灵豪、徐兵.衢州江山市:以歌化人 以歌治村 以歌兴村[EB/OL].(2023-09-12)[2024-05-25].https://rmh. pdnews. cn/Pc/ArtInfoApi/article? id=37742851.

2012 年开始,白沙村先后举办央视趣味运动会、浙江省农村文化礼堂运动会总决赛、市农民运动会等体育赛事 200 多场次。

2019 年,江山村运会被国家体育总局以"体育现象"进行总结推介,被新华社、《人民日报》广泛报道,并荣膺浙江省最佳群众体育活动奖。

2022 年,白沙村一年一度的村运会已发展成江山市的农村体育品牌,并入选中华体育文化优秀项目。

从一村到一镇、从一镇到全市,据不完全统计,到 2020 年已有 184 个行政村举办村运会,占全市行政村总数的 62.5%。经过多年的培育和发展,江山地区目前已经形成"百村万人体育过大年"的繁荣景象,村运会也成为江山群众体育的品牌活动。

村运,是乡村文化的力与美。江山市定期举办村运活动,让村民在运动中感受乡村的活力和激情。村运不仅锻炼了村民的身体,更在运动中增进了村民之间的友谊和团结,为乡村的和谐发展注入了新的动力。

(一)"土味"村运会,村民心连心

"土味"村运会,不仅仅是一场运动盛会,更是村民团结互助、交流情感的纽带。在这里,村民们用自己的方式诠释着体育精神,也让乡村生活因此变得更加多姿多彩。

1.乡土赛事聚民心,全民运动展新貌

江山村运会,不同于城市中的大型体育赛事,它更接地气,更贴近群众。在这里,最基层的村两委成为运动会的核心组织者,而参赛单位也主要以生产队、村民小组为主。近年来,随着基层组织的发展,村运会的组队形式也在不断创新。党员代表、基层民兵、网格支部、网格小组等纷纷组队参赛,这不仅体现了体育与党建的深度融合,更展现了新时代乡村的新面貌。

活动的组织过程简约而不简单。村两委成员既是策划者、实施者,又是组织者,他们身兼数职,全力投入村运会的筹备中。值得一提的是,这些村两委成员还经过了社会体育指导员的专业培训,他们在赛事中不仅担任组织工作,还兼任业余裁判,确保了比赛的公平公正。

江山村运会没有烦琐的开幕式,没有高昂的门票,只有纯粹的运动热情。这场赛事实行"零门槛"准入,只要村民愿意,都可以报名参加。这种开放性和包容性,真正践行了群众体育群众办的理念,让每一个村民都能感受到运动

的快乐。

农田里的拔河赛（戴永芬提供）

2.个性项目聚人气，农事农活乐翻天

江山村运会的比赛项目可谓独具匠心，尽显农事农活的魅力。泥田拔河、锯木头、抓鱼、背老婆、合家欢等传统项目让人捧腹大笑，同时也展示了乡村生活的乐趣和和谐。而各村更是因地制宜，结合自身的产业特色和资源优势，创新出了一系列富有个性的比赛项目。

在白沙村，以木业生产为主，村民们巧妙地设置了锯木头、举木头等比赛项目。这些项目不仅考验了村民们的体力和技巧，更让他们在日常的劳作中找到了新的乐趣。在日月村，作为全市的消防器材之乡，他们别出心裁地设置了灭火器接力、举灭火器比赛，既体现了村庄的产业特色，又增强了村民的消防安全意识。

毛村山头村拥有全国首个农村攀岩公园，这使得攀岩成为村运会最受欢迎的项目之一。村民们争相展示自己的攀岩技巧，勇攀高峰，尽享运动的激情与快乐。而在永丰村，盛产荸荠的他们则设置了捡荸荠比赛，让村民们在轻松愉快的氛围中感受丰收的喜悦。清泉村作为"江山电商第一村"，则专门设置了快递包装盒比赛，这一创新项目不仅贴合了村庄的电商特色，还寓意着乡村经济的蓬勃发展。

这些乡土味儿十足的个性化比赛项目不仅吸引了大量村民的积极参与，更让村运会成为展现乡村文化和特色的重要平台。在这里，村民们用自己的智慧和才能为村运会增色添彩，也让更多的人了解并爱上了乡村文化。

3.凝心聚力共办赛，乡村振兴添新彩

江山村运会的举办，不仅是一场体育盛宴，更是一次凝心聚力的过程。村运会的举办经历了从"村要办"到"要村办"的转变，这充分体现了村民们的主动性和参与性。现如今，每年春节村民们都会热切关注村运会的消息，纷纷打听今年要不要办村运会、设置什么项目。这种期待和热情无疑促进了村两委更加积极地筹备赛事。

相邻村庄之间的良性竞争与联合办赛也成了村运会的一大亮点。他们或设置擂台赛一决高下，或携手合作提升办赛质量和规模。在新塘边镇永丰村、坛石镇五圳村等富裕村庄的带动下，先富起来的村民积极捐资支持村运会的发展，这些资金作为运动会的奖金更是激发了村民们的参赛热情。

高达70%以上的参赛率和观赛率足以证明江山村运会在村民心中的重要地位。正月初一走进江山乡村随处可见参赛的人群中既有本土的村民也有从城里赶回来的参赛者。这场源自群众、贴近群众、服务群众的赛事不仅丰富了村民的文化生活，还潜移默化中滋润着他们的心田为乡村振兴注入了新的活力。

江山村运会以其独特的魅力和深厚的群众基础成为助力乡村振兴的一大特色。在这里体育精神与乡土文化完美融合共同谱写着新时代乡村振兴的壮丽篇章。

（二）体育助力，激活乡村振兴新动能

体育在江山地区的乡村振兴中扮演了重要的角色。通过举办村运会等活动，提升了乡风文明；通过"体育＋"融入，助力群众增收；通过夯实保障支撑，为乡村振兴奠定了坚实的基础。

1."体育过大年"，乡风文明新气象

春节期间的江山乡村，不再是打牌、玩麻将的传统过年方式，而是充满了健康与时尚的"体育过大年"氛围。村运会的举办，让村民们从牌桌走向了赛场，从"请人喝酒"转变为"请人流汗"。这种转变不仅促进了身心健康，更在潜

移默化中影响了村民的价值观和生活方式。

体育活动蕴含的友谊、团结、公平、公正等精神,逐渐成为村民们日常生活的一部分。在村运会的赛场上,村民们互相鼓励、互相帮助,共同追求更好的成绩。这种积极向上的氛围,有效地缓解了农村的矛盾,促进了乡风文明建设和农村的发展。

如碗窑乡凤凰村是个移民村,全村共有 90 多个姓氏 770 户,3100 多人,来自江山市双溪口乡、廿八都镇等十多个山区乡镇。建村之初,村民互相生疏,既缺乏村办公场地,也没有集体经济收入,干群关系也比较松散。自 2014年举办村运会以来,村两委的凝聚力和战斗力大大增强,该村发生翻天覆地的变化,由原先的经济薄弱村、落后村一跃成为全市的榜样村、明星村,先后获省民主法治村、省五星文化礼堂村、省卫生村、省级示范型农村社区等 16 项省、市荣誉。

2."体育+"融入,群众增收新途径

在组织开展村运会的过程中,江山市深化推进体育与文化、旅游和产业等深度融合,助推民宿经济、乡村旅游联动发展,让广大群众在增强身体素质的同时,也让钱包更加鼓起来,由此产生良好的示范效应,激发了更多村民参与体育工作的热情,形成了良性循环。

新塘边镇毛村山头村就是一个典型的例子。自从该村建成攀岩墙以来,已经先后承办了四次全国性攀岩比赛。这些比赛吸引了众多游客前来观赛,以及 20 多支慕名而来参加夏令营的团队,带动了该村农家乐、民宿等经济发展,同时也带动了该镇荸荠等特色农产品的销售,户均增收 3000 元,走出了一条依托体育致富的新路子。

3.党群支撑,乡村体育发展有保障

面对广大群众高涨的参与热情,江山市体育部门进一步转变角色定位,将举办赛事活动以城区为主向坚持城乡统筹、加大向乡村倾斜转变,在春节前即举办村运会社会体育指导员培训班,有重点地讲解运动会相关项目的组织、举办规则,实现行政村(社区)培训全覆盖。每年的正月初一,体育局全体干部做到"别人放假我上班",奔赴各村开展送健身器材、体育书籍下乡活动,同时进行现场指导。积极顺应近年来基层村组织的变化和发展,鼓励相关行政村丰富村运会举办模式。如改革参赛单位,以党员代表、基层民兵、网格支部、网格小组等团体为参赛单位,举办跨乡联村运动会,邀请其他村组队来村里进行拔河、挑猪等擂台赛,体现了"体育＋党建"的基层工作思路。

(三)打造乡村体育品牌,提升村庄美誉度

古人云:"天行健,君子以自强不息。"体育,不仅是强健体魄之路,更是凝聚人心、提升乡村形象的重要桥梁。江山作为一个自然风光秀丽、人文资源丰富的地区,拥有得天独厚的条件来打造乡村体育品牌,进而提升村庄美誉度,促进乡村共同富裕。

1. 深耕本土资源,筑就品牌之基

一是细致梳理乡村体育资源,对江山市内的体育资源进行系统的梳理和分类,包括现有的体育设施、运动场地、传统体育活动以及潜在的体育旅游资源等。通过深入了解各项资源的现状和特点,为后续的品牌建设提供坚实的基础。二是科学制定发展规划,在充分调研和论证的基础上,结合江山市的实际情况,制定科学的乡村体育品牌发展规划。规划明确短期和长期的目标,包括体育设施的建设与改造、体育赛事的策划与组织、体育旅游的开发与推广等方面,确保品牌建设有条不紊地推进。三是强化资源整合与共享,打破条块分割,实现乡村体育资源的有效整合与共享。通过建立合作机制,促进不同部门、不同村镇之间的资源共享和优势互补,形成合力推动乡村体育品牌的发展。

2. 强化基础配套,提升硬件水平

一是多方筹措资金,完善公共体育设施。采用市里出一点、乡镇贴一点、村里筹一点、寓外人士捐一点"四个一点"等多种办法,全力破解村运会举办场地瓶颈问题,扎实推进乡村公共体育设施建设、更新和完善。截至目前,全市各乡镇(街道)全部创建成为省级体育强乡镇(街道)。二是强化体育场地与文化礼堂建设的相互利用,使文化礼堂发挥最大效应,既是文化活动场所,也是体育健身场所。如凤林镇白沙村借助举办村运会契机,捐资建设了江山第一个农村水泥灯光篮球场,建成全省为数不多的农村室内体育馆,还拥有1个游泳池、2片篮球场以及网球场等室外健身场地,是全国乡镇体育健身示范工程村之一。三是统筹规划,建设标准化体育场地,满足村民日常锻炼和举办体育赛事的需求。在各个村庄统筹规划建设一批标准化的体育场地和设施。这些场地包括但不限于篮球场、足球场、羽毛球场等,确保了村民们有足够的运动空间,同时也为体育赛事的举办提供了必要的硬件设施。截至目前,江山市

建有篮球场 200 多个,为活动举办提供有利条件。

3. 打造品牌特色,提升品牌影响力

一是打造精品体育赛事。结合江山市的自然和人文特色,策划和组织一系列高水平的体育赛事。这些赛事不仅要体现竞技性,还要注重参与性和观赏性,吸引更多的运动员和观众参与其中。二是完善体育设施建设。投入必要的资金和技术支持,建设和改造一批高质量的体育设施。这些设施不仅要满足专业运动员的训练和比赛需求,还要为广大村民提供便捷、安全的运动环境。三是充分利用新媒体和传统媒体平台,对江山乡村体育品牌进行全方位的宣传推广。通过制作精美的宣传资料、发布吸引人的新闻报道和社交媒体互动等方式,提高品牌的知名度和美誉度。

4. 推动产业融合,拓展发展空间

一是体育与旅游深度融合,依托江山市丰富的自然风光和人文资源,开发一系列体育旅游项目。如军旅＋体育、户外徒步、山地骑行、水上运动等,让游客在参与体育活动的同时,领略乡村的美丽景色和独特文化。二是体育与文化相互映衬。将体育活动与乡村文化紧密结合,举办以体育为主题的文化节庆活动、展览和论坛等。通过这些活动,展示乡村体育的魅力和文化内涵,吸引更多人对乡村体育品牌的关注和支持。三是体育与教育相互促进。在乡村学校中推广体育教育,培养青少年的体育兴趣和技能。通过与教育部门的合作,开展丰富多彩的校园体育活动和培训课程,为乡村体育品牌储备后备人才的同时,也提升了青少年的身体素质和团队协作能力。四是体育与健康产业协同发展。通过与医疗机构、康复中心等机构合作,借助江山的自然资源优势,发展康复疗养、健身休闲等健康产业,打造集运动、休闲、康养于一体的乡村体育旅游目的地。

正如习近平总书记所说:"没有全民健康,就没有全面小康。"①江山地区村运会的举办不仅激发了村民的体育热情,提升了村民的身体素质,丰富了他们的精神文化生活,更凝聚了人心,展现了新时代乡村的精神风貌。让乡村在共同富裕的道路上迈出了坚实的步伐,实现了物质文明和精神文明协调发展。这是文化兴村、体育强国的生动体现,是"八八战略"浙西乡村践行的生动例

---

① 新华社. 全国卫生与健康大会 19 日至 20 日在京召开[EB/OL]. (2016-08-20)[2024-05-26]. https://www.gov.cn/guowuyuan/2016-08/20/content_5101024.htm.

证,更是习近平新时代中国特色社会主义思想的生动实践。

四、村晚共享乡土文化味

村晚,是乡村文化的情与景。在第一版《白沙村志》大事记略中,如是记述:民国二十六年,吴先科、吴昌海、吴利车等 8 人,成立白沙茶灯队。次年正月十五元宵节开始,至廿七都大小两源演出百余场。江山地区传统节日和民俗活动交相辉映的欢庆景象和习俗风尚由此可见一斑。

古人云:"文以载道,艺以砺生。"在江山市,村晚不仅是一场文艺的盛宴,更是乡村文化振兴的生动实践。村晚,作为乡村文化的一种重要表现形式,不仅是一场视觉与听觉的盛宴,更是一次心灵的洗礼。它汇聚了乡村的精髓,展现了村民的才情与创造力,同时也传承和弘扬了乡土文化,为乡村的文化旅游产业发展注入了新的活力。

(一)策划精彩村晚,展现乡村文化

"观风俗,知得失。"通过精心策划的村晚,江山人民不仅展现了乡村的传统文化底蕴,也彰显了新时代农民的创造活力和对美好生活的向往。

1. 精心筹备盛宴,彰显乡土特色

2023 年 1 月,文化和旅游部公共服务司公布 2023 年全国"村晚"示范展示点名单,江山市贺村镇湖前村榜上有名。

湖前村文化底蕴深厚,且一直以"村晚"为载体开展特色文化建设,2007年,村里举办了江山市第一届"村晚",迄今为止,已经连续举办了 14 届"村晚"。湖前村的"村晚"活动形式丰富,除了有村民自编自演的线下活动,还曾策划推出"云上村晚",将"湖前故事"拍摄成短视频,在抖音、微信等平台推送,让更多人通过网络了解湖前村,也让在远方的湖前人听到家乡的声音。2023 年,湖前村紧紧围绕学习宣传贯彻党的二十大精神,以"启航新征程:幸福中国年"为"村晚"主题,结合村庄孝文化、书法文化编排创演群众喜闻乐见的文艺节目。

"参加演出的人员大都是本村的村民,回乡过年的大中学生、在外工作的干部职工、老板商人都积极参与。"湖前村文化礼堂管理员徐翠丽介绍,每次晚会现场不仅吸引了本村的村民,还会吸引大量周边村的群众前来欣赏,湖前村党总支部书记、村委会主任徐建华说,"村晚"是湖前村的大联欢,通过举办"村晚",提高了村民的凝聚力,也增强了村民的自豪感。

2024年春节"村晚"示范展示点名单,江山市大陈乡大陈村成功入选。村歌发祥地,大陈幸福家。唱村歌是大陈村民生活的重要组成部分。家有喜事唱村歌,重大节庆唱村歌,客人来访唱村歌。村歌凝聚着老百姓的心,唱出了"村歌治村"的新法宝;村歌表达了老百姓的情,吟唱出老百姓对美好生活的向往和不懈追求,也唱响了产村人文融合发展的共富之音。

依托大陈村歌发祥地文化品牌,大陈村每年春节都要邀请本乡6个村村民、江山市婺剧研究院演职人员等,到大陈举行"唱着村歌过大年,全民齐唱幸福歌"春晚系列活动。

除了6个村歌擂台赛,还有国家非遗江山婺剧演唱、过年民俗活动展示、民间小吃一条街年味小吃展示活动。大陈村晚俨然成为大陈民间春节民俗活动大展会,是真正的民间民俗文化大餐。[①]

乡土文化是村晚的灵魂,江山地区的村晚一般由村两委牵头,村民自编自导自演,做到传统节日活动内容常办常新。在具体策划上,始终贯穿着对乡土特色的深入挖掘与展现。通过这样的精心筹备,江山市的村晚不仅成为一场文艺的盛宴,更成为一次乡土文化的集中展示。村民们在观看村晚的过程中,不仅能够欣赏到精彩的文艺节目,更能够感受到家乡文化的独特魅力,从而增强了对乡土文化的认同感和自豪感。

2.荟萃文艺精品,展现乡村风采

村晚的文艺节目是活动的核心,也是吸引观众的关键。江山市村晚的另一个亮点,就是荟萃了众多的文艺精品,通过这些节目,充分展现了乡村的风采和魅力。策划团队在筛选节目时,注重节目的艺术性和观赏性,同时也兼顾了节目的多样性和创新性。

在村晚的舞台上,既有传统的江山木偶戏、婺剧、戏曲联唱等,也有现代的文艺元素,如流行音乐、街舞、小品等,以满足不同年龄段观众的需求。这些节目不仅展示了江山乡村的传统文化底蕴,也呈现了新时代农民的创造力和艺术才华。特别是一些原创节目,如反映乡村生活的小品、表现农民劳作情景的歌舞等,更是让观众在欢笑中感受到了乡村生活的美好和劳动者的辛勤。

此外,村晚还邀请了当地的民间艺人进行非物质文化遗产的展示,如剪

---

① 江山市文化广电旅游局.江山上榜!全国2024年春节"村晚"示范展示点名单公布[EB/OL].(2024-02-05)[2024-05-25].https://www.jiangshan.gov.cn/art/2024/2/5/art_1225980_59167652.html.

纸、泥塑等传统手工艺,让观众在欣赏文艺节目的同时,也能领略到乡村文化的独特魅力。这些文艺精品的荟萃,不仅提升了村晚的艺术品位,也让观众在享受文化盛宴的同时,更加深入地了解乡村的文化内涵和精神风貌。

3.融合传统现代,创新晚会形式

村晚在策划过程中,注重传统与现代的有机融合,通过创新晚会形式,为观众带来了一场别具一格的视听盛宴。策划团队在保留传统节目形式的基础上,融入了现代科技元素和互动环节,使得晚会更加生动有趣。

一方面,村晚运用了先进的舞美技术和多媒体手段,打造了炫酷的舞台效果和震撼的视听体验。通过投影、灯光等技术的运用,将乡村的自然风光、历史人文等元素巧妙地呈现在舞台上,让观众仿佛置身于美丽的乡村画卷之中。另一方面,村晚增加了互动环节,让观众在欣赏节目的同时,更加深入地参与到晚会中来。这种互动式的晚会形式,不仅增强了观众的参与感和归属感,也让晚会更加贴近群众、贴近生活。

(二)村民自编自演,激发创造活力

村晚激发的是乡村文化的自信和活力,是推动乡村振兴和实现共同富裕的强大动力。在江山市的村晚舞台上,我们看到了这种力量的生动体现。

1.挖掘本土人才,自编乡土节目

在白沙村的村志文化长廊中,我们可以窥见江山地区乡村文化团队建设的缩影。

坐唱班:1949 年,白沙自然村请外地锣鼓师傅教"花台"。吴衰南、吴江西等 6 人参加。1965 年冬,白沙团支部发动 50 多人,到 30 公里外为定村供销社挑运盐货,所得运费购买一副锣鼓,请定村郑普顺教"一、二、三"锣(又称过街调)。由吴钻明吹唢呐,吴利庆掌鼓,吴洪洋敲大锣,吴钻泉打钹,吴日富敲小锣,组成一支小乐队。

1978 年,雇请长台镇柴明章教唱《牡丹对课》,至 20 世纪末,坐唱班停止活动。2002 年,白沙村移居凤林后,丁增和购入婺剧碟片选曲自学新曲,增加笛奏、二胡奏等器乐。由丁增和任队长,成员有吴钻明、吴松法、吴忠夫、周洪法、吴天德等组成的坐唱班。

威风锣鼓队:2013 年 1 月 3 日成立,队员 47 人。2016 年 1 月 2 日,白沙村威风锣鼓队 23 名队员,参加全国新年登高健身大会颁奖仪式表演。同年

10月9日上午,白沙村威风锣鼓队18名队员,参加2016首届全国重阳登高健身大会开幕式表演。

江山市"村晚"的成功举办,离不开本土人才的深度挖掘和乡土节目的自编自演。在筹备村晚的过程中,策划团队注重从村民中发掘具有文艺才能的人才,鼓励他们根据自身的经历和感受,创作出贴近乡村生活、反映乡村变迁的节目。

这些本土人才,有的是乡村教师、有的是务农的村民、有的是返乡的大学生,他们虽然不是专业的文艺工作者,但对乡村有着深厚的感情和独特的理解。在他们的笔下和表演中,乡村的自然风光、历史故事、民俗风情都被生动地展现出来,让观众在欣赏节目的同时,也能感受到乡村的魅力和文化的深厚底蕴。

为了更好地挖掘和培育本土人才,江山市还定期组织文艺培训、创作交流等活动,提升村民的文艺素养和创作能力。这些举措不仅为"村晚"提供了源源不断的节目资源,也为乡村文化的传承和发展注入了新的活力。

2.全民参与演出,共享创造快乐

在江山市的"村晚"舞台上,不仅有专业的演员和艺术家,更多的是来自各行各业的村民。他们或许没有专业的表演技能,但每个人都用自己的方式诠释着对乡村的热爱和对美好生活的向往。

全民参与的演出形式,让"村晚"成为真正的群众文化活动。村民们自发组织排练、自行设计服装道具,甚至连舞台布置都是大家齐心协力完成的。在这个过程中,村民们不仅享受到了创作的快乐,更感受到了团队合作的力量和乡村共同体的凝聚力。

这种全民参与的演出形式,也极大地丰富了村民的精神文化生活。他们在舞台上展现自我、释放激情,同时也欣赏着同伴们的表演,共享文化盛宴带来的快乐。这种快乐不仅仅来源于节目的精彩,更来源于村民们共同参与、共同创造的过程。

3.展现村民风采,激发乡村活力

"村晚"的舞台,不仅是村民们展示才艺的平台,更是他们展现新时代农民风采的窗口。在这个舞台上,村民用自己的方式讲述着乡村的故事、表达着对美好生活的向往。

他们的表演或许不够专业,但每一份投入和热情都让人感受到新时代农民的自信和力量。这种自信和力量来源于乡村的发展变化，也来源于村民们对美好生活的追求和憧憬。

通过"村晚"这一文化载体，江山市成功地展现了新时代农民的风采和乡村的活力。这种活力的激发不仅提升了乡村的文化软实力，也为乡村的全面发展注入了新的动力。村民们在参与"村晚"的过程中，不仅享受到了文化的快乐，更找到了归属感和自豪感，这种归属感和自豪感将进一步转化为推动乡村发展的强大动力。

（三）共享文化盛宴，凝聚乡民力量

文化如水，润物无声，却又能凝聚起排山倒海的力量。江山市的村晚，正是一场汇聚民心、传承文化、弘扬精神、促进共同富裕的文化盛宴。在这里，村民们共享着文化的快乐，也共同绘制着乡村振兴的美好蓝图。

1.汇聚乡村民心，共襄文化盛会

江山市的村晚，是一场文化的盛宴，更是一次民心的汇聚。每到岁末年初，村民们便翘首以盼，期待着这场属于自己的文化大餐。在这里，他们不仅能够欣赏到精彩纷呈的文艺节目，更能在欢声笑语中感受到乡村大家庭的温暖和力量。

村晚的舞台上，既有传统戏曲的婉转悠扬，也有现代歌舞的激情四射；既有民间艺术的瑰丽多彩，也有时尚元素的巧妙融入。这些节目不仅展示了乡村文化的丰富多彩，也满足了不同年龄段村民的文化需求。大家在共赏文化大餐的同时，也增进了彼此的了解和认同，为乡村振兴凝聚了强大的民心。

2.传承乡土文化，弘扬乡村精神

乡土文化是乡村的魂，是乡村发展的根基。江山市的村晚，正是乡土文化传承和弘扬的重要平台。在这里，村民们通过自编自演的节目，将乡村的历史、传统、风俗等文化元素呈现在观众面前，让更多的人了解和认识到乡村文化的独特魅力。

同时，村晚也是乡村精神的重要载体。在筹备和演出过程中，村民们团结协作、互帮互助的精神得到了充分体现。他们不计报酬、不辞辛劳地投入村晚的筹备中去，用自己的实际行动诠释着对乡村的热爱和对文化的追求。这种精神不仅激励着村民们为乡村振兴贡献自己的力量，也为乡村的未来发展注入了强大的动力。

3.增强乡村认同,促进共同富裕

村晚不仅是一场文化的盛宴,更是一次增强乡村认同、促进共同富裕的重要契机。在村晚的筹备和演出过程中,村民们共同参与、共同付出,不仅增进了彼此之间的感情,也增强了对乡村的认同感和归属感。这种认同感不仅有助于提升乡村的凝聚力和向心力,也为乡村的未来发展奠定了坚实的基础。

同时,村晚的举办也促进了乡村的经济发展和文化繁荣。通过村晚的宣传和推广,乡村的特色文化和旅游资源得到了更好展示和利用,吸引了更多的游客前来观光旅游,为乡村的经济发展注入了新的活力。

文化是一个国家、一个民族的灵魂,文化兴则国运兴,文化强则民族强。多娇江山,多姿"村晚",正成为江山和美乡村的新名片。乡村振兴,既要塑形,也要铸魂。而江山通过"村晚"这一文化载体,正塑造着乡村的"形"与"魂"。

五、寓外人士共筑乡村共富路

寓外人士,是乡村文化的魂与骨,在乡村振兴中发挥着重要的作用。江山有 20 万在外寓外人士,背后是 20 家主板上市企业和 3000 亿元的市值,这是深耕"地瓜经济"的关键力量。近年来,江山以乡情、乡愁为纽带,共引进新寓外人士 216 人,寓外人士回归项目 114 个,总投资 227 亿元,引进新寓外人士各类帮扶资金 5.2 亿元,全力做好江山人经济转化为江山经济这篇文章,让"地瓜"越耕越甜。在江山,寓外人士已日益成为推动共同富裕不可或缺的力量。

(一)凝聚寓外人士力量,共筑乡村振兴梦

为政之要,唯在得人;发展之基,人才为本。寓外人士作为新时代乡村振兴的"领头雁"和乡土文化的传承者,既是连接故土、维系乡情的精神纽带,更是推动乡村经济社会发展的关键力量。深入挖掘这些德才兼备的贤才,凝心聚力共同绘制乡村振兴的壮美画卷。

1.建好桥梁纽带,让寓外人士与家乡的距离更近

异地商会是联系家乡最好的桥梁。江山市建成异地商会 42 家,实现副省级城市异地商会全覆盖。还在乡镇(街道)成立了 15 家商会、25 家寓外人士联谊组织,实现了市内市外寓外人士组织全覆盖,进一步摸清寓外人士底数,凝聚寓外人士力量。

2.抓实暖心服务,让寓外人士对家乡的情结更浓

江山市坚持通过最好的服务,让在外寓外人士感受到家乡的温暖和记挂。主要做法有:一是挂联结对服务。市委、市政府专门出台市领导联系服务重要寓外人士代表人士制度等相关制度,所有市领导全部挂联异地商会和域外商界重要代表人士;成立全省首个寓外人士服务中心,落实专员开展精准服务。二是定期例会恳谈。常态化开展"政企恳谈会""亲清茶叙会",2024年以来已经累计开展14场,解决实际问题187个。三是重要时节关怀。每年常态化走访慰问寓外人士代表人士父母,并邀请他们父母共度重阳节,让寓外人士能够更加放心地在外闯荡打拼。

3.激发内心情怀,让寓外人士支持家乡发展的热情更高

家乡情结是寓外人士剪不断的情怀。近年来,江山市连续举办江山人发展大会、江商总会春季交流会,组织异地商会家乡行、海外博士家乡行等活动,让寓外人士更好地了解家乡、推介家乡;通过用好用活"同心共富在线"应用,不断畅通"家乡尽心尽力服务寓外人士,寓外人士竭尽所能反哺家乡"双十通道,让更多"走出去"的寓外人士主动"走回来"反哺故土、回报家乡。

(二)发挥寓外人士作用,助力乡村共富路

功以才成,业由才广;非常之功,必待非常之人。在乡村共富的道路上,寓外人士以其独特的视野、丰富的经验和深厚的资源,成为推动乡村发展的重要力量。他们不仅带来了项目与资金,更注入了智慧与情怀,为乡村的繁荣与富裕注入了新的活力。

1.有力促进项目回归,兴业"创富"

现在,江山市的寓外人士手头上只要有大项目、好项目,首选都是家乡,也正是在广大寓外人士的助力下,江山市已经引进了亿元以上项目43个,特别是邵建雄、黄河清等许多知名寓外人士,在回乡投资烯谷科技、万里扬等一批百亿级大项目的基础上,又新增投资83亿元的抽水蓄能项目。而且他们还积极帮助江山筹备"两新"产业招商大会,助力江山新能源新材料产业的蓬勃发展。

2.有力促进能人回援,汇智"带富"

吸引了一批阅历丰富、视野开阔、具有威望和影响力的寓外人士,为未来乡村建设出谋划策,助力发展。如在寓外人士助力下,清漾和清湖两个未来乡村建成开街后,客流量从原先一天几百人涨到2万多人次,两地直接带动了

800多万元的消费,帮助老百姓、村集体增收。另外,还有126位寓外人士主动回村担任村两委班子,其中有55位是村党支部书记,占了总数的将近五分之一。

3.有力促进资金回馈,帮扶"享富"

广大寓外人士积极参与捐资助学、扶贫帮困等公益活动,用实际行动回馈社会。如在助力共享食堂建设方面,全市层面已收到寓外人士定向捐赠400多万元,协助建成153个共享食堂,占全市的60%,惠及全市居家老人。截至目前,寓外人士捐助的乡村振兴资金达2亿元以上,教育基金1.6亿元以上,疫情防控捐款捐物5700万元以上。

在江山,有困难就有寓外人士主动帮忙,有问题就有寓外人士积极解决,有需要就有寓外人士有效回应。助力家乡共富,逐渐成为江山寓外人士的一份荣耀、一种责任![①]

(三)培育寓外人士文化,弘扬时代正能量

以文化人,文以载道;时代精神,文化为魂。在乡村文化的繁荣中,寓外人士文化以其深厚的底蕴和独特的魅力,成为引领乡村风气、弘扬正能量的重要力量。培育寓外人士文化不仅能够传承中华优秀传统文化,更能够激发乡村社会的活力和创造力,为乡村的全面发展提供强大的精神支撑。

1.深入挖掘寓外人士事迹,树立文化标杆

通过广泛征集、深入挖掘寓外人士的先进事迹和感人故事,树立了一批批可亲、可敬、可学的寓外人士典范。这些典范不仅展现了寓外人士的崇高精神风貌,更激发了广大村民见贤思齐、崇德向善的内在动力。

2.丰富寓外人士文化活动,营造浓厚氛围

积极举办各类寓外人士文化交流活动,如寓外人士论坛、事迹展览等,为寓外人士文化的传播搭建平台。一方面,鼓励和支持寓外人士们积极参与乡村文化建设,为乡村社会的和谐稳定贡献力量;另一方面,让寓外人士文化更加深入人心,成为乡村社会的一种共同追求和价值取向。

3.创新寓外人士文化传播方式,打造精神高地

一方面,充分利用现代传播手段,如微信公众号、抖音等社交媒体平台,广

---

① 本部分素材来源为江山市发改局提供的"两进两回"相关材料(2024-04-07).

泛宣传寓外人士的先进事迹和崇高精神。让寓外人士文化更加贴近群众、贴近生活,更有效地扩大了寓外人士文化的影响力,使其成为引领乡村文明新风尚的重要力量;另一方面,将寓外人士文化与时代精神相结合,推动其在新时代的传承与发展。鼓励和支持寓外人士文化的创新表达和传播方式,让这种文化更加深入人心,成为推动社会发展的强大精神力量。通过培育寓外人士文化,为社会的进步和发展注入了强大的动力。

聚贤,聚天下贤能而用之,乡村振兴正当时。寓外人士作为乡村的宝贵财富,以自身的智慧、经验和资源,为乡村的振兴与共富注入了源源不断的动力。寓外人士不仅引领着乡村产业的发展,带动村民增收致富,还积极参与乡村治理,推动乡村社会的和谐稳定。在寓外人士的领航下,乡村的明天将更加美好,共富之路将更加宽广。

六、族谱承载殷殷乡梓情

"参天之木,必有其根;怀山之水,必有其源。"自古以来,族谱便是中华民族血脉传承的重要记载。族谱不仅是一张张泛黄的纸张,更是历代先辈的智慧结晶,是血脉的见证,更是文化的传承。它详细记录着家族的世系和事迹,将一代代先辈的智慧和精神薪火相传。江山市石门镇清漾村被公认为"江南毛氏发祥地""毛泽东祖居地"。而让其名扬天下,正是江山市档案馆馆藏《清漾毛氏族谱》。

(一)族谱的承载与流传:清漾毛氏族谱

在浩瀚的历史长河中,族谱犹如一叶扁舟,承载着家族的荣耀与记忆,飘荡在时光的河流中。古人云:"谱者,记也,所以明世次、别亲疏也。"毛氏族谱,便是这样一部承载着厚重历史和文化的典籍,它见证了毛氏家族从古至今的沧桑变迁,也传承了毛家历代的智慧与信仰。在这部族谱中,我们可以清晰地看到毛氏家族的发展脉络,感受那份对家族、对国家的忠诚与担当。

《清漾毛氏族谱》由江山清漾毛氏第 27 世后裔、北宋治平四年(1067)进士、龙图阁待制毛渐始纂于北宋元丰六年(1083),从明、清到民国数次重修,时间延续近千年。《清漾毛氏族谱》中有较为完整的世系图,记载了西周自毛氏鼻祖周文王第十子毛叔郑(毛伯)开始,经春秋、战国、秦、汉、三国、晋、南北朝、隋、唐、五代十国、宋辽金、元、明、清,三千余年时空跨越的生息繁衍情况。族谱揭示了江山清漾毛氏是始自毛宝的江南毛氏的主要支系,成为考证一代伟人毛泽东世系的重要依据。

2002年3月,《清漾毛氏族谱》经过"中国档案文献遗产工程"国家咨询委员会投票表决,入选首批《中国档案文献遗产名录》。其后,围绕《清漾毛氏族谱》,掀起了清漾毛氏文化的保护和研究热潮,从"毛泽东祖居地在浙江江山"的论证,到清漾毛氏文化的研究以及清漾毛氏文化保护与旅游开发,江山清漾毛氏文化已经成为江山的一张"金名片"。[①]

族谱,作为记载家族世系和家族重要事迹的珍贵文献,是血脉相连的确凿证据,也是文化传承的重要载体。毛氏族谱以其翔实无误的历史记录和深刻丰富的文化内涵,成为毛氏家族乃至我们整个华夏民族的宝贵遗产。它不仅从历史的深处走来,见证了毛氏家族一代又一代的辉煌与荣耀,更在每一页的字里行间中,传承着毛氏家族的智慧与精神。作为优秀传统文化的代表,其所蕴含的深厚家国情怀和民本思想,与习近平新时代中国特色社会主义思想更是一脉相承。一卷族谱,不仅连接着过去与未来,更在当下社会中找到了其时代语境。

(二)族谱的融合与发展:清漾毛氏文化与时代思想的共鸣

2023年12月,清漾毛氏文化入选浙江省文化标识建设创新项目。千百年来,江山市清漾毛氏家族恪守"诗书名世、清白传家"的祖训,秉承良好家风,代代清正廉洁,高风亮节。在漫长的家族传承中,清漾毛氏厚植"忠贞爱国、守土爱民"的家国情怀,坚守"清白传家、清正廉洁"的家风祖训,秉持"诗书名世、崇文重教"的育人理念,践行"天人合一、择善而居"的生态思想,孕育了"忠贞爱国、清白传家、诗书名世、天人合一"的毛氏文化特有的精神内涵。作为中华优秀传统文化代表之一的清漾毛氏文化包含着丰富哲学思想、人文精神、价值理念、道德规范等,是新时代治国理政的重要思想文化资源,与倡导为人民服务、走群众路线的毛泽东思想和为满足人民群众对美好生活向往的习近平新时代中国特色社会主义思想具有一脉相承的关系。

习近平新时代中国特色社会主义思想深深根植于中华文化的沃土之中,深刻汲取博大精深的中华优秀传统文化所蕴含的丰富哲学思想、人文精神、道

---

① 浙江省档案馆.浙江省档案馆:「珍档共赏」一本族谱一个传奇[EB/OL].(2020-07-02)[2024-05-15].https://www.zjda.gov.cn/art/2020/7/2/art_1378521_49673664.html.

德理念，是对中华优秀传统文化进行创造性转化、创新性发展的典范。以清漾毛氏文化为例，毛氏族人在千百年发展过程中，形成了"忠贞爱国、清白传家、崇文重教、天人合一"等家风祖训和优良传统，是毛氏文化在长期生产生活中积累的宇宙观、天下观、社会观、道德观的重要体现，同社会主义核心价值观主张具有高度契合性。从更为宏观的视角来看，在几千年的历史流变中，中华民族遇到了无数艰难困苦，但我们都挺过来、走过来了，其中一个很重要的原因就是如清漾毛氏这样的千千万万中华儿女培育和发展了独具特色、博大精深的中华文化，为中华民族克服困难、生生不息提供了强大精神支撑。

历史上，清漾毛氏历经千年形成的"贵而修廉""贵而守廉""清正廉洁""勤政为民"的家族伦理道德规范在历代毛氏子孙身上传承，并通过现实中为官为民的具体实践一以贯之。在当代，清漾村在毛氏文化的挖掘和传承过程中，通过对其文化元素的梳理、文化载体的保护和建设、文化平台的构建和扩展，将毛氏文化的优秀精神内涵注入清漾村的乡村建设和共同富裕中去，为实现清漾村的全面振兴和共同富裕夯实深厚的文化基础，提供不竭的精神动力。清漾毛氏文化中蕴藏着一系列安邦治国的宝贵经验，内含了丰富的推进国家治理现代化异常珍贵的文化资源，应进一步深入提炼其内在的文化精髓和精神标识，为新时代安邦治国提供强大的精神支撑。

清漾毛氏文化中蕴含着"诚信""仁爱""正义""和合""大同""和谐"等思想，毛氏族人追求格物致知、诚意正心、修身齐家、治国平天下，强调个人、家庭的命运与社会、国家、天下的命运紧密相连。这些思想和行动，与如今正大力倡导富强、民主、文明、和谐，倡导自由、平等、公正、法治，倡导爱国、敬业、诚信、友善的社会主义核心价值观一脉相承，与时代发展需求一致，集中彰显了人民群众的普遍诉求。习近平总书记以高度的文化自觉和深厚的文化底蕴将以清漾毛氏文化为优秀代表的优秀传统文化中内含的意义、义理阐释透彻，活用优秀传统文化中的思想素材，使人民群众在感化和熏陶中实现社会主义核心价值观的"入脑入心"。[①]

（三）族谱的弘扬与传承：新时代发掘好清漾的对策建议

在浩如烟海的历史长河中，每一种文化都承载着独特的价值与意义，正如

---

① 郑军南."社科赋能行动"专项课题（第四批）《江山市清漾毛氏文化与习近平新时代中国特色社会主义思想一脉相承的关系探索与对策研究》课题研究报告［R］.（2023-12-21）［2024-05-25］. https://www.jiangshan.gov.cn/art/2023/12/21/art_1229091199_3666589.html.

古人所言:"观今宜鉴古,无古不成今。"清漾毛氏文化,作为一种深厚且独特的地域文化,不仅承载着丰富的历史底蕴,更与习近平新时代中国特色社会主义思想有着深刻的内在联系。为了更好地挖掘这份文化的宝藏,并赋予其新的时代内涵,我们应当采取更加积极的措施,保护好、开发好、利用好这一文化资源,进一步加强清漾毛氏文化与习近平新时代中国特色社会主义思想一脉相承关系的研究。

1.保护好清漾毛氏文化,打造清漾毛氏文化与习近平新时代中国特色社会主义思想一脉相承的文化高地

一是追根溯源挖掘文化和思想"种子"。通过修订族谱家谱、编订史料书籍、搜集传说故事,进一步梳理和挖掘江山市清漾毛氏文化深厚的精神内涵,阐明与习近平新时代中国特色社会主义思想一脉相承的关系及鲜明的时代价值,把清漾毛氏和习近平新时代中国特色社会主义思想"种子"深深"种入"毛氏族人和江山群众的心中脑中。

二是内培外引共植文化和思想"大树"。出台有力政策措施大力支持清漾毛氏文化挖掘和保护,并开展与习近平新时代中国特色社会主义思想关系研究,培育相关研究组织发展和人才,加强与江西吉水毛氏、湖南韶山毛氏乃至全国及全世界毛氏聚居地和毛氏族人的联系,邀请国家级、省级文化研究专家共同参与,打造清漾毛氏文化与习近平新时代中国特色社会主义思想研究共同体,共同培植文化和思想"大树"。

三是内外开花培育文化和思想"果实"。高水平打造清漾毛氏文化为内核的新时代文明实践中心,加强清漾村古村落保护和古建筑修复,将清漾毛氏文化与习近平新时代中国特色社会主义思想一脉相承的关系与内涵进行宣传推广,着力探索可复制可推广的清漾村毛氏文化与习近平新时代中国特色社会主义思想古今融合、文化传承的发展模式。

2.开发好清漾毛氏文化,打造清漾毛氏文化与习近平新时代中国特色社会主义思想一脉相承的研学高地

一是做优文化和思想研学产业链。把清漾毛氏文化的研究传承与习近平新时代中国特色社会主义思想的宣传贯彻作为研学主题,推出具有清漾毛氏文化特色的主题研学套餐、研学线路、研学产品,构建特色研学体系,丰富主题研学业态,提升研学旅游品质,持续优化清漾村研学全产业链条。

二是做大文化和思想研学生态圈。做好"研学＋"的文章,以清漾毛氏文化与习近平新时代中国特色社会主义思想为引领,将研学与生态旅游、农业体

验、数字技术、乡村旅游、民俗文化等全面融合,助力江山市重现旅游辉煌。

三是做强文化和思想研学衍生品。借鉴余东农民画开发模式,跨界与知名企业联合推出体现清漾毛氏文化与习近平新时代中国特色社会主义思想的研学衍生品,与知名设计公司或艺术院校合作,提高衍生品设计水平,开发实用性、美观性、文化性、思想性兼具的清漾特色研学衍生品。

3.利用好清漾毛氏文化,打造清漾毛氏文化与习近平新时代中国特色社会主义思想一脉相承的重要窗口

一是营造浓厚氛围。推动清漾毛氏文化挖掘和保护,梳理与习近平新时代中国特色社会主义思想关系与实践,全面激发清漾村干部群众、运营公司、创客群体等不同组织和个人的积极性主动性创造性,形成人人学习、个个参与、共同实践的浓厚氛围。

二是建设传承载体。突出政策倾斜,通过"输血+造血"帮扶、"农旅+电商"带动、"转产+转型"升级,以清漾毛氏文化为主题,融入习近平新时代中国特色社会主义思想,打造一批具有清漾特色的主题餐饮、高端民宿、研学基地、非遗活化、乡村直播等新业态和新载体。

三是创新传承机制。针对清漾毛氏文化保护与习近平新时代中国特色社会主义思想传承,构建跨部门、跨区域、跨领域的协同创新研究机制,建立清漾毛氏文化与码头文化、村歌文化和衢州南孔文化等联动展示机制,创新清漾毛氏文化保护传承考核激励机制,努力将清漾村和江山市打造成为文化与思想共融、研究与实践并重的重要窗口。①

第二节 "文润江山"构筑文化新高地②

古语有云:"文以载道,化而成德。"江山,自古便是诗画之境、文化之邦。文化与江山,相辅相成,江山因文化而厚重,文化因江山而流传,乡村因文明而

---

① 郑军南."社科赋能行动"专项课题(第四批)《江山市清漾毛氏文化与习近平新时代中国特色社会主义思想一脉相承的关系探索与对策研究》课题研究报告[R].(2023-12-21)[2024-05-25].https://www.jiangshan.gov.cn/art/2023/12/21/art_1229091199_3666589.html.

② 江山市民政局.江山市人民政府关于印发江山市国民经济和社会发展第十四个五年规划和二〇三五年远景目标纲要的通知[EB/OL].(2022-11-18)[2024-05-26].https://www.jiangshan.gov.cn/art/2022/11/18/art_1229080342_3660532.html.

善治。承千年文脉，启时代新篇。在新的历史交汇点上，江山深厚的文化底蕴与时代的气息交相辉映，"文润江山"的壮美画卷正徐徐展开。

江山有深厚的文化底蕴、文旅资源，在新征程上要全面贯彻落实习近平文化思想，推进传统文化创造性转化、创新性发展，让文化成为江山最有魅力、最吸引人、最具辨识度的鲜明标识，构筑起江山精神文明的新高地，建设出富有时代气息的文化江山。

一、文明风尚树标杆，提高社会整体文明程度

（一）强化理论武装，筑牢思想之基

一是要学深悟透习近平新时代中国特色社会主义思想，将其作为指导实践、推动工作的强大思想武器。通过不断深化"8090＋"新时代理论宣讲工作，并持续推动"8090＋"新时代理论宣讲迭代升级。加大力度培养本土理论社科队伍，加快形成一批标志性理论成果。推动学习贯彻习近平新时代中国特色社会主义思想走深走心走实，让党的创新理论飞入寻常百姓家，真正在群众中生根发芽。

二是要牢牢把握党对意识形态工作的领导权，高质量全面落实意识形态工作责任制，确保各类媒体和宣传平台始终坚持正确的政治方向和舆论导向。加快实施党的创新理论铸魂溯源走心行动，推动形成一批具有江山特色的标志性理论成果，为全市经济社会发展提供坚实的思想保障。

（二）深化文明创建，争创有礼之城

一是深化群众性精神文明创建，将文明城市创建与提升市民素质有机结合。把创建全国文明城市作为提升城市品质、增进民生福祉的重要抓手，以有礼指数"八个一"常态开展为抓手，让"有礼"新风融入老百姓日常生活，让"八个一"文明行为成为每一个江山人的行动自觉，持续打响"衢州有礼·锦绣江山"城市品牌。

二是巩固国家卫生城市创建成果，全力争创全国文明城市。通过广泛开展形式多样的文明礼仪宣传教育活动，引导市民养成文明习惯，树立文明新风，让江山城市环境更卫生，让城市文明氛围更浓厚。同时，建立健全城市管理机制，确保城市卫生长效保持。加强城市基础设施建设和管理，提升城市形

象和服务水平，让"衢州有礼·锦绣江山"成为江山的亮丽文化名片。

（三）弘扬江山精神，共铸时代之魂

一方水土涵养一方人口，清湖码头及仙霞古道所孕育出的江山船帮和古道挑夫"硬扎、恪守、吃苦、敢闯、要强"的传统优良品质，与江山人民在须江两岸长期的生活实践中所积累下来的"崇学、务实"的人文精神和"包容、创新"的时代精神，是江山人民在长期实践中形成的宝贵财富，更是推动江山发展的不竭动力。

弘扬"江山精神"，建设幸福江山，一方面要大力弘扬"崇学、务实、包容、创新"的江山精神实质。通过多种形式，如举办主题教育、开展专题宣讲等，让"江山精神"深入人心，成为全市人民的共同价值追求。另一方面要持续注入敢闯敢拼、勇于争先、美美与共的时代内涵。让"江山精神"不断与时俱进，在开拓创新中不断追求卓越，不断增强江山人的文化认同和情感认同，让"江山精神"在新时代焕发出更加绚丽的光彩。

（四）注重家风家教，培育道德之花

一是加强家庭家教家风建设，培养优良家风。家庭是社会的细胞，是落实基层社会治理的"神经末梢"、最小单元。要深入开展家庭文明建设活动，引领全民争做"有礼使者"。积极打造"有礼使者"品牌，选树有礼媳妇、有礼邻居等"有礼使者"典型案例，做大有礼基金，落实礼遇。开展"千村万户亮家风"、家训"挂厅堂、进礼堂、驻心堂"等文明实践活动，推动形成良好家风、文明乡风、淳朴民风。推进乡村移风易俗，实现红白理事会 100％设置、红白事简办公约 100％推进、道德评议 100％开展。

二是完善志愿服务体系，提升公民道德素养，鼓励市民积极参与志愿服务活动，让市民在实践锻炼中提升道德素养和社会责任感。通过资源大整合，全域建设"有礼单元"。统筹推进农村文化礼堂、乡村振兴讲堂、新时代文明实践站的阵地建设，以深化"两堂一站"融合为抓手，打造有礼讲堂、有礼楼道、有礼商户、有礼窗口、有礼家庭。打造"浙风十礼"景观万米墙绘等乡村有礼地标，串联绘制"一码通"有礼地图。推动文明单位、道德模范、公益团队与全市文明实践阵地"四方联盟"结对共建，全域打造有礼乡村"15 分钟品质文化生活圈"。

(五)加强帮扶机制,打造大美江山

一是加强好人关爱帮扶机制建设,让好人有好报。通过建立完善的好人关爱帮扶机制,从制度层面保障好人的合法权益和福利待遇。通过设立好人基金、开展好人评选表彰等活动,营造崇尚好人、学习好人、争做好人的良好氛围,打造好人好事频出的大美江山。

二是常态化实施"最美江山人"评选活动,树立道德楷模。通过评选表彰"最美江山人",挖掘和宣传身边的道德模范和先进典型,真正把群众身边看得见、摸得着、学得到的"平民英雄"推选出来,发挥道德模范的示范带动作用,用他们的感人事迹和崇高精神引领社会风尚,激发全市人民向上向善的力量。使"最美江山人"评选活动变成江山人民发现"最美"、宣传"最美"、践行"最美"、弘扬"最美"的过程,引导市民见贤思齐、崇德向善。

二、文化服务惠民生,提升公共文化服务水平

(一)聚力文化繁荣,深化媒体融合

一是全面繁荣文化事业。大力推进新闻出版、广播影视、文学艺术和哲学社会科学等事业的全面发展。围绕重要节庆活动,鼓励和支持文艺工作者深入生活、扎根人民,创作出一批思想深刻、艺术精湛、特色鲜明、群众喜爱的精品力作。以丰富群众的精神文化生活,提升江山文化软实力。

二是推进媒体深度融合。积极响应中央关于媒体融合的号召,加强主流媒体建设和新兴媒体发展,构建全媒体传播格局,声情并茂讲好新时代江山乡村全面振兴故事。通过建强用好融媒体中心,实现新闻信息的快速传播和广泛覆盖,提高居民的阅读率和信息获取能力。同时,利用新媒体平台开展线上线下互动活动,增强与群众的沟通和联系。

(二)聚力资源配置,强化阵地建设

一是优化城乡文化资源配置。坚持城乡一体、均衡发展的理念,加快推进重大文化基础设施建设,充分发挥档案馆、图书馆、博物馆等文化机构的作用,提档升级公共文化服务标准,让群众享受到更加优质的文化服务。

二是夯实县、乡、村三级公共文化阵地。加强基层文化设施建设,提升乡镇(街道)、村级各类文化场所,实现农村文化礼堂建设全覆盖,推进农村文化

礼堂、乡村振兴讲堂、新时代文明实践站融合共建,提升整体功能,使之成为传播先进文化、开展文明实践活动的重要阵地。

(三)聚力文化惠民,丰富群众生活

一是实施文化惠民工程。围绕重大主题和中心工作,积极举办"三山"艺术节等各类特色活动、群众活动,让群众在参与中享受文化的乐趣,提升文化素养。同时,优化调整教育资源布局,推动学前教育普及普惠。通过社会养老服务中心建设,构建多层次养老服务体系。持续推进儿童友好试点单元创建,高标准建成青少年活动中心智慧场馆,推动0~6岁托幼一体化改革,探索将普惠托育纳入基本公共服务。通过健全社会保障水平,促进公共服务优质优享。推动文化服务向社区、农村、学校等基层延伸,让更多人享受到文化的益处。

二是健全为民办实事长效机制。完善公共服务规划布局、项目谋划、项目落地体制机制,高标准推进公共服务"七优享"工程,谋划实施托育综合服务中心、"一老一小"融合服务示范点、助联体服务站等一批"小而精"公共服务项目,加快打造"15分钟公共服务生活圈"。加强与其他地区的文化交流与合作,引进优秀文化资源和项目,为群众提供更加多元化的文化选择。

(四)聚力科普普及,提升科学素质

一是加强科普人才培养。重视科普人才的培养和引进工作,建立完善的人才培养机制,提高科普工作者的专业素养和综合能力。鼓励和支持科技工作者参与科普工作,推动科技成果的转化和应用,打造高素质、高水平、高质量的专业化科普人才队伍,为江山市科普事业提供坚实的人才支撑。

二是推进科普平台建设。充分利用现代化信息技术,打造"线上+线下"相结合的科普平台,建设了一批具有互动性和趣味性的科普场馆和设施,以群众喜闻乐见的方式吸引群众参与科普活动。通过这些平台广泛普及科学知识、弘扬科学精神、传播科学思想和方法,全面提升了公民的科学素质。

(五)聚力文化执法,净化市场环境

一是加强文化市场监管。建立健全文化市场监管机制,加强对文化市场的日常巡查频次,并定期开展专项整治行动,严厉打击各类违法违规行为,维护良好的文化市场秩序。同时,加强与相关部门的协作配合,注重与公安、工

商等相关部门的协作配合,形成监管合力。通过信息共享、联合执法等方式,提高监管效能,确保文化市场的健康发展。

二是强化知识产权保护。加大对侵权盗版行为的打击力度,通过加大执法力度和完善执法程序,有效地保护创作者的合法权益和创作热情。加强知识产权的宣传教育,提高公众对知识产权的认识和尊重。通过建立完善的知识产权保护体系,为文化产业的健康发展提供有力保障。

三、文化产业开新局,构建现代文化产业体系

(一)深化"改"的进程,激发文化新活力

全面深化文化领域改革,是构建现代文化产业体系的关键一步。通过改革可以进一步完善文化发展体制机制,进一步激发文化发展的活力和创造力,推动文化产业转型升级。

一是要深入推进文化体制机制创新。不忘本来,吸收外来,面向未来。在保持江山文化特色的基础上,积极吸收国内外先进的文化产业发展经验,打破传统体制的束缚,建立更加灵活、高效的文化管理体制和运行机制。

二是要激发文化创新活力。鼓励文化企业加大研发投入,推动文化与科技深度融合,开发出更多具有自主知识产权的文化产品和服务。同时,支持文化企业"走出去",参与国际文化交流与合作,提升江山文化的国际影响力。

三是要推动文化产业转型升级。随着数字技术的快速发展,传统文化产业面临巨大挑战。要顺应数字化、网络化、智能化趋势,推动文化产业向高端化、智能化、绿色化发展。通过培育新兴文化业态,打造具有核心竞争力的文化品牌,提升文化产业的整体实力和竞争力。

(二)完善"扶"的政策,壮大市场主体群

完善文化产业扶持政策,是推动文化产业发展的重要保障。应加大对骨干文化企业和文化企业升规上限入库的扶持力度,推动转型升级,发展壮大文化市场主体。

一是要制定更加精准的文化产业政策。针对江山市文化产业的实际情况,制定一系列具有针对性的政策措施,包括财政扶持、税收优惠、金融支持等,以降低企业经营成本,提高其市场竞争力。

二是要培育壮大市场主体。鼓励和支持文化企业兼并重组、做大做强，培育一批具有国际竞争力的文化企业集团。同时，积极扶持中小微文化企业发展，形成大中小企业协同发展的良好格局。

三是要加强产学研用深度融合。推动高校、科研机构与文化企业之间的合作与交流，加强与长三角高校、科研院所合作联系，聚焦工业经济、数字经济、美丽经济等领域，统筹推进乡村文化振兴和社会事业发展，促进科技成果转化和产业化应用。通过共建研发平台、开展联合攻关等方式，提升文化产业的技术水平和创新能力。

（三）创新"产"的模式，拓展文化新业态

随着科技的进步和消费者需求的多样化，传统文化产业模式已难以满足市场需求。因此，需要聚焦文化产品生产、文化艺术服务以及向其他行业提供文化附加值三大功能，加快发展新型文化企业、文化业态和消费模式。

一是要发展新兴文化产业。重点发展以微电影、创意设计、数字出版等为代表的各类新兴文化产业，开发多样化、个性化的系列本土优秀文创产品。例如，江山市可以依托其丰富的自然和人文资源，打造独具地域文化特色的微电影拍摄基地和创意设计中心，吸引更多创作者和投资者前来合作与交流。

二是要扩大优质文化产品供给。鼓励文化企业深入挖掘江山地域文化内涵，创作出更多具有地方特色的文化产品和服务。同时，加大知识产权保护力度，为文化创新提供良好的法治环境。

三是要推动文化与相关产业深度融合。加强与科技、金融、制造、旅游、体育等产业的合作与交流，共同探索文化产业发展的新路径和新模式。结合江山独特的自然景观和历史文化底蕴，如红色文化资源、特色产业资源、非物质文化遗产、自然文化遗产等打造一批具有影响力的文化旅游项目和产品。

（四）培育"才"的队伍，提升文化软实力

人才是推动文化产业发展的第一资源。要开展文化人才和文化名家培育行动，加强高素质文化人才队伍和基层文化人才队伍建设。

一是要加大人才培养和引进力度。通过完善人才政策、提高人才待遇等方式，打造文化人才生态优市，吸引更多优秀人才投身江山文化产业建设。同时，鼓励高校和职业学校开设与文化产业相关的专业和课程，为产业发展提供源源不断的人才支持。

二是要加强基层文化人才队伍建设。通过定向培养、在职培训等方式,提高基层文化工作者的专业素养和综合能力。此外,还可以建立激励机制,鼓励基层文化工作者积极投身文化创作和传播工作。

三是要健全志愿服务体系。深化队伍建设,健全市级新时代文明实践志愿服务总队,优化志愿服务队伍结构。通过加强志愿服务培训、完善志愿服务机制等措施,提升志愿服务的质量和水平,为文化产业发展营造良好的社会氛围。

四、文旅共融绘蓝图,深化文化旅游融合发展

(一)整合文旅瑰宝,"江山故事"有"深度"

在深化文化旅游融合发展的过程中,整合文旅资源,讲好"江山故事",是提升文化旅游品质、打造文旅品牌的关键。要深入挖掘江山的历史文脉和文化基因,通过系统地保护、研究和利用,让"江山故事"更加有深度。

一是要开展文旅资源普查和省文化基因解码工程。这两项工程是整合文旅资源的基础工作,通过普查和解码可以全面剖析和梳理江山的历史文化、自然景观、民俗风情等资源,描绘出清晰的文化基因图谱。为理解和传承江山文化,做好"江山故事"和"江山精神"的深度融汇,共促文旅融合发展提供有力支撑。

二是要深入推进文化研究工程。江山文化独具特色,其中"4+1"特色文化和优秀传统文化更是瑰宝。要深化对这些文化的内涵挖掘研究和延伸,让更多的人了解和欣赏到江山文化的独特魅力。同时,实施"城市记忆工程",推进江山婺剧、廿八都木偶戏等国家级非物质文化遗产的活态传承保护和品牌培育,让这些珍贵的文化遗产在新的时代背景下焕发新的生机。

三是要加强历史文化保护利用。对于重点古镇、古村落、文保单位(点)、历史建筑,要系统性地保护、研究、利用。历史文化遗存是江山活态流变的文化财富,也是吸引游客的重要文化资源。通过科学地保护和合理地利用,这些历史文化遗存也是江山文旅的一张张亮丽名片。

(二)跨界融合创新,公共服务拓"宽度"

在文旅融合发展的过程中,跨界融合创新是推动公共服务拓展"宽度"的

重要途径。通过跨界融合可以打破行业壁垒,实现资源共享和优势互补,从而提升公共服务的水平和质量。

一是要积极跟踪央企、上市公司及头部企业,持续推进重大项目招商。这些企业具有丰富的资源和强大的实力,通过强强联手,积极链接,可以引进更多的优质项目和投资,推动江山文旅产业的快速发展。同时,要鼓励和支持本地企业积极参与文旅融合发展,形成多元化的投资主体和市场格局。

二是要实现公共服务融合。博物馆等公共文化场馆是展示江山文化的重要窗口,要推动这些场馆创建 A 级旅游景区,提升其旅游服务功能,为游客提供丰富的文化体验。同时,可以将一批农村文化礼堂提升打造为乡村旅游服务中心,为游客提供更加便捷的服务。推进"景上添书"等公共文化服务进旅游景区活动,以及"你好江山"等文化艺术活动向旅游者延伸服务,让游客在游览景区的同时,也能享受到丰富的文化大餐。

三是要深化文化旅游与其他产业的跨界融合。通过与工业、农业、交通、民宿、会展等产业的深度融合,可以开发出更多具有创意和特色的文旅产品,满足游客多样化的需求,推动文旅消费升级,促进相关产业的发展和繁荣,实现互利共赢的局面。

(三)深化合作共进,景区品牌有"亮度"

通过加强与国内外知名旅游企业的合作,借助他们的品牌优势和市场影响力,为江山文旅的知名度和美誉度赋能,进一步提升江山文旅的知名度和影响力,打造具有"亮度"的景区品牌。

一是深化与国内外知名旅游企业的合作。引进先进的旅游管理理念和市场营销策略,提升江山文旅的管理水平和市场竞争力。打造高品质的旅游产品,推动江山文旅的快速发展。二是加快推进重大文旅项目建设。集中力量推进廿八都国际商帮小镇等项目建设,打造一批具有国际影响力的文旅地标。推进一批重大农文旅招商项目落地,为江山文旅注入新的活力和动力。三是全力提升景区能级和品质。持续推进旅游业"微改造·精提升"行动,补齐景区交通短板,不断提高景区硬件水平。打造世遗江郎、村歌小镇、红色记忆等江山文旅融合金名片,实现 4A 级、3A 级旅游景区提档升级。让大美江山美美与共,让锦绣江山锦上添花。

第三节 "以文润富"擘画发展新蓝图①

江山如画,前程锦绣。多措并举,多维发力,共享共富。"十四五"期间,江山市高举习近平新时代中国特色社会主义思想伟大旗帜,深入贯彻落实"八八战略""八个嘱托""八大任务",深化落实习近平总书记在浙江工作期间来江山调研时的重要指示精神,对标衢州市委"1433"发展战略体系,朝着高质量、现代化的江山大花园和"一地三区"奋斗目标,持续深化"两轮动""融衢接杭"战略举措,加快推进经济发展体系、县域治理体系、生态文明体系、民生保障体系"四个现代化",为高水平建设社会主义现代化开好局、起好步,争创社会主义现代化先行县。

一、展现科技新动力,打造四省边际智能制造强县

(一)智能制造强基石,夯实共同富裕示范区的现实基础

智能制造是新时代工业发展的重要方向,也是推动经济高质量发展的关键所在。江山市紧跟时代步伐,以智能化生产、网络化协同、个性化定制、生产性服务为重点,全面提升智能制造水平,致力于在四省边际地区实现领跑。

一是全面推动智能制造提质扩面。江山市深入实施数字经济创新提质"一号发展工程",聚焦特色行业如木门等进行智能化改造。通过"轻量化智改＋样本化推广"的模式,提升了木门行业的生产效率和质量,为其他行业提供了可复制的智能化改造经验。这一举措有力推动了江山市智能制造的整体进步,为打造四省边际智能制造强县奠定了坚实基础。

二是加强创新平台建设。江山市注重多层次、高能级创新平台的建设,通过搭建创新平台,促进企业之间的技术交流和合作,推动智能制造技术的研发和应用。这些平台不仅为企业提供了技术支持和解决方案,还成为吸引人才、汇聚创新资源的重要载体。同时,大力发展数字经济智慧产业,为新产业、新

---

① 江山市民政局.江山市人民政府关于印发江山市国民经济和社会发展第十四个五年规划和二〇三五年远景目标纲要的通知[EB/OL].(2022-11-18)[2024-05-26].https://www.jiangshan.gov.cn/art/2022/11/18/art_1229080342_3660532.html.

业态的培育涌现提供了新亮点,拓宽经济发展的新空间,为共同富裕示范区的建设提供了有力支撑。

(二)科技改革提动力,握紧共同富裕示范区的主要抓手

科技是第一生产力,是推动经济高质量发展的核心动力。江山市深化科技体制改革,激活创新引擎,为共同富裕示范区建设提供强大动力。

一是深入推进科技体制改革,出台一系列改革方案。如《江山市全力推进创新深化开展科技体制机制改革攻坚试点实施方案(2023—2027)》等,旨在打破束缚科技创新的体制机制障碍,释放科技创新活力,为江山市的科技创新提供有力的政策保障。通过加大研发投入、优化创新环境等措施,成功创建了省级高新技术产业园区,并实现了研发投入占营业收入的比重达 3.16% 的显著成绩。通过提升企业的创新能力,为江山市的经济发展注入了新的动力。

二是大力培育创新型企业,激发市场主体活力。江山市注重发挥企业在创新中的主体作用,通过政策扶持、资金引导等方式,大力培育创新型企业。截至目前,已成功培育出多家工信部"专精特新"小巨人企业、省隐形冠军企业以及省"专精特新"中小企业等。这些企业在各自领域取得了显著的创新成果,为江山市的经济发展注入了新的活力。

(三)创新深化拓未来,铺就共同富裕示范区的实现路径

创新是引领发展的第一动力,也是实现共同富裕的重要途径。江山市坚持创新驱动发展战略,不断深化创新体系改革,为共同富裕示范区铺就实现路径。

一是推动创新链与产业链深度融合。聚焦"1+3+2"工业主导产业,即时尚门业智能家居、智慧能源装备两大重点产业链,推动产业高端化、集群化发展。以科技创新为引领,推动创新链与产业链的深度融合。通过加强产学研合作、建设创新平台等措施,促进科技成果转化和产业化应用,推动产业转型升级和高质量发展。

二是构建多层次高能级创新平台体系。江山市注重发挥创新平台在科技创新中的重要作用,积极构建多层次、高能级的创新平台体系。通过建设一批重点实验室、工程研究中心等创新平台,提升科技创新能力和水平。同时,加强与国内外高校和科研机构的合作与交流,引进和培养高端人才和创新团队,为科技创新提供有力的人才支撑。

二、构筑生活新典范,打造中心城市品质幸福之城

(一)聚焦老城更新,打造城市新风景线

老城是城市的记忆,也是城市文化的根基。在城市化进程中,老城区的更新与改造,不仅关乎城市形象的提升,更关系到居民生活质量的提高。江山市在老城更新上,致力于打造城市新风景线,让老城焕发新活力。

一是全面推进老旧小区综合改造。针对老旧小区存在的问题,如设施陈旧、环境脏乱等,江山市投入巨资进行改造,包括优化空间布局、增设公共服务设施、改善绿化景观等。改善居民的居住环境,提升城市的整体形象。

二是注重保护与开发的平衡。在老城更新过程中,江山市注重保护历史文化遗产,在保留老城历史韵味的同时融入现代设计元素,实现保护与开发的平衡。通过挖掘和传承历史文化,使老城区成为展示城市历史和文化底蕴的重要窗口。

(二)聚焦新城赋能,提升城市特色竞争力

新城建设是城市发展的重要一环,对于提升城市能级和特色竞争力具有重要意义。江山市在新城建设中,注重赋能和提质,努力打造具有特色的城市新区。

一是优化完善交通体系。交通是城市的命脉,新城建设首先要解决的是交通问题。江山市通过规划合理的交通网络,加强道路、桥梁等基础设施建设,提高新城的可达性和便捷性。同时,积极发展公共交通,提倡绿色出行,减少交通拥堵和环境污染。

二是补齐服务功能短板。新城的发展需要完善的服务设施作为支撑,除了居住功能,还要满足居民的教育、医疗、购物等需求。江山市在新城建设中,注重完善教育、医疗、文化、商业中心等公共服务设施,提高新城的综合服务功能,为居民提供全方位的服务,使城市区块错位联动,形成可持续发展的长效机制。

三是打造特色产业新城。江山市结合自身的产业优势和发展定位,依托衢州打造四省边际中心城市,加快城市跃迁升级。城南新城成为产城融合发展新样本,城北新城更加繁荣丰满,城东新城框架基本成型,成功打造通禄门

未来社区、锦绣江山里、风情鹿溪等城市新风景线，提升了新城的产业层次和竞争力。

(三)聚焦精细管理，升级"品质＋智慧"生活

城市的精细化管理是提升城市品质的关键。江山市通过精细化管理，打造"品质＋智慧"的城市生活，提高居民的幸福感和满意度。

一是以城市大脑为牵引，建立智慧应用场景。江山市利用大数据、云计算等现代信息技术，建立智慧交通、智慧城管、智慧环保等应用场景，提高政府的管理效率，为居民提供更加便捷的服务，实现城市管理的智能化、高效化、精细化和科学化水平。

二是构建"15分钟幸福生活圈"。通过合理规划城市空间布局，完善公共服务设施，打造15分钟幸福生活圈。居民在步行15分钟内就能享受到各种便捷的生活服务，如购物、就医、教育等，极大地提高了生活的便利性和舒适度。

(四)聚焦民生保障，推动幸福民生升级

民生是城市发展的根本出发点和落脚点。江山市在构筑生活新典范的过程中，始终聚焦民生保障，致力于推动幸福民生升级。

一是加强普惠性、基础性、兜底性民生建设。江山市坚持教育公平原则，加强教育资源整合和优化配置，提高教育质量；深化医药卫生体制改革，完善医疗保障体系，提高医疗服务水平；加强社会保障体系建设，确保居民基本生活得到保障。这些举措为居民提供了更加优质的教育、医疗和社会保障服务。

二是持续打响"学在江山""健康江山""运动江山"等品牌。江山市注重提升公共服务质量，通过打造特色品牌，为居民提供更加多元化、个性化的服务。例如，"学在江山"品牌的建设，不仅提高了教育质量，也为城市的发展培养了大量的人才；"健康江山"品牌的打造，则为居民提供了更加完善的医疗保障和健康服务；"运动江山"品牌的推广，则促进了体育事业的发展，提高了居民的身体素质和生活品质。

三、畅通发展新通道,打造区域协作开发开放枢纽

(一)深化"融衢接杭",构建区域一体化交通网络

一是加快交通基础设施建设。推进杭衢高铁江山段、江玉公路、甬金衢上高速等一大批重大交通项目,打造高效便捷的交通网络。缩短江山与周边城市的时空距离,促进区域内的经济交流和合作。通过205国道峡口段外移、324省道水泥厂路口段改建等项目,进一步完善区域交通网络。

二是推动交通网络互联互通。紧紧抓住"融衢接杭"战略机遇,通过优化交通布局,构建起一个高效、便捷的区域交通网络,以实现人流、物流、信息流的快速流动。加强江山与其他城市在交通、产业、科技等方面的合作,共同推动区域经济发展,助推江山更好地融入长三角区域,实现更紧密的协同共享。

(二)深化对外开放,打造三省边际交通物流枢纽

一是提升物流枢纽功能。江山市作为浙西南门户,具有得天独厚的地理位置优势。要以数字化改革牵引全面深化改革纵深推进,体制机制不断完善,营商环境持续优化,市场活力、社会活力充分激发,成为中国营商环境最优城市,区域综合立体交通网更加完善,目的地和集散地功能更加完备浙西南门户区位优势更加凸显。

二是拓展国际国内市场。积极参与全球经济合作与竞争,通过深化对外开放,拓展国际国内市场。抢抓长三角一体化、省"四大建设"等发展战略,主动拥抱四省边际城市群、杭州都市圈,全面推进开放大通道、大平台、大环境建设。加强与周边地区的经贸合作,实现资源共享、优势互补。同时积极拓展海外市场,推动本地产品走向世界。

(三)深化山海协作,形成全方位立体协作新格局

一是深化山海协作,加强与钱塘区、柯桥区的战略合作。与这些地区建立紧密的战略合作关系,在产业、科技、教育、文化等多个领域展开深度合作与交流,推进"产业飞地"建设,为江山经济发展注入了新的活力。形成"全方位、深层次、多领域、立体化"新格局,浙江西向发展"桥头堡"地位更加巩固,开放发展的通道和空间全面拓宽。

二是推进青年发展型城市建设。青年是国家的未来和希望,也是推动城

市发展的重要力量。通过不断优化青年发展的政策体系和社会环境，江山吸引更多青年人才来江山创业创新。为江山带来了新的人才资源和发展动力，也为城市的可持续发展奠定了坚实基础。

三是深化外贸提档升级行动。随着全球化的不断深入发展，外贸在推动地区经济增长方面发挥着越来越重要的作用。江山市积极响应国家"一带一路"倡议等开放战略部署要求，深化外贸提档升级行动，力争外贸出口总额实现稳步增长，提升江山在国际市场上的竞争力和影响力。

四、呈现自然新画卷，打造诗画浙江最美核心花园

（一）优化空间布局，构筑绿色生态屏障

一是要坚持生态优先、绿色发展的理念。深入贯彻落实"绿水青山就是金山银山"的发展理念，将生态环境保护放在首位，推动经济社会发展与生态环境保护相协调。根据江山市的自然环境、资源禀赋和经济社会发展需求，通过优化空间布局，合理划分生态、生产、生活空间，确保生态空间不被侵蚀，生产空间集约高效，生活空间宜居适度。

二是要构建科学完备的环境管控体系。建立完善的环境监测、评估和预警机制，对生态环境质量进行实时监测和评估，及时发现和解决环境问题。同时，加大环境执法力度，严厉打击环境违法行为，确保生态环境安全。此外，还应加强环保宣传教育，增强公众环保意识，形成全社会共同参与生态环境保护的良好氛围，确保江山市的生态环境质量持续向好。

三是要推动生产生活方式绿色转型。鼓励和支持企业进行绿色技术创新，推广节能环保产品和技术，降低能源消耗和污染物排放。同时，要倡导绿色生活方式，引导公众节约资源、保护环境，形成绿色低碳的生活方式和消费模式。通过政府、企业和公众的共同努力，推动江山市生产生活方式实现绿色转型。让绿色成为江山动人的色彩，让美丽乡村成为江山新的名片！

（二）强化旅游协作，打造幸福乡村品牌

一是全面融入区域旅游协作区建设。积极参与钱塘江唐诗之路黄金旅游带和浙皖闽赣生态旅游协作区的建设，与周边地区共同打造旅游精品线路。通过加强区域合作，实现资源共享、市场共拓，提升江山市旅游的知名度和影

响力。

二是着力培育核心景区和特色旅游产品。重点打造江郎山—廿八都等千万级核心景区,完善旅游设施和服务水平。通过丰富旅游产品和提升旅游品质,吸引更多游客前来观光游览,将江山市打造成为全国一流的休闲旅游目的地。

三是推动乡村旅游的持续健康发展。依托乡村特色资源和文化底蕴,发展乡村旅游产业。通过开发农家乐、民宿等旅游产品,带动农村经济发展,增加农民收入,将旅游资源转化为经济优势和发展动力。同时,加强乡村旅游基础设施建设和管理水平提升,提高游客满意度和忠诚度,为游客提供更加优质的旅游体验,打造幸福乡村品牌。

(三)深化绿色发展,打造全域美丽格局

一是要构建现代化的生态文明体系。坚持绿色发展理念,推动绿色高质量发展体系的形成。通过优化国土空间保护利用格局,全面提升生态环境质量和生态文明水平,确保在省内领先、国内先进。同时,完善美丽城市、美丽城镇、美丽乡村、美丽田园等全域美丽形态,凸显美丽经济的发展成效,推动两山转化,建成幸福江山大花园。

二是要打造全域美丽的"两山"实践样板区。以新时代生态文明建设为指引,加快构建生态产品价值高水平实现机制。落实生态保护红线、环境质量底线、资源利用上线和生态环境准入清单,加强生态系统建设、修复与保护力度。筑牢钱江源生态屏障,构建良好生态环境,把绿水青山建得更美,把金山银山做得更大,努力打造全国"两山"实践的样板区。

三是要打通生态产品价值实现通道。建立生态产品价值实现机制,摸清江山绿色家底,为探索绿色发展和生态富民之路提供重要依据。开展"两山银行"试点,推进银行"个人碳账户"试点,鼓励公众参与生态文明建设。同时,开展生态系统生产总值(GEP)核算工作,建立市场化和可持续的生态产品价值实现机制,制订完善相关标准规范。进一步落实大花园发展规划,强化美丽经济发展激励。

五、树立文化新标杆,打造四省边际文化文明高地

(一)强化精神引领,满足人民新需求

一是广泛培育和践行社会主义核心价值观,通过持续优化文明创建常态长效体系,统筹推进文明村镇、文明单位、文明家庭、文明校园创建的全面建设,力争培育出更多文明创建示范典型。

二是丰富文化供给并推动文化产业高质量发展,重点打造集文明实践、文化文艺为一体的省域一流文化艺术中心,不断满足人民群众多样化、多层次、高品质的精神文化需求。

三是通过大力弘扬优秀传统文化,使"4+1"区域特色文化内涵更加彰显,新时代江山人精神持续激扬,乡愁记忆和文化基因成为连接江山人情感的纽带,增强全市的文化认同感和奋斗动力。

(二)弘扬文化品牌,培树文化新坐标

一是持续打响"浙江有礼·文润江山"县域文明实践品牌,打造共同富裕精神富有基本单元"文化共富村",推动形成全民全域学礼、传礼、守礼、践礼、赋礼的新风尚,逐步把江山打造成为一座满目皆礼的城市,实现文化文明先行领跑。

二是紧扣"浙风十礼"的核心内容,结合江山市域文化特色、优良传统和地标建筑,运用多种展示方式,如景观小品、墙绘、文艺演出等,打造具有特色的有礼服务驿站和景观节点,形成浓厚的宣传氛围,使"浙风十礼"看得见、摸得着、具象化,使文明有礼真正成为群众可感知、可享有、可参与的服务、体验,融入市民生产生活。

(三)壮大文化事业,彰显江山新魅力

一是深化新时代"文化江山"品牌建设。坚持以社会主义核心价值观为引领,加快发展文化事业和文化产业,健全公共文化服务体系。加强公共文化服务体系建设,提高公共文化服务的覆盖面和质量。

二是促进文化产业创新发展。通过政策扶持和产业引导,支持一批具有市场竞争力的文化企业和项目。利用现代信息技术手段,推动公共文化服务数字化和网络化,为群众提供更加便捷、高效的文化服务;加强与高校、研究机

构的合作,引进和培养文化创意人才,为文化产业的持续发展提供智力支持。

三是深化文化体制改革,建立健全文化市场体系,加强文化市场监管,为文化事业的健康发展提供良好的市场环境;推动文化与旅游深度融合,开发一系列具有地域特色的文化旅游产品。加强文化遗产保护和传承,让更多人了解和传承江山的历史文化。

六、引领治理新风尚,打造中国之治县域治理标杆

(一)全面从严治党,清廉江山更清朗

一是强化政治监督,打造清廉政府。聚焦市委、市政府中心工作,通过"365监督在线"工作机制基层版进行持续、精准、全面的监督,以政治监督牵引纪检监察工作,清廉江山建设纵深推进。同时,深化片区协作机制,明确各级纪检监察机构的责任,形成有效的监督链条。

二是提升信访办理质效,为干部撑腰鼓劲。全面推行基层信访举报件会审工作机制,确保办件质量和效率。通过常态化开展澄清正名和诬告陷害行为查处工作,保护敢于担当的干部,政治生态更加优化。

三是深化清廉村居建设,规范村级权力。以"三小一扶"为核心,加强对"一肩挑"人选的监督,并发挥乡镇(街道)纪(工)委监察办、村监会、村级监察工作联络站的作用,确保村级权力规范运行。

四是加强队伍建设,严管厚爱纪检监察干部。研究制定纪检监察干部严管厚爱机制,致力于打造一支高素质、专业化的纪检监察铁军队伍,以满足"重要窗口"和"一地三区"目标的要求。

(二)强化安全理念,安全保障更有力

一是牢固树立总体国家安全观。切实把安全发展理念贯穿于全市经济社会发展各领域和全过程。加强统筹安全发展能力系统性培训,着力深化对政治安全、国土安全等传统安全和文化安全、经济安全等非传统安全的认识,提高识别和应对能力。广泛开展国家安全宣传教育,增强全市人民国家安全意识,巩固国家安全人民防线

二是构建现代应急与平安建设体系。牢固树立底线思维,始终保持危机意识应对各类风险挑战,做到居安思危。完善国防动员体系,大力支持国防和

军队现代化建设，加快构建军地一体化体系。积极推进军民融合工作。进一步提升重大风险防范化解能力、防灾减灾救灾能力。发展安全保障更加有力，治理体系和治理能力现代化建设达到一流水平。

(三)推动法治建设，社会治理更完善

全面加强党对法治建设的领导，进一步强化法治建设议事协调机构建设，推进规范化运作，提高统筹协调能力。全面深化法治政府建设，把法治政府建设作为重点任务和主体工程，严格规范重大行政决策制定和执行，深入推进乡镇(街道)"一支队伍"管执法，提高政府依法执政、依法行政水平。民主法治实践持续深化，"县乡一体、条抓块统"高效协同治理格局率先建成。

全面深化司法体制综合配套改革，严格落实司法责任制，完善检察权、审判权、检察权运行和监督机制，统一执法司法标准，提高司法质量、效率和公信力。

全面深化法治社会建设，加强司法所建设，优化城乡公共法律服务资源配置，加强法治宣传教育工作，提高普法针对性和实效性，促进全民学法、懂法、守法。

(四)深化体系建设，平安江山更坚实

深化"平安江山"建设。树牢"大平安"理念，统筹推进各领域平安建设，进一步健全"党委领导、政府负责、平安办组织协调、各部门各司其职"工作体系，切实形成职责分明、齐抓共管的格局。

全面提高公共安全保障能力，保障人民群众生命财产安全。健全扫黑除恶长效机制，坚决打击暴力恐怖、黑恶势力、新型网络诈骗等重点领域犯罪。完善落实安全生产责任制，建立公共安全隐患排查和安全预防控制体系。健全应急管理体制，落实自然灾害和事故灾难防范应对措施，全面提升防灾、减灾、抗灾、救灾能力。

开展网络治理行动，健全网络安全保障体系。完善重大决策社会风险评估机制，构建源头防控、排查梳理、纠纷化解、应急处置的社会矛盾综合治理机制。深入推进信访工作法治建设，持续改革体制机制，打造信访生态最优县。

构建现代警务体系，加强社会治安防控体系建设。探索山区县非警务事项协同处置机制。梳理高频非警务事项清单，融合乡镇街道、职能部门、村社网格力量，形成协同治理新模式，破解非警务事项爆发式增长、山区县警务人

员短缺等难题,实现纠纷、刑事治安警情大幅下降。探索欠薪治理新机制。突出源头预防、动态监管、专项治理,形成"三统三快三百""监管＋治理"模式,全力打响"安薪在江"品牌。"整体智治、唯实唯先"的现代政府基本建成,共建共治共享社会治理体系更加完善。

本章小结

本章深入描绘了江山市在乡村振兴与文化繁荣方面的壮丽图景。江山市作为四省边际的重要节点,通过一系列举措,实现了乡村振兴的高质量发展,在精神文明和战略发展上取得了显著成效。多姿乡村,以村志为起点,记录了乡村振兴的坚实步伐,以村歌唤醒了乡村共富的梦想。村运和村晚则激活了乡村发展的新动能,让乡土文化得以传承与共享。寓外人士和族谱则承载了深厚的乡梓情感,共同构筑了乡村共富的坚实基石。

在"文润江山"的指引下,江山市不断提升社会整体文明程度。在"八八战略"的引领下,江山市多措并举,奔赴锦绣前程。江山之美,不仅是自然风光的展现,更是经济发展、文化繁荣、社会和谐的共富之美。展望未来,江山市将继续以文化为魂,以科技为翼,书写乡村振兴与多维共富的崭新篇章,以实际行动推动江山地区乡村全面振兴,打造幸福江山新图景。

附录一　白沙村调研方案

一、引言

本次调研以实地考察、访谈调研为主,将在江山市委宣传部、凤林镇人民政府、白沙村委会等地开展,并选择白沙村部分村民代表,通过白沙村发展亲历者的第一视角,来还原白沙村在时任浙江省委书记的习近平同志殷殷嘱托下的实现村志兴村的共同富裕发展轨迹。除对调研对象开展口述访谈外,还将收集江山及白沙村相关文件档案材料,为后续书稿写作提供参考依据。

二、调研方案

白沙村作为一个具有丰富历史文化和自然资源的村庄,近年来在集体经济的带动下,取得了显著的发展成果。为了全面了解白沙村的发展现状、存在的问题以及未来发展的方向,特制定此调研方案。

(一)调研主题

通过前期的查阅资料和线上沟通,掌握白沙村及村志基本情况。以村志兴村为主题,结合我国乡村志发展的核心点、白沙村志发展的核心点、受访者的实际经历,制定针对不同群体的访谈提纲。

(二)调研对象

本次调研对象主要有村干部、党员群体、原乡民、回乡民、新乡民、上级政府相关部门人员等。

(三)各类人员调研访谈提纲

1.村干部

● 关于乡村振兴、共同富裕

(1)请您介绍一下白沙村的发展历程。在发展过程中,白沙村具体可以分为哪些阶段? 这些阶段都有怎样的特点? 几部村志写出后,白沙村的样子是怎样? 村里都发生了哪些变化?

(2)在白沙村的发展过程中,有没有形成具体的发展思路和治理模式? 有无特色的治理手段或方式?

(3)白沙村的发展中国家政策有无产生影响? 白沙村在借助政府的政策来实现共同富裕采取哪些行动?

(4)村里有无比较突出的人才? 对村民有无起到带动作用?

(5)白沙村有无带动本村村民及周围村落共同致富? 有无探索出特色路径和对策? 有哪些? 对困难群体有何帮扶机制? 取得了怎样的成效?

(6)白沙村在推进全体村民的精神富裕上做过哪些努力?

(7)白沙村有哪些惠民富民的制度? 村民享受共同富裕的成果如何体现的?

(8)近些年,白沙村生态环境保护给村里带来了什么变化? 生态环境保护与乡村振兴有什么关系? 在生态环境保护过程中,遇到了哪些困难? 原因是什么? 如何克服? 村民对环境保护有何意见或看法?

● 关于乡村治理

(9)关于白沙村治理工作开展的情况怎样?

(10)目前,白沙村的治理手段有何变化? 出现变化的原因是什么?

(11)白沙村发展,白沙村的治理起到什么作用? 目前治理水平能达到现在这样的关键是什么?

(12)白沙村两委班子、村干部队伍的建设情况是怎样? 村两委班子在白沙村治理中扮演了什么样的角色? 村两委的职责分工是怎样? 如何协调村党支部和村委会的关系?

(13)对于村里的重大事项白沙村是如何讨论决定?

(14)村干部的选举白沙村是如何进行的? 主要通过什么方式?

(15)有无村干部的素质保障和提升机制? 白沙村会组织干部参加培训

吗？采取的是什么形式？培训内容是怎样？一般多久一次？

(16)政府组织的相关培训村干部会参加吗？一年会参加几次？一般培训的内容是什么？培训对村内工作起到的效果如何？

(17)白沙村民情档案建设情况以及发挥的重要作用,请您介绍一下？

(18)目前,白沙村在发展和治理中遇到的最大的挑战或者障碍是什么？

(19)是否可以谈一谈未来白沙村治理的想法和展望？如何提升白沙村治理水平、未来乡村建设的具体措施有哪些？

- 关于党建工作

(20)党组织在村集体经济建设、引领乡村文化社会变迁方面做过哪些工作？

(21)白沙村党建工作取得哪些成效？有无亮点工作？目前党建工作存在的问题和困难有哪些？

(22)请介绍下白沙村的特色党建工作,如民生365,服务每一户,"三联工程"共治共享情况和实际效果等情况。

- 关于参与治理、矛盾纠纷处理

(23)村民参与治理的情况是怎样？如何激发村民的主体意识,如何调动村民参与集体管理的积极性,鼓励村民投身公共设施建设中？如何表达自己意见,让村民了解到自己的有关权利和义务？

(24)村里有无村民议事协商的形式或者活动载体？具体有哪些？开展情况如何？取得了哪些成效？请举例说明。

(25)村里有哪些发表诉求的途径,有无建立民意表达机制？建立了哪些平台或者渠道？

(26)关于村里矛盾纠纷是如何处理？建立了怎样的矛盾纠纷处理、调解机制？如何做到小事不出组,大事不出村,矛盾不上交？

- 关于监督机制与村务公开

(27)村干部如何接受上级领导、群众评议？群众如何监督？

(28)如何对村务决策公开、财产公开、工程项目公开等情况进行有效监督？举例说明。

(29)村务公开制度是怎样？有无具体完善党务、村务、财务三公开的制度或举措？效果如何？

(30)村里是如何落实监督机制的？有无遇到什么阻碍？

- 关于集体经济与经营管理

(31)村集体经济发展情况如何？村集体经济发展面临的困难有哪些？这些困难的成因是什么？如何才能克服？

(32)您觉得现在有部分村民原本在外务工,现在回村创业最主要的原因是什么？村里有没有吸引村民回村的政策安排？

(33)新乡民对白沙村有何影响？白沙村对新乡民有何政策？

● 关于社会组织与公益事业

(34)除了村委会,村里有没有建立其他的自发性的社会组织,请介绍下运行情况,说明一下这些社会组织在村级治理中发挥了怎样的作用？

(35)村里现在有哪些福利制度？对于老年人、残疾人、特殊困难群体有无照顾？帮扶政策是怎样？

(36)请简要介绍一下村里的公益事业发展状况,比如:养老、医疗、教育。

● 关于村规民约与文化建设

(37)目前,如何制定村里的村规民约的？具体包含哪些方面的内容？对村规民约村民态度如何？是否能够自觉遵守？如果村民违反,会采取怎样的措施解决？村规民约对村民的约束力如何？

(38)村里有开展哪些文化活动吗？目前建设了哪些文化设施？发挥的效果如何？能否满足村民的文化需求？

2.党员群体

(1)入党后,您参与过村里的具体事务吗？比如,您参加白沙村的志愿服务有哪些？您现在主要负责哪些工作？

(2)入党后,在组织里政治学习和组织生活的情况是怎样？

(3)您认为在白沙村治理中党组织(党员)发挥了什么作用？

(4)当发生个人利益与集体利益相冲突的事情时,您是怎么做的？如何贯彻党员共识与服务理念？

(5)村规民约您认为起作用吗？在遵守村规民约方面党员表现如何？有无典型的例子？请举例说明。

(6)您认为在农村党员应该起到什么样的作用？

3.原乡民(丁增和、吴钻水)

(1)询问基本情况(工作、年龄、主要经济来源等)。

(2)您认为这几年白沙村有什么变化？这些变化对您的生活产生了什么影响？

(3)在您眼中,白沙村的两委班子、党员群体在白沙村的发展过程中扮演了什么角色?

(4)在村里,目前有哪些发表诉求的途径?村干部做决定之前会征求村民意见吗?村里有没有人能影响到村里的事务决策?

(5)村里有很多人创业,或是之前外出工作的现在回家就业,您对此怎么看?您为何选择回村创业?村里对您创业是否提供过帮助?

(6)您对村集体经济情况了解多少?最初是如何发展起来的?村两委在其中起到了怎样的作用?

(7)您是否参加过白沙村治理工作?具体是通过什么途径参加?以什么样的方式参加?村内工作会影响您的经济收入吗?如果没有,将来是否愿意参与?

(8)村里的乡风文明建设您怎么看?村里文化活动有哪些?您参加多吗?

(9)您对白沙村的村规民约是否了解?村规民约修订工作您是否参加过?您认为村规民约对您生活有什么影响?

(10)您对白沙村未来发展有什么期望?

4.回乡民

(1)您放弃大城市的就业机会,选择回乡,目前的心理感受是怎样?

(2)您觉得乡村与城市工作生活有什么区别?具体体现在哪些方面?

(3)谈谈您对村企合作对村庄经济发展产生的影响。

(4)对您回乡就业村里有无相应的政策补贴?

(5)您对白沙村未来建设有什么建议?

5.新乡民

(1)请问目前您在白沙村从事何种工作?您是什么时候来白沙村生活或者工作的?

(2)您是怎样了解到白沙村的?对白沙村第一印象如何?在日常生活中对白沙村感受最大最深的一点是什么?

(3)请问是什么原因让您留在白沙村生活工作?是否有定居白沙村的打算?您对白沙村未来乡村建设有什么期望?

(4)在您眼中,白沙村的两委班子、党员群体在白沙村的发展过程中扮演了什么角色?

(6)白沙村针对新乡民有无优惠政策?具体表现在哪些方面?您是否享

受过这些政策？或者,在白沙村工作生活的这段时间,村干部、村民给予您哪些帮助?

6.上级部门(宣传部、档案馆等)

(1)江山市乡村社会治理现状如何?

(2)江山市乡村文化建设的典型做法?

(3)江山市给予了白沙村村志哪些支持(比如政策、人财物资源)?

(4)江山市与白沙村在农村发展、治理过程中有无开展一些双向联动工作?

(5)白沙村在当地农村治理中有什么特点?处于什么水平?对当地其他村镇有无带动作用?具体体现在哪些方面?

(6)白沙村在村级治理、共同富裕上有何值得借鉴、推广的特色做法?

(7)是否在当地推广白沙村的治理、发展经验?具体的做法有哪些?

(8)您认为白沙村达到今天的发展水平,最关键的原因是什么?

(9)有无乡村振兴党建示范、典范村工程等?请举例说明。

(10)目前,您认为影响我国村级治理的因素有哪些?其中最关键的影响因素是什么?

(11)当前江山市的木材产业发展的现状,从最初的粗加工到现在的精细化全屋定制,江山市的木材产业的相关材料是否可以提供?

(12)江山市菌菇产业发展的历史背景、现状,是否可以提供文字材料?

(13)江山市有哪些村文化礼堂建设比较好的,是否有文字材料提供?

(14)江山市村运会/体育村有没有做得比较好的村,有文字材料吗?

(15)未来推动白沙村进一步发展(或是推动当地农村进一步发展)的举措或政策。

(16)凤林镇在白沙村的建设中提供了哪些帮助,比如经济方面、文化宣传方面提供什么帮助?

(17)有没有镇村联合项目?比如强村公司?

三、材料清单(包括但不限于文字和图片等材料)

1.江山市乡村社会治理现状及典型案例相关材料。

2.江山市乡村历史文化建设材料:编修村志、乡村振兴讲堂、文化礼堂、方志文化节、乡村振兴文化节等农村特色文化活动。

3. 江山市或衢州市范围内,乡村村志或家谱典型案例。

4. 凤林镇人口、产业布局和历史文化等官方数据,以及乡村振兴的典型案例材料,包括文字、图片、媒体报道链接等。

5. 白沙村村史相关材料:村史、大事记等。

6. 白沙村的行政区域变化相关材料。

7. 村干部任免、考核、换届相关材料。

8. 白沙村管理制度相关材料:村务管理、信息公开公示、外来人口管理等。

9. 白沙村共同富裕建设情况。"蛤蟆垄"小微工业园区、军扬凤林共富工坊、菌菇寻梦共富工坊。

10. 白沙村的历史文化、传统习俗、民间艺术材料:茶灯、村志文化长廊、文化礼堂、体育文化建设情况及效果。

11. 白沙村生态环境整治相关材料。

12. 白沙村乡风文明建设相关材料:村规民约、文化活动、文化设施建设等。

13. 白沙村创建示范村、旅游村等材料。

14. 白沙村接待参观相关材料。

15. 白沙村村委会会议、村民大会会议记录。

16. 白沙村产业发展相关材料:菌菇、木材、军旅等。

17. 白沙村人均收入、经营管理、工程建设等材料。

18. 白沙村总结汇报材料。

19. 村民民意调查材料。

20. 党建相关材料。

21. 市、镇政府下发的有关政策性规定、意见、通知。

22. 上级规范基层治理的文件。

23. 江山市年度工作总结。

附录二 访谈记录

白沙村村党支部书记郑日福访谈

访谈时间:2023 年 8 月 1 日上午
访谈地点:白沙村村委会办公室
访谈对象:郑日福
访谈人:王艳团队
整理人:马紫玉

访谈组:郑书记,您好! 感谢您抽出时间接受我们的访谈。您能先给我们介绍一下白沙村的整体情况吗?

郑日福:白沙村发展历程:白沙村原属江山市定村乡,地处廿七都深山区,2002 年因白水坑水库建设需要,整村搬迁至现址。截至目前,全村总人口 1503 人(移民人口 728 人),共有 14 个村民小组,党员 63 人,村民代表 58 人。起初,党员代表出钱出力,2004 年圆满完成千万工程指标。2004 年 10 月 10 日,时任浙江省委书记习近平同志到白沙村视察调研,走访丁增和、吴钻水、毛兆丰三户农户,关心群众移民下山后的日常生活、就业情况、家庭教育,称赞白沙人很勤劳,对党很忠诚,勉励白沙人要"百尺竿头,更进一步"。

访谈组:郑书记,您能介绍一下白沙"三桶金"吗?

郑日福:第一桶金——食用菌产业:两委干部立马行动,规划产业,寻找投资,解决资金、土地、技术问题,成立百菇领导小组,做好技术支持统筹整合各方资源。白沙村探索发展可靠多元的致富门路,村两委带头发展食用菌产业,2012 年投资 500 多万元建设全市规模最大的食用菌工厂化栽培示范基地,引进恒昇生态农业公司,年产菌菇 110 万袋,带动上百名 60 岁以上村民就业。

第二桶金——木材产业:白沙村与福建、安徽、江西三省交界,木材资源十分丰富。移民之初,白沙村克服移民搬迁土地资源紧缺瓶颈,提留 80 亩旱地作为村民创业用地,建立"蛤蟆垄"小微工业园区。为推动木材加工产业转型升级,2006 年 11 月,5 名党员骨干带头筹资 1500 多万元创建郎峰木业。20 多年来,白沙村木材产业实现从基础加工到智能制造、全屋定制的迭代升级,年产值超 4 亿多元。返乡创业青年逐年增多,90% 的村民在家门口就业,建村时"老人不空巢、夫妻不分居、儿童不留守"的乡村振兴愿景已然实现。现如今,白沙村实现了村集体经济零收入到 110 万元的提高,村民人均年收入达 4 万多元,增长 15 倍。

第三桶金——旅游体育:通过引进浙江省军区,打造军民文化野外拓展训练基地。"体育+""国防+"等乡村旅游发展渐入佳境,旺季时每天吸引游客近千名。2004 年,村民自发捐款建成了江山第一个村级篮球场。后又多方筹措资金,先后建起了标准篮球场、网球场、游泳池、全民健身广场以及室内综合体育馆,成为省内为数不多拥有室内外场馆的行政村。2012 年开始,先后承办央视趣味运动会、省、市农民运动会、生态运动会等体育活动。成功引进军民文化苑、军扬凤林国防体育实训基地等项目。年接待游客达 10.6 万多人次,提供就业岗位 50 多个。

土地流转:如何让村民从传统的土地中解放出来? 白沙村通过自主选择务工、创业,让工资性收入成为村民主要的收入来源。2005 年,村党组织将全村所有土地集中整合,分区块编号,并分为村民自种和集中经营两类。村民自愿从其中一类随机抽取自己的地块。最终五分之四的农户选择了集中经营,统一交由两户种植大户承包。通过这种方式,白沙人实现了从山民到"市民"的华丽转身。如今,白沙村人均可支配收入达 4 万多元,七户农户中就有一户办厂经商。

访谈组:作为村书记,在未来如何推广发展村志文化? 您对于白沙村的未来发展有什么规划和期望?

郑日福:未来乡村建设,建好白沙创业园,有钱的情况下才能办好事,产业发展好了,有钱了,就能做更多更大的事情。建好九大建设场景要求,做好设施设备建设。创业园建设,木材产业升级;国防教育基地引进主体。让产业建设好、运作好。用现代化企业理念解决就业问题,利用数字化、智能化促进产业创先发展。村里只有有钱了,才能更好地惠民,促进村里和谐发展。彻底解决空壳村、空壳老人的问题。展望未来,白沙村树立 5 年目标,力争集体经济达到千万元。

国防教育合作基地深化,目前一期已建成,二期涉及解决好土地问题,加强企业培训,建造江山培训基地,衢州党校校外教育基地。相较于一期建设,二期更加结合数字化手段,增强体验感,旨在打造沉浸式教育基地。

要继续把村志写下去,收集积累好资料,改变以往的土洋结合,让白沙人自己来写,自己来办。做好村志文化自主撰写试点工作,聘请专家,做好专业培训,教会村民如何写好村志,让村志真正成为可看、可学的村志。通过网上报名,遴选村志撰写人员,加强与第三方的协作,改变原先传统模式,推进村志数字化。

在未来打造中国村志第一村、浙江省国防教育第一村、衢州市"两个先行"第一村。

访谈组:在推进村庄发展的过程中,您遇到了哪些挑战?又是如何解决的?

郑日福:我们在发展过程中确实遇到了一些挑战,比如人力资源不足、技术落后等问题。为了解决这些问题,我们积极争取政府的支持,组织村民参加各种培训,提高他们的技能水平。同时,我们也鼓励年轻人回到村里,参与村庄的建设和发展。

访谈组:您对于白沙村的未来有哪些展望和期待?

郑日福:我希望白沙村能够成为一个生态宜居、经济繁荣、社会和谐的现代化新农村。我希望我们的村民能够享受到更好的生活品质,有更多的发展机会。同时,我也希望我们的村庄能够成为周边地区的示范和榜样,为其他村庄提供可借鉴的经验。

《白沙村志》主编毛东武工作访谈

访谈时间:2023 年 8 月 1 日上午
访谈地点:毛东武家
访谈对象:毛东武
访谈人:王艳团队
整理人:马紫玉

访谈组:毛老,您好!感谢您能抽出时间接受我们的访谈。《白沙村志》的编纂工作一定充满了很多故事。您能谈谈整个编纂过程吗？

毛东武：编纂《白沙村志》确实是一项庞大而复杂的工作。初次接触方志工作面临着许多问题，没有系统的方志编修方法，也没有现成的资料素材可直接使用，就到档案馆查阅资料，馆藏新中国成立前后的 10 万多卷档案，废寝忘食。当时请来学者做自己的搭档，去复旦大学、浙江大学、武汉大学等知名学府请老教授传道授业，安徽大学林衍经副教授还成为我的顾问。听说江山中学的历史老师何英豹，对江山历史人物、故事颇有研究，就经常去拜访，谦虚请教，搜集资料，认真记录。

我们从收集资料开始，走遍了白沙村的每一个角落，与村里的老人们交流，挖掘那些即将被遗忘的历史。喜欢到田间地头采访当地群众，和农民打成一片，在聊天时会发现很多有意思、生动的历史人物和故事。几乎走遍我市的各个街道、乡镇。开座谈会、上门察访，总是有很多人愿意和我交流历史故事。在勤奋奔波问学中，历史的积淀一点点浮出水面，村志编修工作在不断研究和考证中进行着。

访谈组：在编纂过程中，您有没有遇到特别困难或印象深刻的事情？

毛东武：确实有。在整理资料时，我们发现很多老一辈的故事和记忆都是口口相传，没有书面记录。这让我们意识到，白沙村的历史和文化传承面临着很大的挑战。于是，我们决定通过访谈甚至与村民同吃同住等方式，将这些宝贵的故事记录下来，为后人留下更多的历史记忆。

访谈组：作为主编，您在编纂过程中有哪些心得和体会？

毛东武：我认为，编纂村志不仅是对历史的记录和传承，更是一种文化的传承和弘扬。在这个过程中，我深刻感受到了白沙村人民的热情和凝聚力。他们积极参与、提供资料、分享故事，让我们能够更全面地了解白沙村的历史和文化。同时，我也认识到了编纂村志的重要性，它不仅能够让后人了解我们的过去，还能够激发他们对家乡的热爱和归属感。

白沙村原乡民丁增和谈大变化

访谈时间：2023 年 8 月 1 日下午

访谈地点：丁增和家

访谈对象：丁增和

访谈人：王艳团队

整理人：马紫玉

访谈组：丁先生，您好！非常感谢您接受我们的访谈。您能简单介绍一下自己吗？

丁增和：我是白沙村的村民丁增和，白沙村搬迁之前，我是深山里的一个篾匠，每天赚6元钱，收入也不稳定。下山后，他在江山城郊厂里打工，每个月有一两千元，但是照顾不到家里。村里办起木材加工园区后，我也掏出积蓄，在园区办起木材加工厂，在家门口当老板，年收入增加到十几万元。

访谈组：2004年习近平同志来到您家里，给您留下了什么深刻印象？

丁增和：习近平同志十分关心我们老百姓的生活。2004年10月，习近平同志来到我家里，参观了家庭布置，发现除堂屋的一大排红对联反映着农家特征以外，其他布置与城里人没有两样。习近平同志关心着大家是否都有这样的房子。关心着老百姓的生活。习近平同志肯定了白沙村通过下山移民发生了很大变化，所接触到的群众很朴实，又很向上，这既是有对党和政府的信任，也有对创造美好生活的自信。

访谈组：你认为习近平同志来之后，白沙村这么多年发生了哪些大变化？

丁增和：白沙村里的柏油马路整齐划一，小楼也干净整齐，居住环境也好了。村民的收入也高了。村民在生活质量提升，参与村里的各项活动，健身活动呀、广场舞呀、晚上可热闹了。

访谈组：您认为白沙村目前面临的最大问题是什么？

丁增和：我觉得最大的问题是新技术、新方法，我们老年人接受起来比较慢。

访谈组：您对于白沙村的未来发展有什么期望或建议吗？

丁增和：我希望政府能够加大对农村的支持力度，提供更多的农业技术培训，帮助我们掌握新技术、新方法。同时，也希望能够吸引更多的年轻人回到村里，参与农业生产，为村庄的发展贡献力量。

白沙村原乡民吴钻水谈大变化

访谈时间：2024年4月12日上午
访谈地点：白沙村委会办公室
访谈对象：吴钻水
访谈人：王艳团队
整理人：马紫玉

访谈组:吴先生,您好! 非常感谢您接受我们的访谈。您能简单介绍一下自己吗?

吴钻水:我以前是经营挖掘机,家庭条件在村里是比较好的,两个孩子在城里读书,算得上是村里日子好过的那种。

访谈组:您可以描述一当时习近平同志到您家的场景吗?

吴钻水:好的。当时习近平同志走到我家,我真的很激动,莫大的荣幸呀。他来到家里,看看四周栽种树木,茶树碧绿,丹桂飘香,菊花盛开,很是高兴。我记得,习近平同志当时握着我的手,问我从事的工作,又问我这幢房子要花多少钱? 要不要 50 万元。我说:不要不要,政府给我们安排了地基,又给我们移民补助。这里交通方便,建房比山区节省多了。我记得习近平同志还问我的妻子做手链手镯一天能挣多少钱? 看得出习近平同志时刻关心咱老百姓的生活。

访谈组:你认为习近平同志来之后,白沙村这么多年发生了哪些大变化?

吴钻水:白沙村村民能在家门口就业,村里干净整洁,人们日子越过越好。

访谈组:听说您孩子是大学生? 您有考虑过让他们回乡创业就业吗?

吴钻水:是的,考虑过。现在村里发展好了,政策也好了,很鼓励孩子回乡创业就业。

访谈组:您对于白沙村的未来发展有什么期望或建议吗?

吴钻水:我希望白沙村能够继续保持这样的发展势头,在基础设施建设、经济发展、生活环境改善等方面不断取得新的成绩。同时,我也希望村民们能够继续发扬团结互助的精神,共同为村庄的发展贡献自己的力量。我相信在大家的共同努力下,白沙村的明天一定会更加美好!

白沙村外乡民李引菊村土民情访谈

访谈时间:2024 年 4 月 12 日上午
访谈地点:白沙村
访谈对象:李引菊
访谈人:王艳团队
整理人:马紫玉

访谈组:您为何选择来到白沙村创业?

李引菊:我是隔壁村的人,后来因为这边招商引资,我们就选择这里开办厂房,加上这里政策很好,厂房租金低,大概一年租金在 20 万到 30 万元,就选择了这里来办厂。

访谈组:现在厂房经营情况如何?厂里员工多少人?收益、产值怎样?

李引菊:厂房主要做来料加工,现在厂里员工约有 120 人。产值大概在 700 万到 800 万元,员工工资大概在每人 4500 元一个月。

访谈组:村里有没有对您有过什么帮助政策?

李引菊:来了这么多年,村里给我们支持帮助还是挺大的,作为外乡人也是很幸福的。

访谈组:您觉得村里人关系怎么样?

李引菊:自从我来到白沙村感觉村里氛围很好,在村委的带领下,村民日子越来越好。村子的建设也是越来越美。邻里之间的关系都还蛮好的,大家见面会打招呼。在这里感觉非常幸福。

访谈组:未来对白沙村有什么期望?

李引菊:希望白沙在领导们的带领下,发展越来越好。

白沙村回乡民吴鹏程大学生返乡就业访谈

访谈时间:2024 年 4 月 12 日下午
访谈地点:郎峰木业有限公司
访谈对象:吴鹏程
访谈人:王艳团队
整理人:马紫玉

访谈组:吴主任,您好! 感谢您抽出宝贵时间接受我们的访谈。为什么放弃大城市的就业机会选择回乡?

吴鹏程:我的根在白沙,回家让我踏实。白沙的木材产业正从传统行业向智能制造转型,自己具有自动化专业知识和互联网从业经验,同样能有很好的发展。村里各种文体活动也多,生活丰富多彩,获得感、幸福感不比在大城市差。

访谈组:郎峰木业作为白沙村的重要企业之一,对村庄经济发展有着重要的影响。您能谈谈您对企业发展的看法吗?

吴鹏程:郎峰木业自成立以来,一直致力于提高产品质量和市场竞争力。我们注重技术创新和人才培养,努力打造可持续发展的企业。同时,我们也非常注重与村庄的合作,希望能够为村庄的经济发展做出更大的贡献。

访谈组: 您能具体谈谈村企合作对村庄经济发展的影响吗?

吴鹏程: 村企合作对于村庄经济发展来说,是一种互利共赢的模式。我们通过提供就业机会、技术支持和资金支持等方式,帮助村庄提高经济水平。同时,村庄也为我们提供了稳定的人力资源和原材料供应,降低了企业的运营成本。这种合作模式不仅促进了村庄和企业的共同发展,也增强了村庄的凝聚力和向心力。

访谈组: 在未来的发展中,您对企业和村庄的合作有什么期望和计划?

吴鹏程: 我们希望能够继续深化与村庄的合作,实现资源共享、优势互补。我们计划加大技术投入,提高产品的附加值,进一步拓展市场。同时,我们也将积极参与村庄的基础设施建设和公益事业,为村庄的可持续发展贡献更多的力量。

白沙村口烧饼摊老板访谈

访谈时间:2024 年 4 月 12 日下午
访谈地点:烧饼摊
访谈对象:烧饼摊老板
访谈人:王艳团队
整理人:马紫玉

访谈组: 您好,阿姨,看到您的烧饼摊生意兴隆,想了解一下相关情况。

烧饼摊老板: 我这烧饼可是村里的一绝,不少人都喜欢。邻村都来买我的烧饼。

访谈组: 请问您在这里卖烧饼已经多久了?

烧饼摊老板: 十多年了,我和老伴一起经营这个小摊,从早忙到晚,虽然辛苦,但看到大家吃得开心,我们也觉得值得。

访谈组: 您觉得卖烧饼这个生意怎么样?

烧饼摊老板: 还不错,尤其是周末和节假日,游客多了,生意就更好了。现在村里发展得好,大家也愿意出来消费,我们这个小摊也能跟着沾光。

访谈组: 您觉得卖烧饼这个行当有什么特别之处吗?

烧饼摊老板: 我觉得最重要的就是用心。选料要讲究,制作要精细,不能马虎。只有这样,才能做出好味道,吸引回头客。

访谈组：村里有没有对您这样的小摊主提供什么帮助政策？

烧饼摊老板：村里提供了这个固定摊位，为我们遮风挡雨，我们很感谢村干部。每次有游客来了，还给我们做宣传，买我们的烧饼。

访谈组：您对未来有什么打算或期望吗？

烧饼摊老板：我们打算把烧饼摊做得更精致一些，比如推出一些新口味，我们也希望能继续为村民们和游客提供好吃的烧饼，让白沙村的这一美食传统传承下去。

后　记

爱上可爱的白沙，爱上白沙的可爱

初识白沙，村志文化的魅力

团队最初对接白沙是基于与江山市合作的一个研究课题，为了深入研究分析江山市凤林镇白沙村以村志文化推进乡村共同富裕建设的实践路径和成效，智库团队成员数次对江山市凤林镇下的各个山村进行走访。在数次深入凤林镇各个山村的走访中，白沙村因其源远流长的村志文化而显得尤为独特，团队调研走访次数尤多。通过走访调研团队不仅搜集了关于课题需要的原始素材和解决思路，同时也切身体会了白沙的乡土民情，体会到了白沙蓬勃发展的背后一群可爱的引路人的勠力同心，体会到了白沙因为一群可爱的人的努力更加"可爱"的变化。

共富路上引路人——有情怀的村支书

行走在夏日里的白沙村，四周绿意葳蕤，一排排整齐的楼房、一条条宽敞整洁的道路、完善的健身休闲设施、优美的村庄景观……不由得让人眼前一亮。在村党总支书记郑日福的带领下，白沙村这个移民村发生了大变化。

2004 年 10 月 10 日，时任浙江省委书记习近平同志来到白沙村视察调研，郑书记回想起来依然心潮澎湃。临别时，习近平留下嘱托，让他们要找到可靠多元的致富门路，带领村民办更大企业，让整个村子都快富起来。殷殷嘱托如响鼓重锤，敲在郑日福书记的心上，给予他莫大的鼓舞。

沿着总书记指引的方向，在郑日福的带领下，白沙人一路奋斗，如今，白沙村木材工业园现有企业 32 家，年产值超 4 亿元；食用菌产业基地产值 1500 多万元;"体育＋军旅"等乡村旅游发展渐入佳境,旺季时每天吸引游客近千名;投资近 2 亿元的共富产业园项目在加速推进……

白沙村的劳动力外出打工率,从最高的 67％降到如今的 10％,村里 90％左右的劳动人口已经实现家门口就业,基本实现了老人不空巢、夫妻不分居、儿童不留守。

《习近平在浙江》书中有一张照片引人关注。那是习近平总书记在白沙调研时,和在健身器材上锻炼的村民亲切交流的场景。郑日福牢记总书记的殷殷嘱托,在村庄的建设发展中,既关心乡村产业发展,也关注村民的健康,把群众文化体育打造为白沙村的特色招牌,如今的白沙村拥有 6000 平方米文体广场、1300 平方米体育馆,篮球场、网球场、游泳池等一应俱全,已先后承办省、市级群众体育赛事活动 10 多次。

全国生态示范村、全国文明村……越来越好的白沙也吸引了更多的年轻人。奋力开创大变化,持续写好新村志,讲好共同富裕路上的白沙故事,"我们要在新的征程交出'百尺竿头更进一步'的高分答卷,向总书记报告。"郑日福说。

知识分子和农民结合得很好嘛！

如果你要说《白沙村志》,就不能不说毛兆丰和毛东武老先生。为了更好地循迹溯源,团队成员特意去拜访了毛老东武先生。老先生家中陈书无数,自己也著书立说多册。在采访中,当年《白沙村志》撰写的故事也随着毛东武老先生娓娓道来的讲述一起呈现。

据毛老讲述,第一次到白沙村的时候,当时的白沙村还没整体搬迁,他们睡农民家里,夏天蚊子多得不得了。即便是从小在农村长大的毛东武都承受不住蚊子的叮咬。被咬得没办法,稻草、谷壳烧起来,熏蚊子,但是蚊子还是太多。

在白沙村,毛东武和农民一起生活,一起砍柴、一起搬柴、一起种玉米。在实践中,一边劳动,一边记录了很多相关素材。收集到一定素材后,缺钱成为一大难题,毛老和当时的领导商量,政府是否可以出一部分钱,支持村志编写,毛老也试着向当地村民、村干部(当时的公社干部)询问,是否可以出一份力,支持这件事。淳朴可爱如白沙村民,自然是集众之力支持,第一本村志中也详细记录了捐款明细。

随后,为了村志的出版,老先生也不辞辛苦,和毛兆丰两个人自己带水和馒头去上海,睡在最简陋的地下室,多次奔走,最终推动了村志的顺利出版!

第一本村志出版后,社会反响巨大。有一名日本学者在北京的展览上看到村志,想要买这本村志,日本学者想将修村志这个事情推广到日本。河南省原副省长、中国地方志指导小组成员、河南省地方史志编纂委员会主任邵文杰写信给毛东武,认为村志反映了当地革命斗争的历史情况和新中国成立后数十年的社会主义建设成就,对今人和后人都有很大的参考价值和教育意义。《白沙村志》在国内外产生了重要的影响,如今,成为浙江省入选中国名村志工程的唯一一部村志。

2004 年 10 月 10 日,时任浙江省委书记的习近平同志到白沙调研,看到村志,问毛兆丰:"这本《白沙村志》是你写的?"毛兆丰回答说:"我和另外几位村民负责搜集第一手资料,市史志办的毛东武当主编。"习近平赞扬说:"呵,农民搜集资料,专家当主编,'土洋'一结合,村志成书了。看来,知识分子与农民结合的路走得很好嘛!"[①]

《白沙村志》,一部见证巨变的史诗

常言说:如数家珍。对村志记录者来说,村子里的事情,事无巨细,都是家珍,都值得详细真实地记录下来,为白沙村人保存历史,为村两委和地方政府提供决策参考,更为激励后来者奋进不止。为此,《白沙村志》翔实记录了白沙村发展变化的点点滴滴。首先,这里有白沙村世世代代村民的记录,从白沙村自明代洪武年间(1389)年开始,每个时期准确的人口规模和数量,1949 年以来的人口统计甚至精确到了个位数,近年来更是增加了人口和文化结构、就业状况的表格,是一部精确细致的村民发展史。同时,这里也有人居环境发展变化的详细记录,从早起的草窝棚的具体数量,到现在整齐的村居洋楼,每一次变化都在村志里清清楚楚记录着。从定村白沙到凤林白沙,白沙村民为水库建设,抛舍家园顾全大局,但也因此摆脱了曾经困扰村民的交通和地理位置不便的因素,从此走上了发展繁荣的快车道,今天的白沙村已经是远近闻名的富裕村、文明村。

在采访中,毛先生讲述的两个细节故事让我们印象深刻。一个是当时有人说村里有个团长,要不要写在村志里去。毛老要求其能开出证明,不能只是

---

① 本书编写组.干在实处 勇立潮头:习近平浙江足迹[M].杭州:浙江人民出版社;北京:人民出版社,2022:372.

嘴巴讲讲就写在村志里。还有一个是当年红军到白沙,写了布告,向村民求助100块银圆。后面红军来还银圆,没人承认自己给了银圆,没有人去冒领。《白沙村志》为村民编纂书写历史,记录白沙村民奋进路上的好风光,是全村人的骄傲,以至于村民提起村志时,会自豪地说:"当年分队的灶头数都还记着呢!"这种实事求是的淳朴民风赋予了《白沙村志》超越志书的文化内涵。

菌菇共富工坊——家门口的就业梦工场

在白沙,"儿童不留守,夫妻不分居,老人不空巢。"这不仅仅是白沙村村民的美好愿景,更是他们通过菌菇共富工坊实现家门口就业的真实写照。

一代代白沙村人,牢记习总书记的嘱托,以"八八战略"为指引,以"千村引领、万村振兴"为蓝图,不断探索着白手起家、多元致富的新路径。面对下山后的"三无"困境——无资源、无产业、无基础,村党组织为村民撑起了一把致富的"伞",那就是菌菇共富工坊。

通过解决资金、落实项目、技术培训、现场考察等一系列措施,白沙村党组织带领村民闯出了一条种植食用菌的致富路。村干部身先士卒,率先尝试并获得成功,激发了村民发展食用菌的热情。村民们从一开始的不敢种,到积极参与,如今,白沙村年种植量迅速攀升至210万袋。

2013年,白沙村迎来了菌菇产业的跨越式发展。通过向上对接项目、招商引资等方式,村里共投资1500多万元,兴建了全市规模最大的食用菌工厂化栽培示范基地。引进的恒昇生态农业公司,不仅壮大了菌菇种植产业,每年还为村集体增收25万元,帮助村民实现了家门口的就业梦。

如今的白沙村,人均收入已达到4万元左右,村民们在家门口就能找到稳定的工作,享受着与家人团聚的幸福时光。菌菇共富工坊不仅让白沙村实现了从"移民村"到"共富村"的华丽转身,更让村民们在家门口追寻到了属于自己的幸福梦。

一本《白沙村志》是白沙乡村巨变的见证史,也是社科团队与白沙深厚情谊的载体。未来,我们将继续深入白沙的田间地头,围绕白沙村如何传承好、发掘好、利用好白沙村志文化兴村、引领乡村共同富裕等相关问题,与江山市社科联一起,继续这场社科学者与山村的深情对话,书写更多属于可爱白沙的辉煌篇章!